Le *fa*, entre croyances et science
Pour une épistémologie des savoirs africains

Désiré Médégnon

Langaa Research & Publishing CIG
Mankon, Bamenda

Publisher:
Langaa RPCIG
Langaa Research & Publishing Common Initiative Group
P.O. Box 902 Mankon
Bamenda
North West Region
Cameroon
Langaagrp@gmail.com
www.langaa-rpcig.net

Distributed in and outside N. America by African Books Collective
orders@africanbookscollective.com
www.africanbookscollective.com

ISBN-10: 9956-762-95-4

ISBN-13: 978-9956-762-95-8

© Désiré Médégnon 2017

All rights reserved.
No part of this book may be reproduced or transmitted in any form or by any means, mechanical or electronic, including photocopying and recording, or be stored in any information storage or retrieval system, without written permission from the publisher

A mon père, in memoriam

"De grands universitaires africains consultent les oracles, confient leurs destins politiques ou autres à des maîtres de l'occultisme et déboursent des sommes ahurissantes pour rétribuer ceux-ci : une primitivité que l'on croirait d'un autre âge, mais qui n'empêche point de disserter sur le rationalisme."

Cheikh Anta Diop

Table des matières

Préface.. vii
Avant-propos.. xv

Introduction.. 1

Chapitre 1er : Le *fa* : de quoi s'agit-il ? 13
1 Sous le signe de l'interculturalité........................... 13
2 Un système complexe... 15
3 *Fa* et géomancie.. 18
4 *Fa* et religion.. 25
5 *Fa* et médecine... 28

Chapitre 2 : Le système divinatoire *fa* 33
1 Au fondement du système..................................... 33
1.1 *Fa*, divinité de la sagesse.................................. 33
1.2 Diagnostic et pronostic...................................... 38
1.2.1 Une divination par les signes.......................... 38
1.2.2 Les "mythes" de *fa*...................................... 45
2 La consultation de *fa*.. 46
2.1 Le matériel de divination 46
2.2 Motifs et procédure de la consultation................. 49
2.3 La détermination du *fadu*.................................. 52
2.4 L'interprétation du *fadu*.................................... 56
2.5 Les sacrifices... 59

Chapitre 3 : La divination *fa* :
une pratique scientifique ? 61
1 Point de quelques travaux..................................... 61
1.1 La thèse de Pierre Adjotin................................... 61
1.2 Le point de vue de Léon Jossè............................. 64
1.3 L'analyse de Houndonougbo............................... 67
2 La vocation intellectuelle du *fa*............................ 73
2.1 Question de rationalité.. 73
2.2 Le savoir et la vérité comme projets..................... 76

3 Déterminisme et hasard..78
3.1. Une conception déterministe du monde....................78
3.2 Le *kpoli* ou l'expression d'un
"déterminisme religieux"..81
3.3 *Fa* et prédiction..83
3.4 Au-delà du déterminisme scientifique......................87
4 Objectivité et cohérence..90
5 Divination *fa* et esprit scientifique................................92
5.1 La fiabilité du verdict oraculaire................................93
5.2 Le statut des dieux...97
5.3 La question de l'unité de *fa*..98

Chapitre 4 : Le statut épistémologique des mythes du *fa*..101
1 Question de terminologie...101
2 Forme et structure des récits......................................106
3 La fonction des mythes..110
3.1 Un corps de savoirs...110
3.2 Une fonction mnémotechnique................................113
3.3 Mythes de *fa* et herméneutique................................115
3.3.1 La fonction d'interprétation..................................115
3.3.2 Interprétation et objectivité...................................116
3.4 Mythes et validation...132

Chapitre 5 : savoirs et mode de Communication...137
1 La réalité du contexte oral...137
1.1 Malentendus..137
1.2 « Logocentrisme » et « pangraphisme »..................138
1.3 L'oralité : un mode propre..141
2 Entre écriture et oralité..142
2.1 *Fa* et écriture...142
2.2. La dimension orale du *fa*..145
2.3 Stockage et transmission..149
2.3.1 Potions et préparations magiques.........................149
2.3.2 La "solidarité mnémotechnique"..........................150
2.3.3 La "dramatisation" ou "mise en scène"................151

2.3.4. La fonction ésotérique de l'oralité..................... 152
3 Le passage à l'écriture..154
3.1 La tradition orale a-t-elle besoin de l'écriture ? 154
3.2 La récupération critique des savoirs..................... 157
3.3 Que peut l'écriture ? 172

Chapitre 6 : Rationalité et
validité universelle... **181**
1 L'expertise de la science..................................... 181
1.1 L'exigence de l'universalité................................ 181
1.2 La question des normes................................... 184
1.3 La science moderne :
modèle de rationalité et d'universalité........................190
2 Savoirs africains et contre-expertise......................197
2.1 Déicide et "mythocide"..................................... 197
2.2 Un obstacle épistémologique............................. 206
2.3 Une science plus ambitieuse............................. 213

Conclusion.. **221**

Références bibliographiques............................ **229**

Préface

Voici un livre à la fois savant et profond. Savant, en ce qu'il repose sur une information solide, une bonne connaissance des pratiques divinatoires et des mythes qui les soutiennent, et par surcroît, une grande familiarité avec les études et autres écrits existant sur la question. Mais en outre profond en ce que, non content de restituer fidèlement les faits, il les questionne, les interroge, les problématise, développant sur eux et à partir d'eux une réflexion des plus originales.

L'ouvrage est une version revue et corrigée d'une partie de la thèse préparée par l'auteur à l'Ecole des hautes études en sciences sociales de Paris et à l'Université de Cotonou, sous la codirection de Jean-Pierre Dozon et de moi-même, et soutenue au Centre africain des hautes études de Porto-Novo, au Bénin, le 9 juillet 2009.

Le propos de Mèdégnon est clair. Entre l'éloge passionnel des savoirs africains bruyamment revendiqués, au nom du nationalisme culturel, comme autant de sciences achevées, et le rejet non moins passionnel de ces savoirs au nom de la science dite moderne, il trace une voie médiane : celle d'une évaluation critique qui reconnaît à la fois les forces et les faiblesses, la portée réelle et les limites des corpus de connaissances autochtones ainsi que des pratiques qui y sont liées.

L'exemple choisi est le *Fa*, un système de divination d'origine yoruba qui a essaimé depuis l'actuel Nigeria, berceau de la culture yoruba, vers les pays de langue *gbe* (gungbe, fongbe, gengbe, maxigbe, evegbe, etc.) tant au Nigeria que dans l'actuel Bénin et l'actuel Togo, et vers les Amériques. De ce système, Mèdégnon a une connaissance de première main pour avoir lui-même assisté à des séances de divination et pour avoir interrogé ces devins qu'on appelle en pays yoruba *babalawo*,[1] en pays fon *bokonon*[2] et à Cuba *babalao*. Avec, toutefois, une limite qu'il s'empresse de reconnaître: il ne s'est pas fait *initier*. Mèdégnon a donc vu faire sans jamais faire lui-même. Du *fa*, il

---

[1] Prononciation : accent sur la troisième syllabe ; dans la dernière syllabe, o fermé comme dans goulot. Le mot signifie littéralement : père gardien du secret.

[2] Prononciation : le premier o est fermé comme dans goulot, le deuxième, ouvert comme dans porte. Accent sur la deuxième syllabe.

sait tout ce que peut savoir un profane. D'autres que lui se sont fait initier, tels Erwan Dianteill et feu Pierre Verger devenu, au soir de sa vie, Pierre Fatumbi Verger.[3] Lui, il a préféré garder ses distances. Si cette position de non-initié le tient éloigné des arcanes les plus secrets du savoir ésotérique des *babalawo*, elle lui laisse par contre le loisir de dire tout ce qu'il sait sans offenser personne et sans enfreindre aucune règle de discipline.

On lira donc avec intérêt cette présentation minutieuse des procédures de consultation du *fa* précédée d'une discussion savante sur la nature même du *fa*. Pour Désiré Mèdégnon, le *fa* **n'est pas** une géomancie comme l'a prétendu une longue tradition ethnographique qui remonte à l'ouvrage classique de Bernard Maupoil sur *La géomancie à l'ancienne Côte des esclaves*.[4] Les figures du *fa* sont des signes binaires qui se lisent de la droite vers la gauche comme dans la géomancie arabe, mais ce trait commun ne suffit pas pour faire du *fa*, à son tour, une géomancie.

La description est précise. Un signe ou une figure du *fa* (*fa-du* en fon, en gun et dans les langues *gbe*)[5] est un ensemble de deux colonnes verticales de 4 éléments chacune. On appellera *Ogbeméji* en yoruba, *Gbeméji* en fon, un signe formé de 2 colonnes identiques de quatre fois un trait :

```
I         I
I         I
I         I
I         I
```

---

[3] Littéralement, pour traduire ce prénom yoruba : Pierre Verger, fils du *Fa* par nouvelle naissance.

[4] Bernard Maupoil, *La géomancie à l'ancienne Côte des esclaves*. Paris : Institut d'ethnologie, 1943. Réédité plusieurs fois.

[5] Par analogie avec les « langues bantu » qui ne sont, par définition, que les langues dans lesquelles « hommes » au pluriel se dit *bantu*, le linguiste Hounkpati Capo appelle langues *gbe* les langues dans lesquelles une langue se dit : *gbe*. Cf. Hounkpati B. C. Capo, « Le Gbe est une langue unique », *Africa : Journal of the International African Institute*. London : 1982. Id., *Renaissance du Gbe (réflexions critiques et constructives sur L'Eve, le Fon, le Gen, l'Aja, le Gun, etc.)*.Hamburg: Helmut BuskeVerlag, 1988. Id., *Linguistique Constructive en Afrique Noire*. Hamburg: Helmut BuskeVerlag, 1989. Id., *A Comparative Phonology of Gbe*. Berlin/New York: Publications in African Languages and Linguistics, 14, Foris Publications etGarome, Bénin: Labo Gbe, 1991.

On appellera *Oyekuméji* en yoruba,⁶*Yekuméji* en fon,⁷ un signe de deux colonnes identiques de quatre fois deux traits :

```
II    II
II    II
II    II
II    II
```

Ce sont là deux exemples de signes doubles. Il existe au total 16 signes doubles formés de deux colonnes identiques. A ces 16 signes de base s'ajoutent 240 signes composés, ce qui donne au total deux cent cinquante-six (256) signes du *fa*, ni plus, ni moins. Le lecteur y perd son latin, mais l'auteur explique méthodiquement la rationalité mathématique derrière ces chiffres, qui sont loin d'être arbitraires.

Avec la même précision est décrit le matériel divinatoire comprenant les noix de palme provenant d'une espèce particulière de palmier, le plateau divinatoire, la poudre divinatoire, le chapelet divinatoire et un ensemble d'objets hétéroclites propre à chaque devin. Sont aussi présentés les motifs les plus habituels de consultation, les deux procédés de détermination des signes (ou *fadu*), soit par les noix de palme, soit par le chapelet divinatoire, les règles d'interprétation des *fadu*, l'évocation des mythes du *fa* et le rôle des sacrifices. Mèdégnon évoque au passage le panthéon yoruba qui comprend, selon les meilleurs ethnographes, pas moins de 400 divinités, toutes soumises cependant à l'autorité d'un dieu suprême, *Olodumare*⁸. *Ifa* est une de ces divinités, la divinité de la sagesse et de la divination, aussi appelée *Orunmila*.

Mèdégnon mobilise une documentation impressionnante due à des auteurs d'époques et d'horizons divers, tels Bernard Maupoil, Albert de Surgy, William Bascom, Dominique Zahan, Robert Jaulin, Erwan Dianteill, Judith Gleason, les linguistes nigérians Wande Abimbola et Bade Ajayi, les Béninois Rémy Hounwanou, Basile Adjou-Moumouni, Honorat Aguessy et Victor Houndonougbo,

---

⁶ Accent (ton haut) sur le *ku*, puis sur la première syllabe de *méji*.
⁷*Méji* veut dire en yoruba : deux. On observera que les termes yoruba ont été gardés, à quelques adaptations phonétiques près, en fon, en evé et à Cuba.
⁸ Prononciation : accent sur la deuxième syllabe.

respectivement essayiste, médecin, anthropologue et mathématicien. En discutant pied à pied avec certains d'entre eux, il montre la complexité réelle du *Fa*, c'est-à-dire de ce système de croyances, de ce corpus de connaissances et de ce rituel qu'on a si souvent tendance à banaliser.

J'ai eu plaisir à écouter voici quelques années, puis à publier la fascinante étude de Victor Houndonougbo sur le « processus stochastique du *Fa* »[9] - ma fascination provenant, on s'en doute, de l'extrême difficulté que j'avais moi-même à comprendre, ou à lire tout simplement les formules mathématiques qui émaillaient l'exposé. Ce qu'on pouvait cependant retenir, au-delà de ces difficultés de compréhension et des problèmes de lisibilité de l'écriture mathématique par les non-initiés, est que selon Houndonougbo, la pratique de ces devins souvent analphabètes témoigne d'une parfaite maîtrise du calcul des probabilités. Le théorème de Bernouilli, estimait-il, ne leur était pas étranger. La question inévitable concernait cependant, à mes yeux, la possibilité d'un tel savoir implicite, la portée réelle et les limites d'une connaissance silencieuse de graphes aussi complexes.

J'observais en outre qu'aux yeux de notre mathématicien, les figures obtenues au cours d'une consultation n'étaient nullement, comme le croyaient les devins eux-mêmes, un message des dieux, mais des faits de hasard, des phénomènes aléatoires. Le traitement mathématique de ces phénomènes me paraissait, du coup, reposer sur un véritable déicide, un splendide assassinat des dieux, préalable obligé à une authentique approche scientifique.

Mèdégnon reprend à son compte ce constat et le généralise. Le geste de Houndonougbo n'est ni un hasard, ni un fait isolé. Au fondement de toute démarche scientifique, se trouve forcément cette mise à l'écart des dieux, ce déicide qui est la condition même de l'avènement de la science moderne et qui marque, comme le disait déjà Auguste Comte, le passage de l'état théologique à l'état positif. Au fondement de la science se trouve, plus généralement, une mise à l'écart des mythes, un « mythocide », comme l'appelle notre auteur.

---

[9] Victor Houndonougbo, « Processus stochastique du Fa : une approche mathématique de la géomancie des côtes du Bénin », in Paulin J. Hountondji (dir.), *Les savoirs endogènes : pistes pour une recherche*. Dakar : CODESRIA, 1994 : p. 139 - 157

Mèdégnon s'emploie toutefois à mettre en évidence les limites de ce geste. En écartant les dieux comme causes et producteurs réels des signes divinatoires, Houndonougbo « *supprime*, estime-t-il, *le support principal du système fa en même temps qu'il en invalide le projet et la prétention* ». Plus généralement, « si en raison de sa fécondité, la négation volontaire des dieux et des mythes apparaît comme un excellent moyen d'identification, de libération et de valorisation du savoir pertinent, la complexité et la spécificité de certaines représentations et pratiques commandent une attitude plus équilibrée que la péjoration commode et simpliste du religieux ou du mythologique. Au fait, ce sont les équations du genre *mythe = illusion*, *mythe = irrationalité* ou même *science = rationalité*, qu'il convient de mettre en perspective. »

On le voit, le *Fa* n'est pris ici qu'à titre d'exemple. L'interrogation de Mèdégnon porte sur les savoirs « traditionnels » en général, et sur le traitement le plus adéquat à leur apporter. Pour lui, la mathématisation a ses limites. La réalité est plus complexe qu'il n'y paraît à première vue. Nier simplement l'existence des dieux et du surnaturel, prétendre avec assurance que la sorcellerie n'existe pas, c'est aller vite en besogne. L'auteur, cependant, n'affirme pas vraiment le contraire. Ou s'il le suggère fortement, il ne le démontre pas. Le lecteur, ici, reste un peu sur sa faim.

Plus fondamentalement, toutefois, l'interrogation concerne la consistance et la portée réelles des savoirs africains, la nature du travail à effectuer sur ces savoirs pour les intégrer, aujourd'hui, au mouvement de la recherche vivante, la possibilité de mettre fin à la situation actuelle où l'on voit cohabiter simplement, en une juxtaposition muette, sans aucun échange, sans aucun dialogue, sans aucune confrontation, les corpus de connaissances légués par les ancêtres d'une part, et d'autre part la science dite moderne, héritée de notre commerce avec l'Occident. La préoccupation de l'auteur est de savoir comment nous pouvons aujourd'hui, en Afrique, nous réapproprier de manière critique et responsable ces savoirs anciens, encore enrobés dans une gangue mystico-religieuse, dans le même mouvement par lequel nous nous approprions, dans sa méthode et dans son esprit, la science dite occidentale, pour l'appliquer à nos problèmes d'aujourd'hui, qui ne sont pas forcément les mêmes qu'en Occident.

J'avais moi-même exprimé cette préoccupation et organisé à ce sujet une réflexion collective.[10] Mèdégnon la fait sienne, et j'en suis heureux. Il travaille et retravaille cette question, s'interrogeant, dans la foulée, sur les rapports entre écriture et oralité dans la pratique du *Fa* et la production du savoir en général. C'était déjà le thème de son mémoire de diplôme d'études approfondies (DEA) : « Ecriture et oralité dans la production du savoir ». Un de ses condisciples, participant au même séminaire, travaillait sur un autre volet de la même question et a fini par soutenir à l'Université de Nantes, le 23 janvier 2009, une thèse fort appréciée sur *Le passage à l'écriture : mutation culturelle et devenir des savoirs dans une société de l'oralité*.[11] Les approches sont différentes et complémentaires. On s'en convaincra aisément en lisant les deux textes.

Totalement différente, par contre, est l'approche d'un autre chercheur sorti de la même école, Pierre Adjotin, auteur d'un impressionnant compendium dont Mèdégnon n'a sûrement pas eu connaissance assez tôt, *L'univers sous les thérapies de Fâ*.[12] On lira cependant au chapitre 3 ci-dessous la méfiance qu'inspirait déjà à Mèdégnon le mémoire de maîtrise soutenu par Pierre Adjotin en 1992 à l'Université nationale du Bénin.[13] L'option franchement apologétique, soucieuse de valoriser le *Fa* en tant que science achevée, et sur laquelle Mèdégnon exprimait déjà les plus vives

---

[10] Cf. Paulin J. Hountondji, « Dé-marginaliser », in Id. (dir. pub.), *Les savoirs endogènes : pistes pour une recherche*. Dakar/Paris : Codesria, Karthala, 1994. Traduit en anglais par AyiKwei Armah : Endogenous Knowledge : ResearchTrails. Dakar : Codesria, 1997. Id. (dir. pub), *L'ancien et le nouveau : la production du savoir dans l'Afrique d'aujourd'hui*. Porto-Novo : Centre africain des hautes études, 2009. Traduit en portugais par Manuel F. Ferreira, Gloria Sousa, Pedro M. Patacho, Ana Medeiros : *O Antigo e o Moderno : a Produção do Saber na 'Africacontemporânea*. Luanda : Edições Pedago, 2014.

[11] La thèse a été publiée l'année suivante. Cf. Geoffroy A. Dominique Botoyiyè, *Le passage à l'écriture : mutation culturelle et devenir des savoirs dans une culture de l'oralité*. Préface de Pierre-Philippe Rey. Rennes : Presses universitaires de Rennes, 2010

[12] Pierre Adjotin, *L'univers sous les thérapies de Fâ*. Préface de Olabiyi Babalola Joseph Yaï. Paris : Baudelaire, 2011, 480 pp.

[13] Pierre Adjotin, *Essai d'épistémologie et d'esthétique de Fa : éléments pour le développement*, Mémoire de maîtrise, U.N.B, Abomey-Calavi, 1992

réserves, est encore plus prononcée dans *L'univers sous les thérapies de Fâ*. Adjotin y recueille religieusement cinquante-cinq (55) légendes qu'il appelle des « contes fonctionnels » ou « récits géomantiques ». De chacune de ces légendes, il dégage une « formule géomantique de thérapie et de conjuration du sort ». Puis il s'essaie à montrer, de chacune d'elles, l' « intérêt pluridisciplinaire » en balayant, à partir de ces récits mythiques, le champ entier des disciplines scientifiques connues.

Plutôt que de pratiquer cette forme extrême d'immersion, Mèdégnon garde, vis-à-vis des savoirs ancestraux comme de la science dite moderne, la distance critique nécessaire pour les mettre en perspective. L'un des mérites de ce livre est ainsi d'éviter deux pièges opposés : celui d'un eurocentrisme béat qui tiendrait *a priori* pour non scientifique tout corpus de connaissances étranger à l'Occident, et le piège inverse d'un ethnocentrisme étroit et, en l'occurrence, d'un afrocentrisme qui tiendrait *a priori* de tels corpus pour des sciences achevées. Une voie médiane a pu être ainsi esquissée, qui consiste à recourir à l'expertise de la science moderne pour évaluer les savoirs africains, et inversement, à la contre-expertise de ces savoirs pour reconnaître les limites de la science officielle.

La divination *fa* n'est donc qu'un cas parmi d'autres. Au-delà de ce cas spécifique, la préoccupation de Mèdégnon est de définir une méthode d'examen et de validation des savoirs produits en dehors du système scientifique officiel. En appelant de ses vœux une science plus ambitieuse, plus vaste, c'est-à-dire « plus apte à déchiffrer le réel », une science qui serait le résultat d'une synthèse critique et intelligente entre le modèle occidental et les systèmes extra-européens, en posant la nécessité de construire un universel qui ne se réduise pas à la validation pure et simple des normes occidentales, ce livre pose modestement les jalons d'un vaste chantier : celui d'une refondation de la philosophie des sciences et de l'épistémologie.

Paulin J. HOUNTONDJI

Avant-propos

Quand on considère la grande variété des savoirs africains identifiés par les anthropologues, on se demande forcément et avec appréhension, lesquels sont vraiment représentatifs de la tradition africaine, et dont l'étude permettrait de tirer des leçons et des conclusions valables pour l'ensemble. Ces savoirs ou systèmes de savoirs sont, pour la plupart, si différents les uns des autres, au regard de leur nature, du domaine auquel ils se rapportent, des représentations auxquelles ils réfèrent, ainsi que de la méthode sur la base de laquelle ils fonctionnent, qu'il serait difficile de les ramener à des caractéristiques communes, sans sacrifier ce qui fait leur spécificité. Au regard des représentations auxquelles renvoient les savoirs en question, Robin Horton a fait la remarque suivante, qui n'est pas de nature à encourager le chercheur engagé sur ce terrain :

> « Tout chercheur sérieux travaillant en Afrique sub-saharienne est subjugué par l'énorme diversité des visions du monde et des modes de pensée qu'entretiennent les innombrables communautés du continent. On manquerait de sensibilité humaine si l'on n'était pas plutôt découragé par cette diversité[14]. »

Mais alors, quand on considère cette diversité, pourquoi s'intéresser précisément au *fa* ?

Considéré comme étant essentiellement un système de divination, fondé par surcroît sur un ensemble de croyances ou de représentations invérifiables, et donnant lieu à des rituels et autres pratiques qui font irrésistiblement penser à une religion, le *fa* ne paraît même pas mériter d'être traité comme un savoir ou un système de savoirs. Et pourtant, c'est précisément son statut polémique qui en rend l'examen intéressant. Cet examen donne en effet l'occasion de voir en quoi une pratique, *a priori* éloignée de toute préoccupation scientifique et qu'on devrait raisonnablement frapper de nullité et

---

[14]Robin Horton, « La tradition et la modernité revisitées », in Collectif, *La pensée métisse : croyances africaines et rationalité occidentale*, Paris, P.U.F., 1990, p. 72.

d'inconsistance théoriques, peut se révéler le lieu de construction de savoirs d'un niveau de complexité insoupçonnable.

Le choix du *fa* pose cependant un autre problème : les savoirs qu'il englobe ou qu'il implique sont, pour une large part, ésotériques. On se rappelle le mot de Hampâté Bâ : « En Afrique, lorsque les vieillards meurent, ce sont des bibliothèques qui brûlent[15] ». L'interprétation qui est généralement faite de ce jugement est que, en l'absence d'un système graphique qui eût permis de les transcrire et de les conserver, les savoirs détenus par les sages d'Afrique disparaissent malheureusement avec eux, sans laisser de trace, privant ainsi les générations futures d'un héritage patiemment et peut-être douloureusement accumulé, condamnant aussi, il faut bien le dire, l'humanité entière à devoir réinventer, le cas échéant, des connaissances perdues. Pourtant, les raisons ou les risques de la perte du patrimoine intellectuel dans les sociétés traditionnelles africaines ne se ramènent pas simplement aux limites réelles ou supposées de l'oralité, ni à l'absence présumée de l'écriture. Beaucoup de savoirs et technologies africains sont, à des degrés divers, couverts et protégés par le sceau du secret, et de ce fait, ne sont véritablement accessibles qu'aux initiés.

Soit dit en passant, l'oralité - ou plus exactement la parole - fonctionne dans ce processus complexe de communication et de conservation, comme un instrument à deux faces, à double usage si l'on veut. N'est transmis en fait que ce qui est prévu pour l'être, mais encore, à un public sélectionné. Laye Camara[16] nous apprend par exemple dans *Le maître de la parole*, que le message du griot comporte deux parties : l'une profane, "périphérique", adressée au public, et l'autre, plus profonde, fondamentale mais secrète, à laquelle n'est convié qu'un public préparé et initié, un groupe de personnes qui en

---

[15] Extrait du texte d'une allocution prononcée à la Conférence Générale de l'UNESCO à Paris en 1960.

[16] Pour des raisons de lisibilité et d'uniformité dans la présentation des références, nous écrivons « Laye Camara », au lieu de « Camara Laye » comme l'a toujours fait l'auteur lui-même. En effet, et il suffit de lire l'ouvrage autobiographique bien connu *L'enfant noir* pour s'en rendre compte, le prénom du célèbre auteur guinéen est bien Laye, et son nom Camara. Cf. aussi Senghor, « Laye Camara et Lamine Diakhaté ou l'art n'est pas d'un parti », in *Liberté 1 : négritude et humanisme*, Paris, Seuil, 1964, p. 155.

détiennent le code d'accès[17]. Instrument d'une communication doublement sélective, la parole peut bien être, en vertu de l'objectif visé, le lieu d'une négation de la communication, en somme, une parole qui tait. Ce qui pose problème, c'est donc moins la *possibilité* que la *volonté* de communiquer. Ce qui est en jeu, c'est le contrôle ainsi que la gestion de l'espace de communication ; cela se traduit par le refus de diffuser, hors du cercle réduit et hermétique des initiés, des connaissances et technologies secrètes qui ont pu malgré tout, traverser les siècles, et dont la survivance nous invite à réexaminer avec plus d'à-propos et de prudence, les tares réelles ou supposées de l'oralité.

Les ethnologues se sont bien vite rendu compte qu'en dépit de tout le bavardage sur le caractère particulièrement ouvert du *fa* - entité ayant entre autres fonctions, celle de révéler aux hommes les choses et vérités profondes que leurs sens ne peuvent saisir, entité qui de ce fait « n'a rien à cacher » -, les arcanes secrets du système leur resteront inconnus tant qu'ils demeureront des profanes, tant qu'ils ne se seront pas initiés : « Ce sont des affaires de babalaos[18] », s'est entendu répondre Erwan Dianteill, lorsqu'il a exprimé le désir de se faire expliquer les procédés divinatoires. L'anthropologue français tire la conclusion logique : « Je compris qu'à moins de devenir moi-même *babalao*, certaines choses me resteraient inconnues »[19]. Il est intéressant, soit dit en passant, de remarquer que *babalao* (ou *babalawo* selon l'écriture adoptée par la plupart des chercheurs) signifie littéralement en yoruba "père du secret". On comprend qu'avant Dianteill, Roger Bastide et Pierre Verger (devenu Pierre Fatumbi Verger) aient éprouvé la nécessité de se faire initier au *fa*.

Pourtant, nous n'avons pas cru devoir nous faire initier au *fa*. Car, malgré tout, l'initiation ne constitue pas à nos yeux, un détour absolument nécessaire, ni même suffisant pour l'étude du système. S'il est entendu qu'en raison du caractère secret ou ésotérique de certains savoirs, seule l'initiation y donne véritablement accès, cela signifie aussi, implicitement ou explicitement, l'obligation de tenue

---

[17] Laye Camara, *Le maître de la parole*, Paris, Plon, 1978, p. 22.

[18] Erwan Dianteill, *Des dieux et des signes. Initiation, écriture et divination dans les religions afro-cubaines*, Paris, E.H.E.S.S., 2000, p. 42.

[19] Dianteill, *Ibid.*, p. 42.

(ou de retenue !) pour tout initié. La loi du silence qui caractérise toute connaissance ésotérique impose logiquement, aux personnes y ayant part, de ne pas la révéler hors du cercle fermé des initiés. Faire l'option de l'initiation reviendrait donc, paradoxalement, à rechercher des informations que nous ne pourrions révéler ou exploiter. D'un autre côté, le choix même de l'initiation implique l'acceptation tacite de participer à des rituels ou à des pratiques diverses qui pourraient heurter les convictions religieuses, ou même plus simplement, le tempérament du chercheur[20]. Il n'est d'ailleurs pas établi que l'initiation soit garante d'une description et d'une analyse objectives ; l'adhésion éventuelle du chercheur (le risque est bien réel) aux "valeurs" ou aux "vérités" du système pourrait, en effet, affecter son jugement. Ainsi, et si paradoxal que cela paraisse, les discours d'initiés, présumés plus authentiques et mieux informés, devraient inspirer sinon plus, du moins autant de méfiance et de vigilance critique que ceux des profanes[21].

C'est donc clair : ce livre n'est pas le propos d'un praticien ou d'un initié, ni même un ouvrage de vulgarisation ou de promotion du système *fa* ; il n'est pas non plus une « étude complète[22] » dudit système, mais plus modestement, une réflexion indépendante sur la dimension intellectuelle et scientifique de l'art divinatoire qui

---

[20] Erwan Dianteill avait bien senti la nécessité, dans le cadre de ses recherches, de se faire initier aux religions afro-cubaines. Mais cet élan s'est heurté, en ce qui concerne l'une des trois religions identifiées, en l'occurrence le *palo monte*, à un problème de convenance personnelle. Résultat : l'anthropologue français s'est fait initier à la *santeria* et au culte d'*Ifa*, mais pas au *palo monte*, en raison de la violence qui caractérise certains de ses rites.

[21] La distinction que Maupoil installe entre les "informateurs en pagne" et les "informateurs lettrés" est sans doute intéressante (Maupoil, *La géomancie à l'ancienne Côte des esclaves*, Paris, Institut d'Ethnologie, 1988, pp. vii et x). Mais il n'est pas établi qu'à tous points de vue, les renseignements obtenus auprès des premiers soient plus authentiques et donc plus objectifs.

[22] Deux auteurs ont eu la prétention d'avoir réalisé une étude "complète" du *fa* : il s'agit du Béninois Julien Alakpini (*Les noix sacrées : étude complète de fa ahidegoun, génie de la sagesse et de la divination au Dahomey et en Afrique*, Cotonou, 1950) et du Nigérian Osamaro Cromwell Ibie (*Ifism : the completework of Orunmila*, Lagos, Efechi Ltd, 1986). Prétention un peu curieuse tout de même quand on sait que ces auteurs, initiés au système, sont mieux placés que quiconque pour savoir que les connaissances auxquelles renvoient le fa sont trop étendues pour que ce dernier puisse être « complètement » compris et exposé.

l'accompagne, du moins dans sa partie accessible au public, c'est-à-dire profane.

Introduction

Depuis les travaux de Claude Lévi-Strauss, notamment la publication de textes comme *La pensée sauvage*, *Tristes tropiques*, ou *Anthropologie structurale*, l'horizon a paru considérablement dégagé pour une étude plutôt valorisante des modes de vie et techniques des sociétés dites primitives ou inférieures. Révolu donc, au moins en principe, le temps de cette vieille anthropologie de la curiosité dont Descartes[1] avait affirmé la nécessité, et dont la motivation se ramenait, pour l'essentiel, à la quête ou à l'attraction de l'exotique. Révolue également et surtout, la tradition ethnologique dont Lucien Lévy-Bruhl était le représentant le plus connu, et qui voyait dans les "primitifs", des esprits végétatifs, consubstantiellement et irrémédiablement englués dans la confusion, incapables à jamais de pensée rationnelle, incapables aussi, par voie de conséquence, de toute production scientifique[2]. En ruinant la thèse du "prélogisme",

---

[1] Descartes n'a jamais prétendu faire de l'anthropologie ou de l'ethnologie. On sait par ailleurs que son projet scientifique est fortement marqué par une exigence d'universalité que les différences culturelles ne sauraient invalider, quelle qu'en puisse être l'ampleur ou l'importance. L'auteur du *Discours de la méthode* reconnaît pourtant la nécessité de sortir de son espace culturel propre, pour s'enquérir de la façon dont les "autres" agissent et réagissent face aux besoins et exigences de l'existence : « Il est bon de savoir quelque chose des mœurs de divers peuples, afin de juger des nôtres plus sainement, et que nous ne pensions pas que tout ce qui est contre nos modes soit ridicule et contre raison, ainsi qu'ont coutume de faire ceux qui n'ont rien vu... » (*Discours de la méthode*, Paris, Librairie générale française, 1973, p. 96). Il reste, et la précision nous paraît importante, que Descartes n'a pas commis l'erreur de fonder cet appel des lointains sur un hypothétique partage des sociétés humaines en "civilisées" et "primitives". Cela explique peut-être que sa curiosité l'ait conduit en Hollande, en Suède, en Allemagne, et non en Australie ou encore chez les Indiens Nambikwara pour ne citer que ces exemples. Là n'aurait pas été, il faut le rappeler, la démarche d'un ethnologue "véritable", classique. Les différences ou l'altérité qui intéressent ce dernier sont précisément celles qu'on peut identifier entre "sociétés primitives" et "sociétés civilisées".

[2] Certes, dans *Carnets*, ouvrage publié à titre posthume, Lévy-Bruhl a reconsidéré sa thèse et, fait majeur, renoncé à l'idée du prélogisme. Une lecture attentive de cet ouvrage montre cependant qu'il ne faut pas exagérer la distance - beaucoup moins grande qu'on ne l'imagine - entre les premiers écrits et les *Carnets*. Au lieu de battre en brèche la théorie d'une différence fondamentale de nature entre primitifs et civilisés, les *Carnets* en précisent les termes et consacrent, comme les autres ouvrages, l'impossibilité pour la mentalité primitive, de participer à la production scientifique : « La mentalité primitive admet sans être choquée, des

Lévi-Strauss a ouvert la voie à une valorisation de savoirs et pratiques qu'un regard superficiel et/ou ethnocentrique avait catégorisés comme irrationnels.

Mais s'il faut savoir gré à cet auteur d'avoir contribué à lever l'interdit imaginaire qui détournait les ethnologues de l'étude positive des savoirs endogènes, on doit dire qu'au fond, même avant ce déverrouillage, l'anthropologie culturelle ou religieuse n'a jamais pu faire l'impasse sur les savoirs et savoir-faire sur lesquels repose le fonctionnement des sociétés dites primitives ou inférieures, et que voilent parfois des pratiques apparemment éloignées de toute préoccupation intellectuelle.

Au-delà de la vocation religieuse et de l'aspect folklorique auxquels les réduirait facilement un esprit non averti, les couvents dits fétichistes[3], les temples ou sanctuaires d'Afrique sont aussi et peut-être surtout, le lieu de production, de conservation, de transmission et (c'est important de le préciser) de protection de savoirs et savoir-faire, bref le creuset d'une activité intellectuelle plus ou moins codifiée et réglementée. Ainsi par exemple, le *fa*, pratique divinatoire[4] chez les peuples du golfe de Guinée, a fait l'objet de plusieurs études dont certaines en affirment sans détour le caractère rationnel et même scientifique[5]. On pourrait citer le livre de Bernard

---

incompatibilités que la nôtre rejette comme instinctivement… (Elle) est plus apte à amasser le savoir qu'à l'organiser ». (*Carnets*, Paris, PUF, 1998, pp. 78-79 et 84.).

[3] Le mot "fétiche" est, on le sait, péjoratif, et son usage fortement chargé d'ethnocentrisme. Bruno Latour le précise bien dans son livre intitulé *Petite réflexion sur le culte moderne des dieux faitiches* (sic), publié aux Editions Synthelabo à Paris, en 1996. L'histoire du mot aurait commencé quelque part, sur les côtes de la "Négritie", en Guinée. Les Portugais, pourtant couverts eux-mêmes d' "amulettes de la Vierge et des Saints", s'étonnaient d'entendre les Noirs affirmer la divinité des objets de culte par eux *fabriqués*. Pour désigner lesdits objets de culte, les Portugais auraient recouru à l'expression *feitiço* (laquelle vient de *feito*) et qui signifie *fabriqué, factice, configuration artificielle* ! Il est surprenant, selon Latour, que des peuples couverts d'amulettes tournent en dérision d'autres peuples couverts d'amulettes : « Nous n'avons pas d'un côté, des iconophiles et de l'autre, des iconoclastes, mais des iconodules et d'autres iconodules » (P. 17).

[4] En réalité, et comme nous le verrons plus loin, le *fa* ne se réduit pas vraiment à un système divinatoire.

[5] Rémy T. Hounwanou, *Le fa : une géomancie divinatoire du golfe de Guinée (pratique et technique)*, Lomé, Les Nouvelles Editions Africaines, 1984, pp. 13 et 89.

Maupoil, considéré comme le premier grand classique sur "la géomancie à l'ancienne côte des esclaves"[6].

L'anthropologie religieuse contemporaine est, pour une bonne part, le prolongement de cet esprit, dans la mesure où elle n'occulte pas non plus la dimension intellectuelle des systèmes qu'elle étudie. Par exemple, les recettes "médicales" répertoriées par Pierre Fatumbi Verger dans *Ewe : le verbe et le pouvoir des plantes chez les Yoruba*, sont une partie du fruit de son initiation au culte d'*Ifa*[7]. On pense également que les adeptes de la divinité *Omolu* au Nigéria, et ceux de *Sakpata* au Sud-Dahomey pratiquaient avec succès, l'inoculation contre la variole bien avant que Jenner n'ait inventé la vaccination[8].

En marge de ces savoirs hautement élaborés, tenus au "secret"[9], il y a ce qu'on pourrait appeler avec Luis Mallart Guimera, le "savoir domestique"[10], à la portée de tous, ensemble de recettes pratiques dont on ne fait pas mystère, et que les hommes et femmes apprennent de façon informelle, dans le cadre familial, au gré des circonstances, c'est-à-dire des aléas de la vie, et qui constituent un patrimoine social commun mais diversement maîtrisé. Que certains hommes soient, dans ce contexte, plus "savants" que d'autres, ou mieux informés, pour employer une expression moins suspecte et moins équivoque au regard de l'orthodoxie scientifique, ceci pourrait résulter de plusieurs facteurs n'ayant rien à voir avec l'ésotérisme[11].

---

[6] Bernard Maupoil, *La géomancie à l'ancienne Côte des esclaves*, Paris, Institut d'Ethnologie, 1988 (1943 pour 1ère édition).

[7] Pierre Fatumbi Verger, *Ewe : le verbe et le pouvoir des plantes chez les Yoruba*, Paris, Maisonneuve et Larose, 1997.

[8] On pourrait bien citer d'autres exemples, telle l'expérience, moins connue certes, mais tout aussi édifiante du biochimiste béninois Jérôme Medegan Fagla. C'est à partir d'une espèce végétale dont il a pris connaissance au cours de son initiation au couvent *Sakpata*, qu'il a mis au point le fameux VK500 qui traite l'anémie falciforme.

[9] Un secret bien relatif après tout, car ouvert à ceux qui acceptent de s'y initier et ainsi, de se plier aux exigences qu'imposent la pratique et la discipline du groupe.

[10] Luis Mallart Guimera, *La forêt des ancêtres (tome 1) : le système médical des Evuzok du Cameroun*, Musée Royal de l'Afrique Centrale, Tervuren, 2003.

[11] Au nombre de ces facteurs, la motivation personnelle, l'intérêt par exemple que l'individu peut être amené à avoir pour tel ou tel corpus de savoir, mais aussi des dispositions telles la curiosité, la patience, l'intelligence et surtout la mémoire, qualité cardinale pour tout apprentissage fructueux dans un environnement social fortement déterminé par l'utilisation massive et privilégiée du mode de transmission orale.

C'est peut-être à partir de ces savoirs ancestraux, transmis de génération en génération, résultats de longues années, de plusieurs siècles d' « expérimentations », d'essais divers qui étaient sans doute autant de prises de risque, de sauts dans l'inconnu, que s'est construite et se développe l'œuvre de ceux qui, dans les sociétés traditionnelles, font figure aujourd'hui encore, de spécialistes de tel ou tel domaine de connaissance.

De fait, le champ des savoirs endogènes des sociétés africaines est immense. La littérature anthropologique, abondante et variée, consacrée à leur restitution et à leur description, n'en donne qu'une mesure relativement faible, tant il est vrai que beaucoup de ces savoirs restent à ce jour inconnus ou tout simplement inexplorés, s'ils ne sont, pour des raisons diverses, inaccessibles.

Quand on songe à l'efficacité pratique des recettes du soignant illettré, plus généralement de ceux qu'on appelle tantôt "tradipraticiens", tantôt "guérisseurs" traditionnels, parfois même "sorciers"[12], en tout cas, de ces hommes et femmes qui ne connaissent rien ou pas grand-chose à la science médicale officielle, quand on pense aux prouesses en particulier de ces "orthopédistes" non conventionnels, "spécialistes traditionnels" de la "chirurgie réparatrice des os" des villages africains, quand on pense au pouvoir par lequel des hommes n'ayant accès ni aux connaissances pointues de la science météorologique, ni aux appareils d'observation et de mesure, sont censés provoquer ou arrêter les précipitations[13], on tombe forcément en admiration et on se demande si, à défaut d'en être l'égal, les savoirs endogènes ne sont pas, au sein des sociétés africaines, le pendant ou le substitut local de la science moderne occidentale. Quand on considère même certaines pratiques religieuses ou rituelles, on se demande comment ne pas établir, à

---

[12] Le terme de "sorcier", tout comme celui de "sorcellerie", est, en tout cas dans le contexte africain, polémique. Il est peu satisfaisant pour désigner les diverses réalités que les différents anthropologues croient pouvoir réunir sous ce nom. Il y a manifestement un flou sémantique dont rend compte le contraste saisissant entre l'universalité présumée de la sorcellerie et la diversité des situations qu'on croit pouvoir regrouper sous cette même rubrique.

[13] Gbènoukpo Dah-Lokonon, « Les faiseurs de pluie : mythe et savoir dans les procédés traditionnels de gestion de l'atmosphère », in Hountondji (dir.), *Les savoirs endogènes : pistes pour une recherche*, Dakar, Codesria, pp. 77-105.

l'image de Robin Horton[14], une certaine équivalence entre ces pratiques et la science occidentale.

Le problème cependant est que cette logique de la comparaison évite rarement l'impasse. Elle s'arrête le plus souvent, comme essoufflée, à mi-chemin, à la proclamation massive, bruyante et autosatisfaite, presque jamais soumise au contrôle rigoureux, de la valeur desdits savoirs, à l'occasion élevés au rang de connaissances scientifiques. A côté ou à l'encontre de cette tendance qui revient à ériger hâtivement au rang de connaissances scientifiques, des savoirs qui, pour être impressionnants, n'obéissent pas forcément aux critères requis, il y a cependant une autre attitude, de la même veine extrémiste et de la même indigence théorique : l'assimilation des savoirs et pratiques endogènes africains à des survivances de croyances irrationnelles ou même carrément fausses, et dont on espère plus ou moins secrètement qu'elles seront bientôt marginalisées ou même qu'elles disparaîtront à la faveur d'un progrès plus prononcé de la science.

D'un côté, l'affirmation tranquille et assurée de la scientificité des savoirs locaux, de l'autre, la dénégation tout aussi fantaisiste, et peut-être même paresseuse, de corpus spontanément rangés dans le domaine non valorisé du primitif, du sauvage, de l'archaïque, îlot inacceptable d'irrationalité ou de stagnation, de régression même, et dont la persistance et la survie dans notre monde moderne pourraient s'expliquer par la mauvaise foi ou l'imbécillité[15]. Lieu où s'affrontent deux positions tranchées et extrémistes, objet d'un dialogue de sourds ou plus exactement d'un double monologue, les savoirs endogènes des sociétés "orales" en général, et africaines en

---

[14] Robin Horton, *Ibid.*, pp. 69-115.

[15] Dans *Devenez sorciers, devenez savants*, publié en 2003 chez Odile Jacob, Georges Charpak et Henri Broch prennent position sur les questions telles que la magie, les phénomènes paranormaux, la sorcellerie. Se faisant ouvertement les porte-parole et défenseurs de la science moderne - Georges Charpak est prix Nobel de Physique-, ils s'étonnent sincèrement que les progrès accomplis par cette dernière n'aient pas suffi pour détourner les hommes de croyances vides et en principe, révolues. Le lecteur est frappé par l'application avec laquelle les auteurs dénoncent la montée en puissance de la croyance aux pseudo-sciences. On ne s'étonnera pas que, indignés de ce qui apparaît à leurs yeux comme un manque de respect pour la science et la vérité, les auteurs mettent en garde contre la "nocivité" de passions incontrôlées pour le surnaturel (pp. 185-186).

particulier, sont rarement évalués. Tout se passe comme si la réflexion sur ces corpus n'avait d'autre destin que de faire prendre position par rapport à l'alternative plate et mutilante : ou lesdits savoirs sont une science, ou ils ne le sont pas. Jean-Dominique Pénel écrit très justement :

> « On se contente habituellement de propositions vagues sur les connaissances populaires ou bien on résout le problème en choisissant une des deux voies de l'alternative manichéiste en soutenant soit que "les savoirs locaux sont complètement faux et n'ont rien à voir avec les sciences", soit que "ces savoirs sont entièrement des sciences". [16] »

Il n'y a probablement qu'une voie pour sortir de l'impasse : aller au-delà de la comparaison ou, ce qui reviendrait à la même chose, accepter le pari d'aller jusqu'au bout de la logique de la comparaison, pour s'interroger sur ce que valent en réalité, du point de vue rigoureusement scientifique, les corpus de connaissances sur lesquels reposent les technologies endogènes africaines. Quel est, si l'on veut, le statut épistémologique des savoirs et savoir-faire que les anthropologues professionnels ou occasionnels[17] croient avoir identifiés en Afrique ? Peut-on rigoureusement, au regard de ces connaissances, affirmer l'existence en Afrique d'une tradition scientifique authentique, qui se suffirait à elle-même[18] ?

---

[16] Jean-Dominique Pénel, « Réflexions épistémologiques sur les noms d'animaux chez les "Hausa" », in Paulin Hountondji (dir.), *Les savoirs endogènes : pistes pour une recherche*, Dakar, CODESRIA, 1994, pp. 159.

[17] Nous pensons évidemment à ceux qui, sans avoir reçu la formation d'anthropologue, y ont été amenés soit par hasard, soit parce que leurs disciplines ou fonctions les y ont conduits, tels les mathématiciens Paulus Gerdes et Victor Houndonougbo, tels encore les prêtres Eric de Rosny et Meinrad Hebga.

[18] On nous comprendrait mal si cette interrogation était ramenée à celle d'un infécond et inutile débat sur l'*existence* ou non d'une science africaine authentique. Sous cette forme, ce serait la réplique ou la reproduction de la polémique à laquelle s'est vue réduite pour l'essentiel, malheureusement, la question de la philosophie africaine. Ce qui est envisagé ici, ce n'est pas tant la question de l'*existence* que celle de la *validité* des connaissances autochtones. L'interrogation ne porte pas sur la *réalité* mais précisément, sur la *consistance* et la cohérence théoriques de ces savoirs explicites ou implicites produits dans les sociétés "orales" africaines en particulier, et plus généralement des savoirs produits et transmis en dehors du système officiel de la science moderne.

En fait, la reconnaissance ou l'affirmation de la valeur des savoirs locaux en Afrique ne saurait, sans se "dédire", faire l'économie de leur mise en perspective critique. Elle ne peut, sous peine de s'auto-exclure du débat scientifique, sous peine de se condamner à n'être que parole vaine ou discours apologétique et inutilement incontestable, éviter le passage douloureux sans doute, mais finalement libérateur, de la *pertinence présumée* ou *proclamée* à la *pertinence démontrée*. L'affirmation d'un savoir ou d'une vérité quelconque est logiquement solidaire de sa démonstration. C'est, entre autres, cette exigence minimale de responsabilité et de cohérence que rappelle Jürgen Habermas dans *Vérité et justification* :

> « Celui qui pense disposer d'un savoir admet la possibilité d'honorer les prétentions à la vérité correspondantes par des justifications discursives. En d'autres termes, la grammaire du terme « savoir » implique que tout ce que nous savons peut être critiqué et justifié.[19] »

Les savoirs endogènes des sociétés orales en général et africaines en particulier, ne sauraient être exemptés de l'épreuve de la vérification scientifique, c'est-à-dire de cette validation critique qui peut, le cas échéant, en établir la fiabilité. La reconnaissance et la prise en compte des savoirs parallèles devraient donc aller au-delà du constat de leur efficacité pratique et/ou de leur cohérence organique, pour nourrir un projet bien plus audacieux et plus consistant que la récupération de corpus effectivement menacés de disparition.

Mais, sitôt posée la nécessité de cette évaluation, se dresse une difficulté d'ordre méthodologique : au vu de quelles normes est-on fondé à évaluer et, selon le cas, valider ou invalider les corpus de connaissances concernés ? Cette interrogation peut surprendre, tant il est vrai que, formatés et conditionnés par la science moderne officielle, nos esprits de "modernes" voient spontanément dans ladite science, en même temps la norme que l'instrument de toute validation authentique. Isabelle Stengers fait remarquer que "depuis qu'existe ce qu'on appelle les sciences modernes, chaque savoir,

---

[19] Jürgen Habermas, *Vérité et justification*, trad. Rainer Rachlitz, Paris, Gallimard, 2001, p. 48.

chaque pratique qui se veut rationnel doit se situer par rapport à cette référence[20]." Le fait est que, quoi qu'on dise, la science moderne s'est imposée comme le moyen d'une connaissance objective, quoique toujours perfectible et en attente d'être rectifiée. Qu'elle fonctionne comme un moyen de contrôle et de validation des savoirs, ceci résulte sans doute des garanties et assurances qu'offre son expertise, ainsi que des succès auxquels conduisent ses méthodes et principes. Et, sauf à faire le choix difficilement défendable d'un "relativisme scientifique[21]", on ne saurait accepter l'idée de normes spéciales spécifiquement et exclusivement conçues pour l'évaluation des savoirs d'une aire culturelle ou d'une catégorie données.

L'exigence de validité universelle qui constitue un des critères du savoir scientifique, ne peut s'accommoder d'un traitement différencié des traditions intellectuelles. A ce sujet, Cheikh Anta Diop, pourtant connu ou étiqueté comme un ardent défenseur de la culture et des productions intellectuelles africaines, donne une lumineuse leçon de rigueur méthodologique, de lucidité et de responsabilité scientifiques:

> « Sur le plan méthodologique, il faut être sévère avec soi-même. Si nous critiquons la partialité des autres pour tomber dans le même travers, ce n'est plus la peine. A ce moment aussi, nos œuvres seraient frappées de la même caducité. Je crois que sur le plan de la rigueur scientifique, il n'y a pas de concession à faire. Il faut être sévère avec soi-même.[22] »

L'examen méthodique et rigoureux des savoirs africains, leur évaluation si l'on veut, n'est pas seulement le prolongement logique d'une comparaison qu'on a cru possible. C'est aussi la condition de leur démarginalisation et de leur promotion effectives. L'enjeu de cette démarginalisation pour l'Afrique est énorme. Elle devrait

---

[20] Isabelle Stengers, " Le médecin et le charlatan", in Tobie Nathan et Isabelle Stengers, *Médecins et sorciers*, Paris, Synthélabo, Coll. Les empêcheurs de penser en rond, 2004, p. 128.

[21] L'expression "relativisme scientifique" est en elle-même, contradictoire. La science, en tant que projet d'une connaissance objective et universelle, est une négation du relativisme.

[22] Extrait d'un document sonore, précisément d'une intervention orale de Cheikh Anta Diop au Colloque du Caire (28 janvier - 3 février 1974).

permettre d'assainir en quelque sorte le domaine des pratiques, d'introduire lisibilité et visibilité sur un espace où cohabitent, dans une confusion presque totale, savoirs authentiques et mythes, détenteurs de connaissances réelles et vendeurs d'illusions. Bref, en leur faisant gagner en rigueur et cohérence, elle devrait conférer à ces savoirs autochtones, les performances susceptibles d'en faire des instruments plus assurés du développement. En raison de cet enjeu pratique, vital même si l'on ose dire, le premier piège à éviter est celui d'un afrocentrisme obsessionnel, ou d'un nationalisme culturel mutilant qui, au nom d'un vague combat idéologique, valoriserait pour eux-mêmes, les savoirs traditionnels, sans tout le discernement nécessaire. L'attitude critique est probablement le moyen le plus sûr pour jauger un savoir et le faire progresser : « Il n'y a qu'un moyen pour faire avancer la science, c'est de donner tort à la science », affirmait Gaston Bachelard. Plus que les connaissances scientifiques, les savoirs locaux africains doivent être préservés de toute tendance à la contemplation et à la momification.

Il y a cependant l'autre piège, d'autant moins évident qu'on y tombe généralement sans en avoir conscience : celui d'un iconoclasme forcené qui consiste à frapper de nullité théorique, tout savoir ou pratique qui ne cadrerait pas avec les normes et canons habituels de la science moderne ou plus exactement de la pratique scientifique moderne. La validation critique des savoirs dits traditionnels risque de tourner court et de sombrer dans une impasse théorique si, par une attitude idéologique et quasi religieuse, on tenait pour indépassable et donc incontournable, le système de validation de la science dite occidentale ou moderne. Pour tout dire, l'examen des savoirs parallèles ne saurait, s'il se veut crédible, faire l'économie de la mise en perspective du modèle à partir duquel on croit devoir le réaliser. La question reste en effet de savoir de quel droit la science moderne, dans son état actuel, pourrait prétendre régenter tout le domaine du savoir. S'il est légitime de postuler la rationalité de tous les phénomènes, condition première de possibilité de toute science, s'il est normal d'exiger rationalité et universalité de toute explication qui se veut scientifique, la question est de savoir si la science moderne fournit, à ce jour, le modèle et le critère indiscutables, achevés et exclusifs de cette double exigence.

Dans *Devenez sorciers, devenez savants*, Georges Charpak et Henri Broch montrent à quel point peut égarer la hantise du mystérieux ou du "paranormal", et pourquoi nous ne devrions jamais renoncer à trouver une explication "rationnelle", même aux phénomènes les plus déroutants pour l'esprit. Mais encore, jusqu'à quel point est acceptable cette tendance spontanée et "normale" qui consiste à rechercher à propos de tout phénomène et de tout savoir, le verdict exclusif d'une science ou plus exactement d'une certaine vision des choses qui, pour avoir donné la preuve de sa validité, n'en a pas moins révélé ses limites ? Jusqu'à quel point est légitime et acceptable l'équation jamais établie, ni même ouvertement affirmée, mais subrepticement érigée en axiome : rationalité = "occidentalité"[23] ? Concept d'ailleurs insatisfaisant et équivoque à souhait que celui d'occidentalité, dans la mesure où les contre-modèles de la science dite occidentale sont loin d'être une spécificité africaine de même que, par ailleurs, cette science "occidentale", n'est à tout prendre, que le modèle dominant dans cet Occident où l'on retrouve bien entendu, des types de savoirs et de croyances analogues à ceux des Africains (ou même d'autres peuples du monde).

On voit à quel point s'élargit la problématique, comment l'examen des "savoirs africains" renvoie aussi, indiscutablement, à une analyse de portée plus générale, ayant pour objet, le statut des modèles de connaissance produits et transmis hors du cadre traditionnel de ce qu'on appelle couramment la science. Il nous semble que les savoirs parallèles en général, et les corpus de connaissances africains en particulier, peuvent être, pourvu qu'on les appréhende avec toute la lucidité requise, une chance pour la science. Domaine où dominent encore des croyances et des pratiques pour le moins décalées par rapport à ce dont la science traite habituellement, les savoirs africains n'offrent-ils pas à la science et aux savants des pistes royales pour éprouver la validité des postulats et méthodes d'exploration et de validation classiques, consacrés, soit pour les confirmer, soit pour apprécier les erreurs et écarts commis, et, par la

---

[23] Dans un livre qui fait contre la monotonie, l'éloge de la diversité, Paul Feyerabend dénonce vigoureusement cette équation trompeuse et affirme qu'elle réduit indûment l'univers de la raison. (Feyerabend, *Adieu la raison*, Paris, Seuil, 1989).

même occasion, les rectifications ou réajustements qu'il pourrait être nécessaire d'opérer ? Une telle interrogation nous semble d'autant plus légitime que le dénigrement ou l'ostracisme subtils dont sont souvent victimes les croyances ou corpus parallèles, ne suffisent pas à mettre en cause leur efficacité pratique. « Rien n'est plus instructif en histoire des sciences, écrit Canguilhem, que la mise en rapport synchronique d'une pratique qui réussit et de théories hostiles, par impuissance à concevoir le déterminisme qui légitimerait cette pratique.[24] »

Parce que la science est par nature une entreprise inachevée, et donc une activité en construction et même en déconstruction permanentes, il est simplement contradictoire et même dangereux de l'ériger en religion, et de considérer comme hérétique toute tendance intellectuelle qui s'écarterait de ses normes, elles aussi nécessairement provisoires. L'histoire révèle que les progrès scientifiques les plus décisifs ont été réalisés par des chercheurs qui n'ont pas craint, à un moment donné, de ramer à contre-courant de théories éprouvées et solidement établies. La longue et douloureuse gestation de la théorie quantique, l'opposition et l'indignation qu'elle a suscitées chez les plus grands physiciens du début du XXème siècle, la fécondité enfin attestée de cette théorie qui mettait à mal la fondation newtonienne[25] dont personne ne voulait se débarrasser, tout cela devrait induire une plus grande méfiance pour les normes supposées établies, en même temps qu'une ouverture plus prononcée, en tout cas plus audacieuse vis-à-vis des contre-modèles.

Il n'est pas exclu qu'un examen plus serein des savoirs africains en particulier, déclenche une révolution scientifique du genre de la physique quantique, susceptible d'engendrer dans une douleur qu'on devine aisément, une science plus conquérante, plus vaste, moins fermée et plus ambitieuse, suffisamment outillée pour rendre compte

---

[24] Georges Canguilhem, *Idéologie et rationalité dans l'histoire des sciences*, Paris, Vrin, 1988, p. 53.

[25] En raison de la fiabilité et de la fécondité du système qu'il a mis en place, Newton a été pratiquement divinisé aussi bien par les savants de son époque que par les physiciens du XXème siècle. Le témoignage ci-après donne la mesure de la considération dont il jouissait : « Nature and nature'slawslayhide in night. Godsaid: "Let Newton be"; and all was light. » A. Pope, cité par Prigogine et Stengers, *La nouvelle alliance : la métamorphose de la science*, Paris, Gallimard, 1979, p. 39.

de phénomènes divers, et même de ceux qui, en raison de leur caractère atypique, ont été rangés dans le domaine de l'irrationnel ou du paranormal. La question est alors de savoir comment développer cette incontournable libération intellectuelle sans verser, comme par réaction, ni dans le relativisme, ni dans la valorisation consciente ou non d'un "anti-occidentalisme". D'un autre côté, comment ériger entre des pratiques cognitives ou intellectuelles apparemment antagoniques, un pont ou une passerelle, sans que la rationalité et l'universalité qui en fondent le projet ne servent de paravent à une simple phagocytose sélective des corpus parallèles par le modèle officiel ?

C'est sur la base et sous l'éclairage de ces interrogations et considérations qu'est analysé dans ce livre, le statut épistémologique du *fa*, ou, pour être plus précis, du système divinatoire *fa*[26]. Ce système a été interrogé au regard du projet qui le fonde, de sa vocation intellectuelle, en d'autres termes, des présupposés théoriques et religieux qui le modèlent et l'informent, de la nature même de l'objet dont il s'occupe ainsi que des méthodes et techniques de recherche auxquelles ses acteurs ont recours. A été examinée aussi, la fonction des mythes dans le procès divinatoire *fa*, notamment dans la lecture des signes ou *fadu*[27] et la validation des verdicts et prescriptions oraculaires, de même que les conditions de constitution et d'accroissement de ces mythes. Ont été examinés enfin, le statut de l'oralité dans la constitution, la transmission et la conservation du patrimoine intellectuel du système divinatoire *fa*, l'intérêt ainsi que les conditions d'un "passage" à une tradition écrite, de même que ce que peut ou doit signifier dans le cadre de la récupération critique des savoirs africains, la double exigence de rationalité et de validité universelle.

---

[26] Comme nous le verrons, c'est une lecture superficielle et hâtive qui amène à réduire ce système à un art divinatoire, et même à le considérer comme une version africaine de la géomancie.

[27] Les *fadu* sont, nous en parlerons plus loin avec plus de précision, les signes dont l'interprétation permet de déterminer le verdict oraculaire, plus exactement, le verdict de la divination *fa*.

Chapitre 1er

Le *fa* : de quoi s'agit-il ?

1. Sous le signe de l'interculturalité

Dans son ouvrage intitulé *Sixteen great poems of Ifa*[1], Wande Abimbola souligne le caractère interculturel de l'art divinatoire que les Yoruba nomment *Ifa*. Mais il s'interroge sur l'unité du système. Ce qu'on appelle *Ifa* en pays yoruba et chez les Afro-cubains, *Fa* chez les Fon du Bénin et *Afa* chez les Evhé du Togo, est-il rigoureusement la même chose ? Beaucoup trouveraient curieuse cette interrogation, tant il paraît évident que la différence des noms par lesquels on le désigne ici ou ailleurs, ne met nullement en cause l'idée que le *fa* renvoie à la même chose, aux mêmes postulats de base, à la même ambition, aussi bien dans ces pays du golfe de Guinée où elle a émigré en provenance du Nigéria, que dans les sociétés d'Amérique où l'on doit sa présence aux esclaves venus du Dahomey et du Nigéria.

Quand on considère ce que les Yoruba du Nigéria et du Bénin (ainsi d'ailleurs que les Afro-cubains), les Fon du Bénin et les Evhé du Togo pratiquent respectivement sous les noms d'*Ifa*, de *Fa* ou d'*Afa*, il serait difficile de prouver ou même simplement d'imaginer que nous avons affaire à des réalités qui renvoient à des sources ou des origines diverses, au lieu d'un unique et même foyer yoruba. Pourtant, il n'est jamais aisé de dire avec certitude d'où provient une pratique ou une connaissance. Celles-ci résultent sinon toujours, du moins le plus souvent, d'une synthèse dynamique d'emprunts divers ou, si l'on préfère, d'une création continue, ouverte et donc jamais achevée. Le *fa* ne fait pas exception à la règle. Si l'on considère cependant les innovations dont il a dû faire l'objet ici et là, ainsi que les différentes pratiques qui en ont résulté, la question est précisément de savoir si l'on peut raisonnablement faire le pari de son unité. Si oui, comment établir en toute objectivité le substrat du *fa*, dans un univers de différences et de polémique où la question de

---

[1] Wande Abimbola, *Sixteen great poems of Ifa*, UNESCO, 1975, p. iii et p.37 notamment.

l'authenticité divise les *babalawo* qui sont les dépositaires du système, même au sein de la communauté yoruba[2] ? Comment définir le *fa* tout simplement, au regard de cette diversité, sans tomber ni dans le piège du dénombrement, ni dans celui d'une réduction forcée des différences, c'est-à-dire d'une synthèse faussement unificatrice du multiple ?

En attendant de revenir plus loin à cette question, nous posons l'hypothèse -qui reste évidemment à vérifier- que le contexte presque exclusivement oral dans lequel prend corps et s'exerce le *fa*, serait l'un des facteurs qui rendent difficile de déterminer au cœur des variantes connues, laquelle traduit la pratique originelle. En l'absence de textes écrits qui fixent les règles et les termes de la pratique orthodoxe, il est extrêmement difficile de se situer.

Deux raisons principales pourraient expliquer pourquoi le *fa* pouvait difficilement se maintenir stable, en l'absence d'un support graphique : la complexité ou plutôt la densité du système d'une part, et de l'autre, la diversité des cultures qui l'ont en partage. A ces deux raisons, on devrait en ajouter une autre, tout aussi importante, mais qui n'est pas vraiment spécifique au *fa* : une pratique exogène, étrangère a d'autant plus de chance de s'intégrer dans un milieu, que le système de croyances qui le fonde ne heurte pas de front l'ensemble des croyances locales. Le syncrétisme constituerait dès lors, si nous avions raison, un facteur ou même un moyen privilégié de liaison de l'endogène et de l'exogène, un instrument d'adoption ou d'"endogénéisation" de l'exogène. Il est d'ailleurs malaisé de faire le pari de représentations ou de pratiques rigoureusement propres à un groupe donné, pour peu qu'on reconnaisse avec Jean-Loup Amselle que toute culture est le lieu d'un métissage et d'un brassage originaires, « le produit d'entités déjà mêlées, renvoyant à l'infini l'idée d'une pureté originelle. »[3]

---

[2] Il faut dire que les divergences sont relativement mineures au sein de la communauté yoruba du Nigéria et du Bénin.

[3] Jean-Loup Amselle, *Branchements. Anthropologie de l'universalité des cultures*, Paris, Flammarion, 2001, p. 24. En fait, cette idée a d'abord été développée dans *Logiques métisses. Anthropologie de l'identité en Afrique et ailleurs*, Paris, Payot, 1990. Il se trouve qu'à un moment donné, le concept de "métissage" a paru peu satisfaisant aux yeux d'Amselle, en raison de la référence biologique et raciale qu'il suggère et donc des malentendus qu'il peut engendrer. Mais qu'il s'agisse de "métissage" ou de

Avec la pratique du *fa* à Cuba, la situation a cependant évolué. Les *babalawo* cubains ont en effet rédigé des traités qui fixent les conditions et les normes de la pratique d'*Ifa*. Mais si sur place à La Havane, ces traités résolvent d'énormes difficultés, notamment en ce qu'ils libèrent les devins de l'exercice fastidieux de la mémorisation de centaines de récits, il est à craindre qu'en raison de la tendance aujourd'hui à valoriser le texte écrit au détriment de l'oral, on transforme en instrument de validation et d'authentification indiscutable, ces recueils de textes forcément sélectifs et dont l'authenticité est loin d'être établie. Une des raisons qui invitent à la prudence, c'est justement l'ampleur du syncrétisme que connaît le *fa* à Cuba. Sous l'influence des cultes chrétiens sans doute, les adeptes d'*Ifa* en sont arrivés à identifier Orunmila, la divinité de la sagesse et donc de la divination *Ifa*, à Saint François d'Assise[4] et *Eshu*, son associé, au Diable[5] !

2. Un système complexe

A la question de savoir ce qu'est le *fa*, question à lui posée par Bernard Maupoil, voici la réponse que fit le célèbre Gedegbe, « dernier grand *bokonon* » du Bas-Dahomey : « Tous les *bokonon* s'efforcent de définir *fa* avec pompe… Mais moi, quoique *bokonon*, je ne me risquerais pas à définir. Seule la nature miraculeuse qui a créé *fa* pourrait en parler savamment[6]. » De la part d'un grand maître du *fa*, cette réponse est surprenante. La réserve de Gèdègbé s'explique pourtant. Elle est, d'un certain point de vue, l'expression d'un

---

"branchements", l'idée centrale est qu'il est vain et même à la limite contre nature, de postuler l'existence d'entités absolument distinctes, affranchies de tout lien avec d'autres. Il est intéressant par ailleurs que cette idée de métissage ou de branchement permette d'envisager l'universalité comme le lieu d'expression des particularismes, non celui de leur négation. Car au fond, le métissage d'une culture ne contredit pas son originalité ou sa traditionalité, tant il est vrai que "c'est en se réfléchissant dans les autres que l'on conforte le mieux sa propre identité." (*Branchements*, p. 10).

[4] Erwan Dianteill, *Des dieux et des signes : initiation, écriture et divination dans les religions afro-cubaines*, Paris, E.H.E.S.S., 2000, p. 243.

[5] Pierre Fatumbi Verger, *Orisha : les dieux yoruba en Afrique et au Nouveau Monde*, Paris, Métailié, 1982, p. 76 : " Au Brésil comme à Cuba, Eshou a été syncrétisé avec le Diable."

[6] Bernard Maupoil, *La géomancie à l'ancienne Côte des esclaves*, p. 11.

profond respect et même d'une dévotion à l'égard d'une entité divine, d'une réalité inaccessible à l'entendement humain[7]. Mais elle traduit aussi la prudence d'un homme suffisamment instruit et averti pour savoir qu'il est manifestement impossible d'embrasser dans une formule générale, une réalité aux facettes multiples qui, de surcroît, nourrit des croyances qu'on ne peut ni prouver ni infirmer. Et au regard précisément de l'immensité et de la complexité du système *fa*, toute tentative de définition est, semble-t-il, condamnée à le mutiler, c'est-à-dire à en valoriser la ou les dimensions à tort ou à raison considérées comme fondamentales.

Il ne faut donc pas s'étonner de la diversité des approches proposées par les ethnologues, réplique de la multiplicité des "définitions" que donnent les *bokonon* et *babalawo* eux-mêmes, acteurs directs du *fa*.

Examinons-en quelques-unes, à commencer par celle de William Bascom.

Bascom ne s'embarrasse pas de précautions particulières. Pour lui, le *fa* est un système divinatoire : « *Ifa* is a system of divination based on sixteen basic and 256 derivative figures (*odu*) obtained either by the manipulation of sixteen palm nuts (*ikin*), or by toss of a chain (*opele*) of eight half seed shells[8]. » Bascom reconnaît bien entendu, que *fa* est un système complexe et ne saurait être réduit à sa dimension oraculaire. Mais toujours est-il qu'en ramenant la vocation essentielle de *fa* à la divination, Bascom met entre parenthèses d'autres aspects (les dimensions thérapeutiques et religieuses notamment). Que le devin *babalawo*[9] soit à la fois guérisseur, herboriste, et dans une certaine mesure, chef de culte, c'est-à-dire prêtre de *fa*, il n'en demeure pas moins que sa fonction centrale, calquée sur la vocation de *fa*, est et reste la divination.

---

[7] C'est comme si Gèdègbé disait : « Je ne suis pas digne de définir. » ou encore : « Seul le divin peut parler du divin ».

[8] William Bascom, *Ifa divination: communication between gods and men in West Africa*, Bloomington, Indiana University Press, 1969.

[9] Dans la tradition yoruba, le *babalawo*, littéralement le père du secret, est celui qui s'est fait initier aux connaissances profondes et secrètes de *fa*. Il est compétent pour communiquer avec les dieux, afin d'obtenir d'eux les informations nécessaires pour éclairer les hommes et surtout les soulager de leurs maux.

Albert De Surgy reste dans la même logique que Bascom en ce qu'il considère *Afa*, appellation ou version évhé de *fa*, comme un système divinatoire. Plus précisément encore, et comme chez Maupoil, le *fa* apparaît à ses yeux comme un système géomantique, donc une forme particulière de divination parmi tant d'autres pratiquées par les Evhé du Littoral, et qui ne s'est imposée comme système dominant qu'à une époque relativement récente[10]. Il précise encore : "*Afa* ne prétend nullement prédire l'avenir, mais consiste à deviner ce qui se passe ici et maintenant, en l'homme et autour de l'homme, en train de modeler le cours des événements[11]". De Surgy ne néglige pourtant pas la dimension religieuse de *fa*, loin s'en faut. En parlant de "culte d'*Afa*" dans le titre même de son ouvrage, en consacrant une bonne partie dudit ouvrage à la description des cérémonies marquant les cultes dédiés au *fa*, en insistant enfin pour dire que c'est l'exécution correcte des sacrifices qui caractérise fondamentalement le "géomancien", De Surgy valorise indiscutablement la dimension religieuse de *fa*.

Intéressons-nous à présent à Erwan Dianteill. Le titre de son ouvrage donne amplement le ton de la posture qu'adopte l'anthropologue : *Des dieux et des signes : initiation, écriture et divination dans les religions afro-cubaines*[12]. C'est donc sous l'angle de la religion que l'auteur aborde la réalité du *fa*. Mais Dianteill est le premier à être conscient que cette caractérisation ne va pas de soi. Voici cependant

---

[10] De Surgy, *La géomancie et le culte d'Afa chez les Evhe du Littoral*, Paris, Publications orientalistes de France, 1981, p. 8.

[11] En ramenant la vocation de *fa* à la divination, et plus encore, à l'art de deviner et non de prédire, De Surgy installe une différence de perception avec la vision des acteurs, telle que la rapporte d'autres auteurs. Le terme "deviner" est loin d'exprimer toute la puissance et la science qu'est censée dégager Ifa ou, comme on le voudra *Afa*, en tant que Dieu de la sagesse, bien au fait de toutes les données et réalités qui échappent aux hommes du fait de leur finitude. La question reste de savoir si cette "définition" du but de *afa* traduit une modestie ou une lucidité des acteurs Evhé, ou si elle est une interprétation de l'ethnologue. Toujours est-il que le terme "deviner" marque une prudence, ou en tout cas un manque d'assurance et de foi dans le verdict oraculaire. La différence avec la lecture de Bascom est d'autant plus manifeste que celui-ci parle sans ambiguïté de "prédictions" (Bascom : 1969, pp. 68-80).

[12] Il est bon de préciser que le livre de Dianteill ne traite pas seulement du *fa*, mais aussi de la *santeria* et du *palo monte*. Le *fa*, le *palo monte* et la *santeria* sont les trois plus importantes religions afro-cubaines.

comment il justifie sa posture : en tant qu'il implique une relation de subordination et de dépendance vis-à-vis des « esprits »[13], le *fa*, tout comme la *santeria* et le *palo monte*, est une religion. Si Dianteill avait raison, cela signifierait que la divination n'est au fond, qu'une fonction de la religion *Ifa*, fonction précisément dévolue aux seuls *babalawo*, prêtres initiés au secret d'*Ifa* ou *Orunmila*, le dieu de la sagesse.

3. *Fa* et géomancie

Le *fa* est-il une géomancie ? Cette question peut surprendre, tant il paraît entendu pour tout le monde, en tout cas pour la plupart des anthropologues et même pour des acteurs et initiés lettrés du *fa*, que ce système est une version ouest-africaine de la géomancie[14]. Et pourtant les liens que l'on peut établir entre le *fa* et la géomancie, et plus précisément la géomancie arabe, ne suffisent pas à déduire ou à valider cette thèse.

Au fait, qu'est-ce que la *géomancie* ?

Formé de la même manière que les mots cartomancie, chiromancie, oniromancie, nécromancie, le terme "géomancie" partage avec ces derniers la racine *manteia* qui signifie divination. L'autre racine *géo* signifiant terre, le terme "géomancie" devrait logiquement désigner un système divinatoire où intervient l'usage de la terre. Et en réalité, il existe en Afrique aussi, des systèmes véritablement géomantiques, c'est-à-dire des techniques divinatoires qui font intervenir le recours à la terre. Dans ses « Notes sur les signes graphiques du géomancien gourmantché »[15], Cartry fait remarquer que la géomancie est une des techniques utilisées pour consulter le

---

[13] Dianteill, *Ibid.*, p. 15.
[14] Citons quelques œuvres qui confirment cette tendance générale :
-Maupoil, *La géomancie à l'ancienne Côte des esclaves*.
-De Surgy, *La géomancie et le culte d'Afa chez les Evhé du Littoral*.
-Hounwanou, *Le fa, une* géomancie *divinatoire du golfe du Bénin (pratique et technique)*.
-Houndonougbo, *Processus stochastique du fa : une approche mathématique de la* géomancie *des côtes du Bénin*.
[15] M. Cartry, « Notes sur les signes graphiques du géomancien gourmantché », in *Journal de la Société des Africanistes*, Paris, 1963, vol. 33 pp. 275-306.

sort. Les révélations géomantiques ont cette particularité d'être "obtenues en interrogeant la terre." Cartry précise entre autres, que les Gourmantché ne confondent pas tous ceux qui interrogent le sort. Tout au contraire : ils distinguent parfaitement le géomancien ou *o tambi pualo* (littéralement, qui frappe la terre) du devin en général ou *o lingido* (celui qui cherche). Un autre auteur, Simone Kalis, découvre le même genre de distinction chez les *Seereer sin* du Sénégal[16]. Si donc l'on consent à donner au terme géomancie le sens qui est le sien, on ne peut raisonnablement classer le *fa* dans la catégorie des systèmes géomantiques.

On peut croire que si Maupoil, De Surgy, Houndonougbo, Hounwanou et bien d'autres s'étaient donné la peine de définir la géomancie, ils n'auraient certainement pas perçu et présenté le *fa* comme un système géomantique. Au fond, rien n'est moins sûr ; car, d'avoir sacrifié à ce préalable méthodologique dès les toutes premières lignes de son ouvrage *La géomancie : analyse formelle*, n'a pas empêché Robert Jaulin de décrire à son tour, le *fa* comme une version dahoméenne[17] de la géomancie. Comment Jaulin en est-il arrivé là ? La réponse à cette question se trouve dans sa définition de la géomancie.

Selon Jaulin, "la géomancie est un procédé divinatoire formé de seize figures distinctes, qui correspondent aux arrangements, par groupes de quatre, de deux signes."[18] Le constat que l'on fait tout de suite est que rien dans cette définition ne fait référence à la racine "géo". Jaulin s'est rendu compte lui-même du problème que pose cette définition (problème qu'il a d'ailleurs tenté de résoudre, à sa manière). Le lecteur attentif est en effet frappé par la différence de ton entre cette première définition donnée dans la préface du livre, et celle-ci, présentée quatre pages plus loin, dans laquelle Jaulin invoque à la décharge de sa posture, un *usage* consacré : "Il est d'usage de

---

[16] La géomancie ou *teet a long*, littéralement, voyance par le sable, est l'une des quatre formes de divination identifiées par Kalis. Les trois autres sont : la divination par la corne de chèvre, la divination par le cauri, et la divination par la bouteille d'eau (Simone Kalis, *Médecine traditionnelle, religion et divination chez les Seereer Sin du Sénégal*, Paris, L'harmattan, 1997, p. 17).

[17] Le Dahomey est l'ancien nom du Bénin.

[18] Robert Jaulin, *La géomancie : analyse formelle*, Paris, Cahiers de l'Homme, 1966, p. 7.

réserver l'appellation de géomantique aux systèmes divinatoires formés de seize vecteurs binaires de dimension quatre[19]."

Cette invocation de la tradition, à l'occasion érigée en autorité, ne suffit pourtant pas à valider la définition de Jaulin. Ce serait bien légitime, pour des raisons de classification, de vouloir regrouper sous une même rubrique, les systèmes divinatoires qui ont en commun l'utilisation de signes binaires. Mais il aurait fallu, pour cela, utiliser un terme plus approprié, en tout cas moins équivoque et donc différent de « géomancie », connu pour désigner autre chose. Pour n'avoir pas adopté une telle démarche, Jaulin installe une définition qui autorise à exclure de la catégorie des géomancies, des systèmes qui sont véritablement géomantiques - comme celui des Gourmantché -, et à y inclure, dans le même temps, des systèmes qui n'ont rien à y voir, comme le *fa*.

L'absurdité de cette généralisation imprudente se remarque directement dans l'ouvrage même de Jaulin. Au vu du titre du livre et donc du projet qu'il définit, les combinaisons mathématiques et les savantes constructions qui y sont présentées devraient normalement être valables pour tous les systèmes dits géomantiques. Or manifestement, elles ne sont applicables qu'à la "géomancie arabe". L'analyse formelle de *la* géomancie n'était, finalement, que l'analyse formelle d'*une* géomancie parmi tant d'autres, réelles ou supposées. On ne s'étonnera donc pas que sur les 194 pages que compte l'ouvrage, seulement 14 soient consacrées aux géomancies dites africaines. Les 4 pages qui portent sur le *fa* se réduisent à un survol rapide du livre de Maupoil cité plus haut.

Ce n'est pas tout. Même au regard de la définition et de la description que Jaulin donne de la géomancie, notamment lorsqu'il fait référence aux signes, les rapports avec le *fa* ne vont pas bien loin. Ils s'arrêtent au niveau des signes binaires primaires, des "vecteurs binaires" comme il les appelle, au nombre de 16, aussi bien dans le *fa* que pour la géomancie arabe. Or dans le *fa*, ces signes sont plutôt, comme nous le verrons au chapitre prochain, des demi-signes, et pour cette raison, n'ont de signification véritable que mis en couple. Le nombre total de ces couples, c'est-à-dire des signes du *fa* (les *fadu*

---

[19] Jaulin, *Ibid.*, p. 11.

plus précisément) est 256, ce qu'on obtient en élevant 16 (le nombre des "vecteurs") à la puissance 2 (pour les deux demi-signes). Retenons donc que *dans le fa, il n'existe que 256 signes, ce qui est bien différent des 65.536[20] qui caractérisent la géomancie[21]*.

Au fond, c'est donc le caractère trop globalisant de sa définition de la géomancie qui condamne Jaulin à y intégrer des systèmes allogènes. Cette confusion a malheureusement eu un impact considérable, au point que d'autres chercheurs, pris au piège d'un usage inadéquat, ont vu spontanément la géomancie partout où il y a divination par les signes binaires. C'est le cas de Brehima Kassibo. Que ce dernier définisse lui-même la géomancie comme "la science du sable" n'a pas suffi à le prémunir contre l'erreur de Jaulin, et à l'empêcher de considérer comme systèmes géomantiques, des pratiques divinatoires qui n'avaient rien à voir avec le sable, comme le *fa*[22] !

Au regard de ce qui précède, le *fa* n'est pas une géomancie, ni au regard de la définition propre de la géomancie, ni même au regard de la définition proposée par Robert Jaulin. D'un autre côté, en considérant la réalité de la géomancie classique arabe, il n'est pas établi que le *fa* en *dérive* ou qu'il en est une variante. Encore une fois, ceci ne signifie pas que le *fa* ne doit rien à la géomancie arabe et qu'il est un système africain ou ouest-africain pur, affranchi de tout apport exogène. Mais justement, la question se pose de savoir d'une part, ce que le *fa* doit à cette géomancie et de l'autre, ce qui le définit et en fait la spécificité. Examinons quelques-unes des théories qui croient pouvoir faire dériver le *fa* de la géomancie arabe.

D'abord Brehima Kassibo. Pour lui, le *fa* comme tous les "systèmes géomantiques ouest-africains", provient de la géomancie arabe. L'introduction de la géomancie classique en Afrique date

---

[20] William Bascom, Victor Houndonougbo et Erwan Dianteill dont les travaux portent respectivement sur les traditions yoruba (Nigéria), fon (Bénin) et afro-cubaine (Cuba), sont sur ce point, formels. Pour eux, tout comme les devins que nous avons personnellement interviewés, il n'y a pas de confusion à faire : le *fa* donne lieu à 256 signes, et seulement 256 signes.

[21] Robert Jaulin, *Ibid.*, pp. 7 et 29. Voir aussi, du même auteur, *Géomancie et islam*, Paris, Christian Bourgeois, 1991, page 5. On notera cependant que le nombre 65.536 correspond au produit : 256×256.

[22] Brehima Kassibo, "La géomancie ouest-africaine : Formes endogènes et emprunts extérieurs", in *Cahiers d'Etudes Africaines*, n° 128, 1992, p. 568.

probablement du VIIème siècle. Dès le VIIIème siècle, l'islam devient le principal vecteur de propagation de la géomancie classique, par l'entremise de marchands arabo-berbères bientôt relayés par des négociants soudanais et les marabouts négro-africains. Condamnée par les théologiens musulmans pour qui le prophétisme est le seul moyen authentique de révélation, la "mantique" survécut grâce aux marabouts[23]. Par la suite, Kassibo évoque l'idée d'un procédé divinatoire prisé par les marabouts, parallèle à la géomancie classique, et auquel on devrait rattacher la tradition de *fa*. Voici la description qu'il en donne :

Après avoir récité le *fatiha*, le devin pose le doigt sur un tableau où sont inscrits trente-deux noms de prophètes. Il lit alors le nom du prophète ainsi tiré au sort, et s'appuie, pour rendre le verdict oraculaire, sur un petit recueil qui donne des renseignements pour chaque nom. Le *fa* devrait être interprété sous le même rapport, car Kassibo écrit : « On retrouve le même procédé d'une manière plus précise, transplanté au Dahomey (Bénin) où on l'appelle *fa* : le géomant récite la légende des figures qui apparaissent dans le thème »[24].

L'identité que Kassibo établit entre le *fa* et la pratique des marabouts qui vient d'être décrite est plutôt forcée et tirée par les cheveux. Elle n'est rien d'autre qu'une ingénieuse analogie qui, du reste, ne suffit pas à établir que le *fa* provient de la géomancie, ni même qu'il est une géomancie.

Intéressons-nous à présent au point de vue de Judith Gleason. Celle-ci commence par affirmer qu'*Ifa* est d'abord et avant tout une tradition d'origine nigériane, *yoruba* plus précisément[25]. Mais Gleason précise aussi que ce système s'est constitué à partir de matériaux dont certains ont été empruntés à des systèmes étrangers. Allusion est ainsi faite à la géomancie arabe. Si donc nulle part, Gleason n'affirme que le *fa* est une géomancie, elle ne nie pas vraiment qu'il en dérive. Elle écrit précisément: « No one knows how or when the Yoruba acquired

---

[23] Kassibo, *Ibid.*, page 544.
[24] Kassibo, *Ibid.*, page, 550.
[25] Judith Gleason, *A recitation of Ifa, oracle of the Yoruba*, New-York, Grossman Publishers, 1973, p. 9.

the geomantic rudiments from which *Ifa* is developed[26]. » Selon Gleason, le nom *Orunmila*[27] dériverait de *ram'l* qui désigne en effet en arabe, le sable (sur lequel les signes géomantiques sont inscrits)[28] et le terme d'*Ifa* dériverait du mot arabe *fa'l*. Ces "arguments" plutôt passablement impressionnistes, sont loin d'être consistants[29].

Le moins qu'on puisse dire est que, au vu de ce qui précède, on manque d'éléments décisifs pour affirmer avec certitude que le *fa* provient de la géomancie. Si donc on ne doit pas banaliser les similitudes entre le *fa* et la géomancie arabe, il serait également imprudent d'en amplifier la portée au point de forcer la relation de filiation entre celui-là et celle-ci. Il s'est même trouvé des auteurs pour penser que la thèse inverse n'est pas seulement défendable, mais qu'elle serait plus pertinente et plus cohérente. Albert de Surgy est de ceux-là. S'interrogeant sur le "problème de l'origine de la géomancie pratiquée par les Evhé", De Surgy commence par contester l'idée que *Afa* provient de la géomancie arabe. Il écrit :

> « La réduction de la divination par *Afa* à une variété ou à une forme abâtardie de géomancie arabe ne résiste pas à l'examen qui ne s'en tient pas aux généralités mais va un tant soit peu au fond des choses tant en géomancie dite "arabe" qu'en divination par *Afa*. Cela ne vaut même pas la peine d'en discuter[30]. »

Pour De Surgy, il s'agit de deux systèmes bien différents, se suffisant chacun entièrement à lui-même. Les similitudes qui existent entre *Afa* et la géomancie arabe indiquent tout au plus que les deux

---

[26] « Nul ne sait comment ni quand les Yoruba ont acquis les rudiments géomantiques à partir desquels *fa* a été développé. » (p 14).

[27] Autre nom d'*Ifa* quand celui-ci désigne la divinité de la sagesse, divinité tutélaire de la divination.

[28] "The name of the oracular divinity as a being, the prototype of the diviner-in-action, *Orunmila* comes from the Arabic word for sand *ram'l*", écrit Gleason à la page 15 de son ouvrage.

[29] L'étymologie semble ici trop forcée et bien douteuse. Par exemple, pour le même nom Orunmila, William Bascom rapporte une tout autre étymologie *Olorun mo ela*, proposée par les *babalawo*, c'est-à-dire les acteurs directs de *fa* en pays yoruba au Nigéria. Sans être plus sûre, elle n'est pas non plus moins probable que celle de « ram'l ».

[30] De Surgy, *La géomancie et le culte d'Afa chez les Evhé du Littoral*, Paris, Publications Orientalistes de France, 1981, p. 18.

corpus dérivent d'une même souche, mais en aucun cas l'un de l'autre. Et même si l'on devait envisager l'option d'une relation filiale entre eux, il serait plus pertinent et plus cohérent de penser que c'est « le système "arabe", plus sophistiqué, qui dérive de celui d'*Afa*, plus archaïque », non l'inverse. Réflexion séduisante, assurément, mais sans plus. Car en réalité, il est impossible de ne pas percevoir la dimension yoruba du *fa*, lorsqu'on observe les noms des figures oraculaires, les *afa-du* ou *fa-du* ou encore *odu-ifa*, selon qu'on est Evhé, Fon ou Yoruba. Ces noms de figures sont, à quelques déformations près, les mêmes pour toutes les traditions. Et quelques indices simples montrent qu'ils sont plutôt d'origine yoruba. Considérons deux exemples de ce que nous appellerons les signes doubles :

I   I
I   I
I   I
I   I

Signe 1

II   II
II   II
II   II
II   II

Signe 2

Dans le *Ifa* des Yoruba, les deux signes (1 et 2) sont nommés respectivement *Ogbe meji* et *Oyeku meji*. Chez les Fon qui pratiquent le *Fa*, ils sont nommés *Gbe meji* et *Yeku meji*. Chez les Evhé, on les nomme *Gbe medzi* et *Yeku medzi*. Que l'on ne s'y méprenne pas : en dépit de la graphie apparemment très différente, le *medzi* des Evhé se prononce à peu près de la même manière que le *meji* des Yoruba et des Fon. Le plus important, *c'est que c'est seulement en Yoruba que ce mot a un sens* : il signifie "deux". Par *Ogbe meji* ou *Gbe meji* ou encore *Gbe medzi*, on veut dire *Ogbe* ou *Gbe* deux fois. En observant la notation graphique de ce signe, on remarque en effet qu'il est formé de deux colonnes identiques de quatre fois un trait. Chacune de ces colonnes se nomme bien *ogbe* ou *gbe*. Dernier élément, le nom *Jogbe*, donné à ce signe aussi bien par les Evhé que les Fon, est une déformation par contraction de l'appellation yoruba *Ejï-Ogbe*, une autre manière de dire *deux fois "Ogbe"*.

Ce ne sont là que quelques indices ; mais ils suffisent à montrer qu'il est imprudent et même passablement fantaisiste de postuler l'existence de traditions de *fa* ou d'*Afa* à ce point différentes les unes des autres pour émaner de souches absolument différentes et indépendantes. Que certains *boko* ou devins Evhé évoquent des divinités et esprits différents de ceux auxquels les *babalawo* yoruba adressent leurs hommages, cela ne marque pas selon nous, une différence fondamentale. On sait bien qu'une pratique nouvelle et exogène n'a de chance de s'installer dans un milieu que si elle ne heurte pas de front les croyances locales, ou si l'on réussit à l'accommoder à ces croyances. Il en a certainement été ainsi d'*Ifa* aussi bien chez les Evhé du Togo (où il est devenu *Afa*) que chez les Fon du Bénin (où il a pris le nom de *Fa*).

Qu'on ne s'y méprenne donc pas : par *Ifa*, *Fa* ou *Afa*, les Yoruba, les Fon et les Evhé désignent une seule et même chose. Ce sont des appellations différentes d'un système dont la tradition la plus ancienne est très probablement d'origine yoruba. Les différences ou "déformations" plus ou moins prononcées que l'on peut observer dans la pratique dudit système ou au niveau du lexique qui l'accompagne ne remettent pas en cause, loin s'en faut, l'idée d'un tronc commun, d'un dénominateur commun. Sur cette base, nous pouvons librement utiliser le vocable de *fa*, pour désigner cette réalité, quelle que soit l'aire culturelle ou linguistique considérée[31].

4. *Fa* et religion

En réalité, considérer le *fa* comme une géomancie, procède d'abord et avant tout d'une énorme abstraction. Il faut en effet avoir réduit le *fa* à un système divinatoire pour qu'une telle assimilation ou comparaison soit possible. Or justement, et quelle que soit la

---

[31] Pour les citations évidemment, nous respectons le vocable ou la graphie adoptée par chaque auteur.

tradition à laquelle on se réfère, le *fa* va bien au-delà d'une simple consultation du sort. La divination a beau en être l'aspect le plus visible, il n'en demeure pas moins que le *fa* renvoie à d'autres dimensions qui, dans la logique d'ensemble du système, sont loin d'être accessoires. La religion est l'une de ces dimensions. L'objectif ici est de montrer leur place dans ce système.

La plupart des anthropologues, relayant le discours des acteurs directs du système *fa*, disent que le *fa* n'est pas une religion. De fait, le *fa* ne se présente pas comme une religion au sens classique du terme. Comme l'a déjà souligné Maupoil, il ne donne pas lieu à l'érection de sanctuaires où un culte est périodiquement rendu par des adeptes, ni de séminaires de formation ou d'initiation, comme pour les religions traditionnelles (*hunkpamè*). Il se trouve cependant que "*Fa*" ne désigne pas seulement le système, mais aussi la divinité sur laquelle il repose, divinité de la sagesse, trait d'union entre les humains et les autres divinités, entité chargée de révéler aux uns la volonté et la vérité des autres. De ce point de vue, *Fa* est une divinité au statut particulier.

L'hésitation des *bokonon* à classer *Fa* dans la catégorie des *vodun* ou divinités procède de cette particularité. La réalité est peut-être que *Fa* n'a pas de place dans le panthéon originel des peuples de culture et de langue fon. Si cette hypothèse était juste, elle pourrait expliquer le statut ambigu ou même ambivalent de *Fa* dans cette culture. Chez les Yoruba en tout cas, il n'y a pas de place pour la moindre hésitation : *Ifa* est un *orisha*, c'est-à-dire une divinité. A la différence des autres *orisha* cependant, il ne prend pas possession de ses adeptes ou serviteurs : *Fa* ne cause pas la transe. Au total, on ne fait aucune entorse à la vérité en affirmant qu'au fondement du système *Fa*, il y a une divinité tutélaire dont l'omniscience présumée est censée justifier ou déterminer toutes les pratiques se rapportant à ce système. Que cette divinité s'appelle *Fa*, *Ifa*, ou encore *Orunmila*, *Orunla*, *Eleri Ukpin*, *Agbonmiregun*, cela n'a pas grande importance.

Et, s'il existe une divinité *Fa* ou *Ifa*, on est fondé à envisager l'existence d'une religion en tant que celle-ci serait le lieu de la relation avec celle-là. Ce n'est pas par pure invention que De Surgy parle de "culte d'*Afa*". Ce n'est pas non plus par fantaisie que Dianteill considère comme une des trois religions afro-cubaines, ce qu'il appelle lui aussi le "culte d'*Ifa*". Par ailleurs, le rituel auquel s'adonne le *babalawo* ou le *bokonon* au cours des grandes cérémonies que les Fon du sud du Bénin appellent *Fanuwiwa* et qui réunissent les *bokonon*, leurs apprentis et tous ceux qui, sans s'être faits devins, ont "reçu leur *fa*[32]" (De Surgy parle de pré-initiation), témoigne indiscutablement d'une attitude religieuse.

La religion de *fa* ou d'*Ifa* est sans doute plus manifeste, plus visible à Cuba qu'ailleurs. Mais, point n'est besoin de quitter le sol ouest-africain de sa naissance, pour constater que le *Fa* donne lieu, depuis de nombreuses années, à des pratiques religieuses plus ou moins codifiées et régulières, peut-être même plus officielles qu'à Cuba. En marge des pratiques individuelles et collectives que nous venons de décrire, il existe depuis des années, notamment dans le sud-ouest du Nigéria mais aussi à Porto-Novo[33], ce qu'il faut bien appeler une "église de *Fa*". La plupart des habitants de cette ville du Bénin connaissent bien le "*fachochi*" (déformation de "*Ifa* church").

Cette institution religieuse venue du Nigéria, a formé nombre de *bokonon* qui se désignent eux-mêmes comme des "prêtres de *Fa*". Elle est peut-être le développement ou le prolongement d'une pratique ancienne qui, au départ, n'avait rien à voir avec un acte religieux. Wande Abimbola rapporte en effet que dans chaque cité ou village, le collège des devins *babalawo* se réunissait tous les quatre jours, ou à défaut, une fois par mois, pour discuter des problèmes liés à l'exercice de leur fonction. Sont récités et chantés à ces rencontres, les poèmes de *fa*, ce qui donne l'occasion à tous de se ressourcer, de réajuster et de raffermir leurs connaissances. De nos jours, poursuit Abimbola, les prêtres d'*Ifa* mettent en commun leurs moyens pour construire des temples d'*adoration*, où ils tiennent des réunions hebdomadaires et mensuelles. A Lagos, ce développement a été particulièrement influencé par les pratiques chrétiennes. Prêches de sermon, chants des hymnes de *fa*, voilà entre autres, ce qui meuble les réunions

---

[32] On dit de quelqu'un qu'il a reçu son *fa* (traduction littérale "E yi *fa*") lorsque ce dernier s'est fait identifier le signe de *fa* qui détermine son existence ou sa vie. Aux grandes cérémonies en l'honneur de *fa*, il se doit de participer, comme les devins formés et consacrés au service de *fa* et des hommes. Bien évidemment, cette pré-initiation ne lui confère pas le statut de *bokonon* ou de devin.

[33] La capitale administrative du Bénin.

hebdomadaires, les rapprochant de fait, des services religieux du dimanche, tels qu'ils ont cours chez les chrétiens[34].

5. *Fa* et médecine

Les *bokonon*, *babalawo* ou encore *etoboko* sont à la fois devins, prêtres, guérisseurs et "pharmaciens". La question qui se pose alors est de savoir si au vu du statut de ces acteurs, on peut affirmer que l'art médical fait partie du *fa*. Il s'agit précisément de voir si la pratique de la médecine fait partie de la fonction du *babalawo* en tant que serviteur de *fa*, ou si elle obéit plutôt à la logique d'une demande globale de service dont la divination n'est finalement qu'une étape, l'espoir fondamental que nourrissent les consultants étant généralement de retrouver la félicité perdue. L'ouvrage de Verger intitulé *Ewé : le verbe et le pouvoir des plantes chez les Yoruba*, nous fournit ici une piste de réflexion intéressante.

Recueil d'environ un demi-millier de recettes médicales et magiques, soigneusement répertoriées, ce livre prouve combien est importante et peut-être centrale, la question de la santé dans un système, dans une pratique tout orientée vers la quête du bonheur et de la félicité. Il est intéressant de remarquer que les recettes que Verger livre dans son ouvrage, proviennent de l'enseignement qu'il a reçu par son initiation au *Fa* à Kétou, mais aussi de nombreuses enquêtes menées auprès de *babalawo* yoruba vivant au Nigéria. L'auteur lui-même présente la connaissance des plantes médicinales et de l'art de soigner, comme une obligation de la fonction de *babalawo* :

> « Mon initiation en tant que *babalawo* a facilité et, d'une certaine façon, officialisé mes recherches car, apprendre l'utilisation des plantes dans la préparation des recettes, remèdes et "travaux" traditionnels

---

[34] "In Lagos, this development has been more or less modelled along the Christian pattern. The weekly meeting are held like the Sunday services in Church with reading of lessons, preaching of sermons and chanting of hymns." (Abimbola, *Sixteen great poems of Ifa*, Unesco, 1975, p.7).

constituait pour moi non seulement un droit mais aussi une obligation[35]. »

Ce court extrait appelle quelques commentaires. Il montre, dans un certain sens, à quel point est solidaire du statut du *babalawo*, la connaissance des plantes et recettes médicinales. Ces recettes ne sont pas destinées à être connues du public mais seulement des initiés : elles sont ésotériques. L'obligation de les connaître pourrait tenir de la nécessité pour le *babalawo*, de pouvoir répondre de façon complète aux attentes de ses clients. Il ne suffit pas pour un homme en effet, de se savoir malade de telle ou telle affection ; l'important est de recouvrer la santé. Au regard de cette hypothèse, l'art médical et les connaissances qu'il implique ne seraient pas une composante de la pratique *fa* à proprement parler, mais son prolongement[36]. La médecine serait, de cette façon, extérieure au système *fa*, bien qu'apparaissant comme une fonction naturelle du *bokonon*. La croyance populaire selon laquelle la maladie résulte, sinon toujours, du moins la plupart du temps, de causes « obscures » plutôt que naturelles, aurait certainement conforté les *bokonon* dans cette fonction sociale.

Tel n'est pas l'avis de M. S., un devin que nous avons interviewé à Porto-Novo. La connaissance des plantes et le traitement des maladies sont, selon lui, une composante du corpus *fa*. En *bokonon* instruit et rompu aux techniques consacrées, M. S. récite une légende du signe *Guda-gbe*, par laquelle il montre l'indissociable lien entre *fa* et

---

[35] Pierre Fatumbi Verger, *Ewe : le pouvoir des plantes*, Paris, Larose, 1997, p. 16.

[36] On ne voit d'ailleurs pas pourquoi les maîtres de Kétou auraient attendu de consacrer Verger *babalawo*, avant de lui notifier la nécessité de connaître le secret des plantes et recettes médicinales, s'ils étaient conscients que la connaissance des plantes fait partie de la formation. On voit mal ces *babalawo* en consacrer un autre, tout en étant conscients que sa formation n'est pas achevée. On pourrait nous objecter que la formation d'un *babalawo* est une épreuve de longue haleine qui ne s'achève pas vraiment avec la consécration. Tous les spécialistes soulignent en effet qu'en raison de l'immensité du champ de connaissances auquel renvoie le *fa*, tout *babalawo* même consacré doit demeurer un éternel élève. Mais ce que recherche ainsi le *babalawo* nouvellement formé, c'est un perfectionnement, une amélioration de ses connaissances, et non, comme c'est le cas avec Verger, l'acquisition d'un nouveau corps de savoirs.

médecine[37]. Certains passages du texte de Verger semblent d'ailleurs conforter cette thèse. En voici un :

> « Toutes les recettes et tous les travaux réalisés avec les plantes sont classés par le *babalawo* dans les 256 signes, *odù* de *Ifa*, ce qui établit fréquemment des liens entre les noms des recettes, les noms des plantes et les noms des odù de *Ifa*… »[38]

Visiblement donc, l'art médical dont il est ici question n'est pas envisageable en dehors d'une maîtrise des connaissances liées à *fa*. Le problème se pose alors de savoir quel est le statut de cet art médical dans la société traditionnelle yoruba en particulier, et éventuellement dans les sociétés d'accueil de la pratique d'*Ifa*. Si le *babalawo* était ou est aussi et nécessairement guérisseur dans la société traditionnelle yoruba, la réciproque est-elle vraie ? Tous les guérisseurs étaient-ils des *babalawo* ? En d'autres termes, a-t-on affaire à deux systèmes "médicaux" ou thérapeutiques différents, renvoyant à des acteurs différents ainsi qu'à des techniques et approches tout aussi distinctes ? La question est d'autant plus délicate que dans le panthéon yoruba, *Ifa* est, rappelons-le, la divinité de la sagesse et de la révélation et non celle de la médecine, domaine plutôt dévolu à *Osanyi*[39].

Nous manquons en tout cas de données pour établir de façon formelle l'existence d'un corps de connaissances médicales *propre* au système *fa*, et valable pour toutes les traditions de *fa*. Une chose est certaine cependant. Dans l'économie générale du *fa*, l'idée que l'on se fait du *mal*, solidaire de celle que l'on se fait de l'homme, va au-delà de la conception ordinaire de la maladie. Et justement, au regard de cette idée du mal qui renvoie aussi bien au dysfonctionnement de l'organisme qu'aux dissensions sociales ou à une situation financière inconfortable, tout devin ou prêtre de *fa* est thérapeute. Tout *bokonon*

---

[37] Comme nous le verrons plus loin, les légendes sont dans le système *fa*, l'instrument privilégié et indiscutable de validation de toute décision ou pratique.

[38] Verger, *Ibid.*, p. 43.

[39] Verger, *Orisha : les dieux yoruba en Afrique et dans le nouveau monde*, Paris, Ed. A. M. Métailié, 1982, p. 120.

ou *babalawo* qui se respecte croit pouvoir trouver en interrogeant le *fa*, le "remède" au mal de son consultant.

Au regard des développements et observations qui précèdent, nous pouvons proposer une définition : *le fa est un système de connaissances et de pratiques, dont les acteurs principaux, (les babalawo ou bokonon) croient pouvoir, en s'appuyant sur l'omniscience et la bienveillance de la divinité tutélaire (Fa ou Orunmila), identifier les influences positives ou négatives qui déterminent la situation existentielle d'une personne ou d'un groupe de personnes, définir les moyens d'en tirer le meilleur parti, puis établir, au regard des cartes en présence, un pronostic à plus ou moins long terme.*

Vu sous cet angle global, le *fa* est un système à la fois religieux, divinatoire, thérapeutique et intellectuel. La présente étude porte précisément sur la dimension divinatoire du système. Cette limitation procède évidemment d'une abstraction qui met volontairement et théoriquement entre parenthèses, les autres aspects, sans toutefois prétendre qu'ils sont secondaires.

Chapitre 2

Le système divinatoire *fa*

1. Au fondement du système

1.1 *Fa*, divinité de la sagesse

Le *fa*, comme tout système de divination, repose sur un ensemble de croyances plus ou moins cohérent, qui comprend une approche de l'univers physique, une certaine idée de la nature humaine, de la destinée, des influences positives ou négatives qui s'exercent sur l'homme, bref des forces dont il pourrait tirer profit, sous certaines conditions, mais aussi des puissances invisibles dont il gagnerait à se protéger. L'univers de *fa* repose sur un arrière-fond religieux qui confère à certaines divinités tutélaires, des rôles et attributs bien déterminés, le tout identifiable à l'intérieur d'une mythologie assez bien structurée et dont les mythes de *fa* permettent de dessiner les contours[40]. Certes, ce système de croyances n'est pas en tout point et dans le détail, identique pour toutes les civilisations de *fa*. En raison de la dynamique inhérente à tous les faits culturels, les fondements spirituels du *fa* ont connu des réaménagements, plus exactement des adaptations aux réalités et croyances locales de ses différents milieux d'accueil.

La première croyance qui fonde le système *fa*, la plus fondamentale à nos yeux, est que, par-delà le monde que nous révèlent nos sens, il existe une réalité plus profonde, inconnue de nous, en raison précisément de notre finitude, et qui régit justement l'univers. C'est seulement parce que nous ne maîtrisons pas les

---

[40] Un examen rapide montre que les légendes ou mythes de *fa* sont d'une certaine cohérence, d'une cohérence certaine même, de cette cohérence organique qui caractérise tout discours mythique, et pas seulement les productions mythiques occidentales, comme a voulu le faire croire Lévy-Bruhl dans *Mythologie primitive* (Lévy-Bruhl : 1963, p. 27). Lévy-Bruhl y affirmait en effet que les mythes des primitifs n'obéissent pas au minimum de cohérence qui caractérise par exemple les mythes classiques de la Grèce antique ou de la civilisation romaine. Point n'est besoin de revenir ici sur le démenti argumenté de cette thèse fantaisiste, tel qu'il apparaît dans les ouvrages de Lévi-Strauss.

ressorts intimes et profonds de l'univers, que certains événements nous surprennent. En un certain sens, notre impuissance est solidaire de notre ignorance, les deux structurant nos limites, notre finitude ou, pour parler comme Descartes, notre imperfection. Or, ce qui est impossible aux hommes ne l'est pas à Dieu, ou plutôt aux dieux, chacun pris dans son secteur supposé de compétence. Et le dieu omniscient et bienveillant qui informe les hommes s'appelle précisément *Fa* ou *Orunmila*. Lui est associé *Legba*, considéré à la fois comme son justicier et son messager. On remarquera que le système divinatoire porte le même nom que la divinité tutélaire sur lequel il repose.

- Le *Fa* dans le panthéon yoruba-nago

Nous nous référons ici aux travaux de quelques auteurs connus pour être des spécialistes de la tradition yoruba. Il est remarquable que leurs exposés concordent, sauf évidemment quelques détails.

C'est depuis 1800, selon Bascom[41], que les Yoruba ont été en contact direct avec les musulmans. Les missions catholiques, quant à elles, se seraient véritablement installées plus tard. Et les croyances yoruba ont dû être influencées par ces religions. Mais, étant donné que ses informateurs sont d'authentiques *babalawo*, jamais convertis à l'islam ou à la religion chrétienne, Bascom estime que leurs discours, construits à la base des mythes mêmes de *fa*, sont suffisamment affranchis de tout syncrétisme pour restituer le système de croyances yoruba dans sa mouture originelle. Selon ces informateurs, il existerait au total 400 divinités ou *orisha*, toutes venues du ciel (*orun*), chacune ayant bien évidemment, des attributions précises. Ces divinités sont sous l'autorité d'*Olodumare*. Dieu suprême chez les Yoruba, c'est lui qui aurait confié à chacune d'elles, sa fonction. Encore appelé *Olorun* (littéralement, qui possède le ciel), il habite les cieux. Au nombre des divinités soumises à son autorité, les quatre suivantes sont considérées comme les plus importantes :

- *Ogun* : dieu de la guerre et de la chasse, son symbole est le fer.

---

[41] William Bascom, *Ifa divination: communication between gods and men in West Africa*, Bloomington, 1969, page 103.

- *Orisan'la*[42] : encore appelé *Obatala*, il est la divinité responsable de la création[43]. William Bascom le définit plutôt comme le dieu de la blancheur (whiteness deity), sans doute en référence à la couleur blanche de son vêtement[44]. Selon les *babalawo* yoruba, c'est *Obatala* qui a "créé le premier homme et la première femme" ; de même, c'est lui qui façonne l'homme dans le sein de sa mère[45].

- *Eshu* : appelé aussi *Elegbara* ou plus simplement *Elegba*, il est le plus jeune mais aussi le plus clairvoyant des dieux. Il est le messager divin (*iranse*). L'une de ses attributions est de transmettre à *Olorun*, le dieu du ciel, les sacrifices reçus des hommes. Il est connu pour être très rusé, l'équivalent de la tortue dans les contes yoruba, et de l'araignée dans d'autres ethnies d'Afrique de l'Ouest[46]. Très craint en raison de son statut de justicier impitoyable, mais aussi pour ses méthodes parfois franchement violentes, parfois espiègles et donc imprévisibles, il frappe et tue les imprudents qui osent défier les dieux. Si aujourd'hui encore, très peu de personnes hésitent à traduire spontanément *Eshu* par diable ou démon, la faute en serait aux missionnaires européens qui, par manque de discernement, ont cru pouvoir établir une identité entre cette divinité locale et Satan. Eshu ou Elegba aurait ainsi fait les frais de l'obsession de ces pasteurs à trouver dans le panthéon des sociétés africaines du golfe de Guinée, un substitut local à ce que la tradition chrétienne désigne sous les noms de démon, diable, Lucifer, Belzebull, etc.

- *Ifa* : Encore appelé *Orunmila*, *Eleri Ukpin* ou encore *Agbonmiregun*, il est la divinité de la sagesse et de la divination. Il faut donc en prendre son parti : *Ifa* est d'abord et avant tout un *orisha*, c'est-à-dire une divinité, même si ses attributions propres l'écartent

---

[42] Ce nom s'écrit de plusieurs manières : *Orisala*, *Osanla*, *Osala* ou encore *Orisan'la*. Littéralement, il désignerait la "divinité supérieure".

[43] Wande Abimbola, *Ifa divination poetry*, 1997, p. 1 et p. 37, et Moïse Adekambi, *Le fa en perspective de réappropriation*, Inédit, Cotonou, 2002, p. 3.

[44] *Obatala* signifierait d'ailleurs "le roi au vêtement blanc" (Verger : 1982, p. 250).

[45] Bascom, *Ibid*, p. 105.

[46] Dans le sud du Bénin, l'araignée est bien présente dans les contes en *fongbe* et *gungbe* ; elle y symbolise bien souvent la ruse. Elle doit avoir la même réputation ailleurs, en Côte d'Ivoire par exemple. Il est en effet, abondamment question d'un certain "Kacou Ananzè l'araignée" dans le recueil de contes de Bernard Dadié intitulé *Le pagne noir* (Paris, Présence africaine, 1955).

un peu du groupe des *orisha* classiques. Selon Moïse Adekambi, il fait partie des cinq *orisha* des origines du monde, les quatre autres étant *Obatala*, *Eshu*, *Ogun* et *Shango*. Au nombre des caractéristiques qui le distinguent cependant des autres *orisha*, *Ifa* ne reçoit pas de sacrifice. En appui à sa thèse, Adekambi cite un dicton yoruba : "*Ifa lo nkpata s'enu awon orisha* : c'est *Ifa* qui écrase le piment dans la bouche des *orisha*." S'il est indéniable qu'*Ifa* possède une bouche, il est sans doute plus indiqué d'y voir une bouche qui parle plutôt qu'elle ne mange, ironise Adekambi. *Ifa* serait plus précisément, la bouche d'*Olodumare* et des autres *orisha* en ce qu'il révèle aux hommes, les volontés de ces derniers[47]. *Ifa* ne ment ni ne trahit : "*Eke ko she ko nle Ifa*[48]" (On ne peut apprendre à mentir dans la maison d'*Ifa*).

Voici résumée, l'une des légendes qui rapportent et valident la mission divinatrice de *Ifa* :

Tout est parti d'une querelle entre Orunmila et son plus jeune fils Olowo. Un jour, bien des années après son installation sur la terre, en compagnie des autres orisha, Orunmila invita ses huit enfants à une fête qui devait se tenir chez lui. A leur arrivée, ces derniers saluèrent leur père avec tous les gestes et paroles de politesse requis. Celui-ci leur demanda de se saluer mutuellement. Mais, à sa grande surprise, Olowo refusa, sous prétexte que, ayant une tête couronnée, à l'image de son père, il ne saurait être question pour lui d'adresser une salutation à ses frères. Cela lui paraissait tout simplement indécent et déshonorant. Orunmila en fut contrarié, et d'énervement, retourna au ciel. Embarrassés, désarmés face aux difficultés de tous ordres qui survinrent entre-temps, les enfants prirent conscience de leur vulnérabilité et, finalement, montèrent au ciel prier leur père de calmer son courroux et de daigner redescendre avec eux sur la terre...Orunmila refusa ; mais en père prévenant, il offrit à chacun de ses fils, seize noix de palme récoltées précisément sur le palmier au pied duquel ses enfants l'ont trouvé. Orunmila ajouta :

"...En cas de besoin d'argent, voilà la personne que vous devez consulter. Quand vous éprouverez le désir de prendre femme ou d'avoir des enfants, voilà la personne que vous devez consulter".

---

[47] Adekambi, *Ibid*, p. 5.
[48] Adekambi, *Ibid*, p. 5.

C'est à partir de ce moment que les enfants d'Orunmila consultent avec les seize noix de palme, aussi bien pour connaître la volonté des dieux que pour leurs besoins personnels[49].

Orunmila ou *Ifa* se serait fait ainsi remplacer sur la terre par les seize noix de palme ou *ikin*, devenues depuis lors le plus important (mais non le plus usuel) moyen de la divination *Ifa* ou *fa*.

• Chez les Fon

Les devins ne citent pas *Fa* dans la catégorie des *vodun*. Cela signifie au moins une chose : il n'y a pas homogénéité absolue de croyances ou de cultes pour les Yoruba et les Fon. Les correspondances importantes qu'on peut établir entre certaines divinités (*vodun* ou *orisha*) des deux traditions culturelles respectives interdisent cependant d'installer entre leurs systèmes de croyances (yoruba et fon), une barrière étanche.

Lorsque Maupoil dresse la liste des divinités, il ne mentionne pas le nom de *Fa*. Justification : *Fa* n'entre pas dans la catégorie des *vodun* en tant que tels. Maupoil révèle cependant, quoique de manière brève, deux choses : la relation entre *Fa* et le couple *Mawu-Lisa* alors présenté comme les maîtres absolus de la destinée des êtres d'une part, et de l'autre, les rapports entre *Fa* et les autres divinités. A la tête donc du panthéon dahoméen, *Mawu* et *Lisa*. Le premier, une divinité femelle, serait la correspondance du dieu yoruba *Olorun*. Le culte de *Lisa*, divinité mâle, correspondrait à celui d'*Obatala*. En tant que connaissance de notre destinée, *Fa* serait une manifestation de l'indulgence ou de la pitié de *Mawu*.

Cette brève allusion révèle entre *Fa* et *Mawu*, le même type de rapport que celui décrit par Abimbola entre *Ifa* et *Olodumare*, le dieu suprême des Yoruba. Divinité au statut spécial, distincte par plusieurs caractéristiques des autres *orisha* ou *vodun*, *Fa* a reçu de *Mawu*, la mission d'éclairer les hommes en leur apportant, précisément, les informations nécessaires pour une meilleure gestion de la vie. Dieu de la sagesse et de la vérité, *fa* a sous son contrôle tous les *vodun*[50]. Au

---

[49] Extrait d'un mythe d'*Iworimeji* rapporté par Abimbola dans *Ifa divination poetry*, p. 4.
[50] Maupoil, *Ibid.*, p.69.

nombre de ces vodun, il y a *Sakpata*, *Hevioso* et *Dan-ayidohwedo*. Mention spéciale doit être faite cependant de *Legba*, l'équivalent en fon de *Eshu*, *Elegbara* ou encore *Elegba*. Au fait, l'appelation *Legba* en fongbe n'est que la déformation par contraction d'*Elegba*.

- Au Brésil et à Cuba

Le système de croyances sur lequel repose la pratique d'*Ifa* au Brésil et à Cuba est à peu près identique à celui des Yoruba, à quelques exceptions mineures près, tels les noms des divinités (légèrement déformés), ou l'identification par syncrétisme, d'*Orunmila* à Saint François d'Assise.

Reste maintenant le mode d'expression de *fa*. *Fa* est censé répondre à la sollicitation de ceux qui y ont recours, par des signes. L'interprétation desdits signes se fait sur la base de légendes mais aussi, au besoin, de certains objets chargés de symboles.

1.2 Diagnostic et pronostic

1.2.1 *Une divination par les signes*

Dans son ouvrage intitulé *La divination. Essai sur l'avenir et son imaginaire*, Raymond Bloch distingue deux types de divination : la "divination inspirée" et la "divination par les signes". Encore appelée divination naturelle ou spontanée, la première est l'œuvre d'un prophète qui, mis en condition suivant des règles bien définies et qui diffèrent selon les lieux ou les époques, "reçoit l'influx divin" grâce auquel il exprime le message à lui confié par Dieu[51]. La divination inductive est plutôt artificielle et fondée sur l'observation des signes. Ici, précise Bloch, tout repose sur la croyance que telle ou telle divinité a inscrit en quelque sorte les parties du temps (le passé, le présent et le futur) dans des phénomènes appartenant à tel ou tel ordre de la nature. L'interprétation desdits signes obéit à toute une symbolique dont les devins formés ou initiés à cette fin sont censés détenir la clé ou le code.

---

[51] Bloch, *Ibid.*, p. 13.

Sur la base de cette taxonomie proposée par Bloch[52], le *fa* peut être considéré comme une divination par les signes. Il est important de préciser cependant que les signes dont il est question dans le *fa* n'ont aucune valeur lorsqu'on les considère en dehors de l'ensemble des croyances qui les déterminent. Ces signes sont censés être le mode d'expression de *Orunmila*, divinité de la sagesse sous l'autorité de laquelle le *bokonon* ou *babalawo* conduit le procès divinatoire. Ils prennent donc corps et sens dans un langage symbolique par lequel les initiés peuvent communiquer avec ce dieu présumé, tout disposé à fournir aux hommes la lumière indispensable pour comprendre le monde qui les enserre.

- Les signes de *fa*

Il existe au total 256 signes ou figures de *fa*. Les Yoruba ou Nago, ainsi que les *babalao* cubains les nomment *odu Ifa* ou plus simplement *odu*. Les Fon les nomment *fadu* ou *du*, les Evhé, *Afadu* ou encore *du*. La traduction française de *du* ou *odu* par figure ou signe est évidemment impropre et ne doit son apparente transparence qu'à l'assimilation de *fa* à la géomancie, et à l'identité présumée entre les *fadu* et les signes géomantiques. Nous l'acceptons cependant, faute de mieux. Mais nous recourrons plus fréquemment à l'expression *fadu*.

A chaque *fadu* sont associées un certain nombre de légendes. C'est à partir de ces légendes, véritables clés du *fadu* concerné, que ce dernier peut être correctement interprété.

Quand on considère sa représentation graphique (car le *fadu* peut être noté sur support matériel, aussi bien qu'oralement proféré), le *fadu* ou signe de *fa* peut être décrit comme un ensemble constitué par deux colonnes de quatre indices chacune. Chaque indice se compose soit d'un trait, soit de deux traits verticaux. Puisque chaque colonne

---

[52] Vingt et un ans plus tôt, Dominique Zahan avait proposé une distinction analogue. Les termes utilisés par les deux auteurs ne sont pas les mêmes, mais on retrouve chez l'un comme chez l'autre, le même schéma bimodal. Zahan a pu distinguer sur le continent noir, deux grands modes de divination, l'un, "intellectuel", basé sur "l'appréhension des rapports entre les choses", l'autre, "médiumnique", par lequel le devin joue plutôt un rôle "instrumental". Les devins qui pratiquent le premier mode sont des "interprètes", les seconds, des "messagers" : « Les uns établissent l'oracle, les seconds le révèlent. » (Dominique Zahan, *Religion, spiritualité et pensée africaines*, Paris, Petite Bibliothèque Payot, 1970, p. 113).

se compose de 4 indices et que chaque indice ne peut prendre que 2 formes possibles, on conviendra qu'il existe 16 (c'est-à-dire 2^4) colonnes ou, si l'on veut, 16 demi-signes possibles. Chacune de ces colonnes que nous appelons très improprement demi-signes, a un nom dans le système *fa*, le même partout, c'est-à-dire au Nigéria, au Bénin, au Togo, au Brésil, aux Etats-Unis, à Cuba, affecté parfois, il est vrai, de quelques déformations qui, en fait, apparaissent plus dans la notation que dans la prononciation, signe que les différences sont plus apparentes que réelles : cela signifierait que les *fadu* ont partout les mêmes noms et que les différences qu'on pourrait identifier résultent soit de déformation dans la prononciation, soit encore de systèmes de notation utilisant des alphabets phonétiques différents[53]. Il faut donc distinguer deux catégories de *fadu* : les *fadu* composés de deux colonnes identiques et les *fadu* formés de deux colonnes différentes. Les premiers sont au nombre de 16 et les autres font 240.

Les *fadu* sont hiérarchisés, suivant un ordre de préséance qui n'est pas toujours le même d'un devin à un autre. Nous présentons ci-après, les seize signes doubles, les *du-non* (littéralement "*du* mère"), comme on les appelle parfois dans la tradition fon. En le faisant dans l'ordre proposé par Maupoil, qui est par ailleurs conforme à celui que nous ont présenté la plupart de nos informateurs, nous n'entendons cependant pas en affirmer l'authenticité, pas plus que nous ne saurions d'ailleurs la contester. Voici donc les seize "signes-doubles", chacun suivi des noms par lesquels on le désigne dans les différentes traditions[54].

---

[53] Ainsi par exemple, les signes "C" et "ɛ" de l'alphabet fon moderne équivalent respectivement aux signes "Tch" et "è" de l'ancien alphabet, largement influencé (on le voit bien) par le système français. Résultat : le lecteur non averti pourrait croire que les notations "Cɛ" et "Tchè" renvoient à deux signes ou *fadu* différents alors qu'il s'agit d'une seule et même chose.

[54] Dans l'ordre, sous la représentation de chaque signe, les noms utilisés dans les traditions fon, yoruba-nago, évhé et afro-cubaine.

NB. La graphie de "meyi" peut varier. Ainsi trouve-t-on parfois à la place de cette écriture, "melli". La prononciation reste cependant la même et ne change rien à l'idée de la filiation avec le "meji" de la langue yoruba.

```
I    I          I I   I I         I I   I I
I    I          I I   I I         I     I
I    I          I I   I I         I     I
I    I          I I   I I         I I   I I
Gbe meji        Yeku meji         Woli meji
Ogbe meji       Oyeku meji        Iwori meji
Gbe medzi       Yeku medzi        woli medzi
Obe meyi        Oyekun meyi       Iwori meyi

I    I          I     I           I I   I I
I I  I I        I     I           I I   I I
I I  I I        I I   I I         I     I
I    I          I I   I I         I     I
Di meji         Loso meji         Wèlè meji
Edi meji        Irosun meji       Owonrin meji
Di medzi        Loso medzi        Nyoli medzi
Odi meyi        Iroso meyi        Ojuani meyi

I    I          I I   I I         I     I
I I  I I        I I   I I         I     I
I I  I I        I I   I I         I     I
I I  I I        I     I           I I   I I
Abla meji       Aklan meji        Guda meji
Obara meji      Okanran meji      Ogunda meji
Abla medzi      Aklan medzi       Guda medzi
Obara meyi      Ocana meyi        Ogunda meyi

I I  I I        I I   I I         I I   I I
I    I          I     I           I I   I I
I    I          I I   I I         I     I
I    I          I I   I I         I I   I I
Sa meji         Ka meji           Trukpen meji
Osa meji        Ika meji          Oturukpon meji
Sa medzi        Ka medzi          Trukpe medzi
Osa meyi        Ica meyi          Otrupon meyi

I    I          I     I           I     I
I I  I I        I     I           I I   I I
I    I          I I   I I         I     I
I    I          I     I           I I   I I
Tula meji       Lete meji         Ce meji
Otura meji      Irete meji        Ose meji
Tula medzi      Lete medzi        Tse medzi
Otura meyi      Irete meyi        Oche meyi

I I  I I
I    I
I I  I I
I    I
Fu meji
Ofun meji
Fu medzi
Ofun meyi
```

Le premier terme des noms composés est donc le nom d'une des deux colonnes identiques qui forment ici chacun des 16 *fadu* présentés. Ainsi par exemple, *Gbe meji*[55] signifie simplement "*Gbe* deux fois" et aurait pu être lu "*Gbegbe*", si les *babalawo* ou *bokonon*

---

[55] *Jogbe*, l'autre nom de *gbe meji*, plus couramment utilisé par les devins de l'aire culturelle fon, n'est autre chose que la forme contractée du Yoruba *Eji ogbe*. Il suffit d'avaler le "E" de Eji pour qu'on ait *jiogbe* qui devient, toujours par le jeu de la contraction (le i étant avalé cette fois), *jogbé*.

fondateurs n'avaient préféré, cédant au souci de l'élégance phonique, l'expression *Gbemeji*. On peut dès lors identifier très aisément les figures de base à partir de la combinaison desquelles sont formés les 256 *fadu*, entendu que les seize premiers ici présentés, sont ceux où la combinaison réunit deux figures de base identiques. Ce sont dans l'ordre, *Gbe, Yeku, Woli, Di, Loso, Wele, Abla, Aklan, Guda, Sa, ka, Trukpen, Tula, Lete, Ce, Fu*. Nous les appellerons ici, demi-*fadu*.

Pas plus que les notions de "demi-signe" ou "demi-*afadu*", utilisées notamment par Albert de Surgy, celle de "demi-fadu" n'existe pas, à proprement parler, dans le système *fa*. Seul un souci de clarté et de lisibilité dans l'exposé nous a guidé à y recourir. En effet, ce que les *bokonon* ou *babalawo* appellent *fadu* ou *odu Ifa* ou encore *afadu* (selon qu'ils appartiennent aux traditions fon, yoruba ou évhé), ne se donne jamais en deux moitiés prétendument autonomes, qu'il s'agirait de combiner pour obtenir le signe complet. Même si le *fadu* est toujours composé de deux branches ou colonnes, chacune ayant un nom, aucune manipulation dans le *fa* ne conduit à l'obtention d'un demi-signe. Que ce soit par le jet du chapelet divinatoire ou *kple*, ou par la manipulation des noix sacrées de *fa*, le *fadu* ne se donne jamais en deux temps ou en deux moitiés. C'est dans sa configuration et dans sa lecture que se découvre pareille décomposition, plutôt implicite[56]. Le terme de "demi-signe" ne fait d'ailleurs pas l'unanimité. A sa place, Bascom et Dianteill ont respectivement recours aux expressions voisines et visiblement moins équivoques de "signes de base" et "figures de base" (basic figures)[57].

Cela dit, la distinction entre les "signes doubles" et les "signes composés" obéit à une symbolique et à un fond de croyance importants, dans la mesure où ils informent le processus divinatoire et surtout l'interprétation du message oraculaire. En effet, dans la hiérarchie des *fadu*, dont l'importance est capitale dans la lecture correcte du message divin, les signes doubles ont droit de préséance

---

[56] Il faut donc admettre que Trautmann s'est trompé lorsqu'il affirme que la lecture du *fadu* se fait en fonction de l'ordre d'*apparition* des demi-signes : René Trautmann, *La divination à la Côte des esclaves et à Madagascar, le vodoû Fa- le sikidy*, Paris, Librairie Larose, 1940, p. 33.

[57] Dianteill, *Ibid.*, p. 68 et Bascom, *Ibid.*, p. 48.

sur les signes composés. Dans une certaine mesure, les premiers ont un droit d'aînesse sur les signes composés.

- **Les "signes composés"**

Il en existe, comme nous l'avons signalé plus haut, 240. Les signes composés proviennent des combinaisons entre chaque figure de base ou demi-fadu et les 15 autres, ce qui donne effectivement 15 combinaisons pour chaque figure de base et donc, au total 16 fois 15 combinaisons, c'est-à-dire 240. Point n'est besoin de produire ici la totalité de ces *fadu*. Il nous suffira d'en présenter deux ou trois, pour en expliquer le principe de lecture ainsi que la logique qui préside à la détermination de l'ordre de préséance. Voici un premier exemple :

```
I     I I
I     I I
I     I I
I     I I
```

La colonne de gauche correspond à la figure de base *Gbe*, ou si l'on veut, la moitié du signe double *Gbe meji*. Elle se lira donc gbe. La seconde colonne représente quant à elle la moitié du signe double *Yeku meji*. On la lira donc *Yeku*. Or le *fadu* se lit de la droite vers la gauche. Le *fadu* auquel nous avons affaire ici est donc *Yeku gbe*.

2ème exemple :

```
I I     I
I I     I
I I     I
I I     I
```

Nous avons ici, comme dans le premier exemple, mais dans l'ordre renversé, les deux figures de base ou demi-fadu : *Gbe* et *Yeku*. *Gbe* étant à droite et *Yeku* à gauche, le signe se lira *Gbe-yeku*.

3ème exemple :

```
I       I
I I     I
I I     I
I I     I I
```

La branche de droite est la représentation graphique du demi-fadu *Guda*, celle de gauche correspond au demi-fadu *Abla*. Le *fadu* ici est donc *Guda-abla*.

- L'ordre de préséance des *fadu*

L'ordre de préséance des *fadu* n'est pas le même pour tous les *babalawo* ou *bokonon*. Mais si les 256 *fadu* sont donc ordonnés différemment par les "devins", il existe une logique unique, commune à toutes les traditions, et au vu de laquelle cet ordre s'établit. Cette logique repose sur trois principes. Le premier est que les signes-doubles sont considérés comme supérieurs aux signes composés. Le second renvoie à un ordre entre ce que nous appelons les demi-fadu ou figures de base. Le troisième valorise la branche droite de chaque *fadu* et fait dépendre son rang de la valeur du demi-fadu qui se trouve dans cette position.

Pour illustrer notre propos, prenons comme convention, l'ordre des demi-fadu, tel qu'il apparaît dans la hiérarchie identifiée par Maupoil. Nous avons dans l'ordre : *Gbe, Yeku, Woli, Di, Loso, Wele, Abla, Aklan, Guda, Sa, ka, Trukpen, Tula, Lete, Ce, Fu.* L'ordre de préséance des 16 premiers *fadu*, (les *du-no* ou signes-doubles) est le même que celui des demi-*fadu* correspondants. Pour les signes composés, il sera nécessaire de distinguer plusieurs situations. Le principe général est que de deux *fadu* différents, celui dont la branche droite occupe la position la plus élevée, a droit de préséance sur l'autre. Ainsi par exemple, *Gbe abla* est supérieur à *Yeku abla*.

```
    I      I           I     I I
   I I     I          I I    I I
   I I     I          I I    I I
   I I     I          I I    I I
    Gbe abla           Yeku abla
```

Si les deux *fadu* ont, par contre, une branche de droite identique, c'est à partir de leur demi-signe de gauche qu'on déterminera la préséance. Celui dont la branche gauche est la plus élevée sera considéré comme supérieur à l'autre. Soit par exemple *Gbe yeku* et *Gbe abla*.

```
I I      I          I    I
I I      I         I I   I
I I      I         I I   I
I I      I         I I   I
 Gbe yeku           Gbe abla
```

Gbe yeku est supérieur à *Gbe abla*, étant donné que dans la hiérarchie des figures de base, *Yeku* occupe une position plus élevée qu'*Abla*.

Remarque importante : On comparera très utilement les *fadu* à ce qu'on appelle en mathématique, les couples. L'ordre dans lequel sont notés ou écrits les éléments du couple est à ce point important, que deux couples composés d'éléments identiques seront tenus pour différents, dès lors que lesdits éléments occupent dans les deux couples, des positions différentes : (a, b) est différent de (b, a). De même on tiendra pour différents, deux *fadu* ou signes composés des mêmes demi-fadu, mais disposés dans un ordre différent : *Gbe guda* n'est pas la même chose que *Guda gbe*.

1.2.2 Les "mythes" de fa

Les mythes constituent un maillon important du système divinatoire *fa*. A chaque *fadu* est associé un nombre indéterminé de récits. Ceux-ci relatent généralement une situation mythique où la consultation aurait débouché sur le *fadu* concerné, l'interprétation qu'en aurait donnée le devin tout aussi mythique, les sacrifices éventuels prescrits, l'attitude observée par le consultant mythique, la conséquence heureuse ou malheureuse de l'observance ou non des prescriptions de *fa*. L'usage veut donc que ce soit de ces récits que le devin dégage l'interprétation générale du *fadu*, et donc, par voie de conséquence, le sens du message de *fa* à l'endroit du consultant. La tradition veut également que le devin les mémorise, aux fins de les réciter ou de les chanter à l'occasion des consultations[58].

On ne sait le nombre exact de ces "mythes". Le dénombrement en est d'autant plus difficile qu'aucun devin ne peut prétendre les

---

[58] Cette exigence est désormais moins rigide et même inutile à Cuba. En effet, pour peu que le devin sache lire en tout cas, il lui suffit de recourir à un de ces manuels ou recueils dans lesquels sont répertoriés les récits ou histoires concernés.

connaître en totalité. Autre difficulté, il n'existe pas vraiment un repertoire unifié, les légendes récitées n'étant pas toujours les mêmes, d'une tradition de *fa* à une autre. Bien entendu, d'une aire à une autre, certaines légendes se retrouvent parfois sans la moindre altération, souvent avec de légères modifications, ce qui fait penser à une même source, à un même foyer originel.

2. La consultation du *fa*

2.1 Le matériel de divination

Il est composé essentiellement des "noix de *fa*", du "plateau divinatoire", de la "poudre divinatoire", du "chapelet divinatoire" et des *vode*.

- Les "noix de *fa*" : *fa-dekin* en fongbe et *ikin* en yoruba, ce sont en fait des noix de palme. Celles-ci proviennent d'une espèce bien précise de palmier que les Fon nomment *fade*, et dont le nom scientifique est *Elaeis guineensis* (variété *idolatrica* plutôt que *spectabilis*)[59] et que les Fon, les Evhé, et les Yoruba appellent respectivement *fade*, *afade* et *opeifa*. Même s'il en dispose en nombre relativement important, le devin ou *bokonon* n'utilise que seize noix pour la consultation. Dans son ouvrage intitulé *Ifa divination : its practice among the Yoruba of Nigeria*, Bade Ajayi affirme que les *ikin* représentent *Orunmila* lui-même : c'est en effet par elles que le dieu de la divination s'est fait remplacer auprès des hommes, au moment de retourner au ciel[60]. C'est donc tout à fait normal que les devins considèrent ces noix comme le moyen le plus authentique et le plus sacré pour la consultation de *fa*.

- Le plateau divinatoire : *fatè* en fon et *atè ifa* ou *opon ifa* en yoruba. Les bords, généralement sculptés, sont plus épais à la face supérieure. Cette disposition permet de retenir sur le plateau, la poudre *ye* qui y est versée avant toute consultation aux noix, et sur laquelle seront inscrits les signes de *fa*. Le plateau n'est pas seulement un support

---

[59] Maupoil, *Ibid.*, p. 179. , de Surgy, *Ibid*, p. 32.
[60] "These are the sacred palm-nuts with which Orunmila replaced himself when he was returning to heaven." (Bade Ajayi, *Ifa divination: its practice among the Yoruba of Nigeria*, Ilorin, Unilorin Press, 1996, p. 16).

matériel pour la notation graphique des signes de *fa*. Il est aussi utilisé dans l'exécution de certains sacrifices.

- La poudre divinatoire : appelée respectivement *iyerosun*, *ye* et *aye* en yoruba, fongbe et evhé, elle est, en quelque sorte "le papier sur lequel s'écrit et se lit *fa*[61]." Il s'agit en fait d'une poudre végétale que le devin étale sur le plateau divinatoire, et dans laquelle il inscrit les signes issus de la consultation. L'usage consacré à Ifè (ville nigériane considérée comme le berceau du *fa*) veut que la poudre divinatoire authentique provienne de l'affouillement des termites dans l'arbre *irosun*[62]. Mais les devins n'y ont pas toujours accès. A sa place, ils utilisent de la sciure de bois ou même du kaolin mis en poudre.

- Le chapelet divinatoire : chez les Yoruba ou Nago, *okpele*[63], chez les Fon, *agumaga*, *gumaga* ou encore, par déformation du nago, *kplè*. C'est un chapelet composé de huit éléments, généralement des demi-noix ou demi-coques, groupés en deux branches de quatre et reliés par une chaînette ou simplement fixées sur une cordelette. La nature de ces huit éléments importe peu ; l'essentiel est qu'ils aient très distinctement deux faces, une convexe, l'autre, concave. Bascom précise « The divining chain usually consists on eight halves of seed shells or pods joined together by short sections of chain three to four inches long…It is essential that the two surfaces of the shells, or of other materials used in place of them, can be distinguished »[64]. La pratique à Cuba confirme par ailleurs que toute latitude est laissée au devin dans le choix du matériau à utiliser pour la confection du chapelet divinatoire. Chez les *babalao* cubains, les huit disques peuvent provenir soit de noix de coco, soit de noyaux de mangue[65]. Il faut toutefois mentionner que le chapelet divinatoire était, à

---

[61] Maupoil, *Ibid.*, p. 193.

[62] Cet arbre n'a pas été identifié avec précision ; on ne sait donc pas avec assurance s'il s'agit de *Baphia nitida*, comme le pense Bascom (pp. 34 -35). Selon Maupoil, cet arbre, *irosun* aurait donné son nom au signe ou *fadu* que les Yoruba appellent justement *iroso* et que les Fon nomment *loso* (Maupoil, p.193).

[63] On le retrouve sous ce même nom au Brésil même si les règles de transcription adoptées par Bastide et d'autres, plus conformes à la phonétique de la langue yoruba, conduisent à une graphie différente (*opele*) mais qui, de toute façon, ne devrait pas en modifier la lecture ou la prononciation. A Cuba, il est connu sous le nom d'okuele, encore sans doute une déformation du nago *okpele*.

[64] Bascom, *Ifa divination*, p. 29.

[65] Dianteill, *Des dieux et des signes*, Paris, E.H.E.S.S., 2000, p 68.

l'origine, obtenu à partir du fruit d'un arbre du nom d'*Okpele* (*Schrebera golungensis*, de son nom scientifique). C'est de là que proviendrait le nom *okpele* ou par contraction *kplè*, par lequel les Yoruba et les Fon le désignent aujourd'hui encore[66].

La divination proprement dite se fait, soit avec les noix de palme sacrées, soit au moyen du chapelet divinatoire. La consultation par les noix est considérée comme la plus authentique, sans doute en raison de sa valeur symbolique : il s'agirait là d'une attitude religieuse, tout de respect envers *Orunmila* qui, selon la croyance, aurait personnellement légué aux hommes ce moyen de l'interroger[67]. Pour des raisons pratiques cependant, les *babalawo* préfèrent utiliser, sauf à l'occasion de grandes cérémonies, leur chapelet divinatoire.

-Les *vode* : appelés *vodzi* en évhé et *ibo* en yoruba, les *vode* sont un ensemble d'objets hétéroclites dont se sert le devin pour préciser la nature de la situation dont un *fadu* est censé rendre compte. Si le chapelet ou les noix de *fa* déterminent le *fadu* principal, c'est au moyen des *vode* que le devin en précise les contours et donne au consultant une image plus nette de la situation qui l'intrigue. Nous y reviendrons dans la description de la consultation. A chacun des objets utilisés comme *vode* est attachée une signification précise. La photo ci-après des *vode* utilisés par un *bokonon* de Lokossa semble indiquer qu'il n'y a pas de règle rigide fixant la nature des objets, l'essentiel étant visiblement que ces derniers soient assez nombreux et variés pour couvrir la totalité et la diversité des situations susceptibles d'être diagnostiquées : on y trouve par exemple des objets aussi inattendus et curieux que du crayon à papier !

---

[66] Bade Ajayi, *Ifa divination: its practice among the Yoruba of Nigeria*, Ilorin, Unilorin Press, 1996, p. 16.

[67] Abimbola, *Ifa divination poetry*, New York, London, Lagos, 1977, p. 4.

Photo n°1 : Les *vode* du *bokonon* Dudéwa[68]

Mis à part ces "instruments", il y en a d'autres, d'importance relative, et qui ne font pas partie du matériel divinatoire à proprement parler. On peut citer le *fagban* ou réceptacle de *fa*, coffre dans lequel sont rangés divers matériels, comme le chapelet divinatoire[69]. On peut mentionner également le sac dans lequel le devin transporte les instruments quand il doit procéder à une consultation à domicile.

2.2 Motifs et procédure de la consultation

La consultation de *fa* vise, comme toute consultation à caractère divinatoire, la recherche d'informations spéciales que, ni nos sens, ni notre pensée d'homme ne sont à même de nous fournir, mais qui concernent malgré tout l'univers dans lequel nous vivons. *Fa* est consulté à propos de tout, et en toute occasion. L'objectif visé n'est pas simplement ni même principalement la connaissance du futur. L'horizon que *fa* vise à explorer renvoie au temps dans ses trois dimensions : le passé, le présent et le futur. *Fa* peut donc être consulté aussi bien à propos d'un événement passé, d'une situation en cours

---

[68] Dudéwa réside à Lokossa, une localité du sud-ouest du Bénin, située à une centaine de kilomètres de Cotonou.
[69] Le *kpoli* ici est le *fadu* personnel du *bokonon*. L'objet qui le représente, et dont la composition ne nous est pas révélée, est considéré comme sacré, et comme tel, jouit d'une attention particulière.

ou d'un avenir proche ou lointain. Quel que soit le temps auquel elle réfère, la consultation de *fa* vise à détecter les ressorts secrets de l'univers qui nous enserre afin de découvrir les forces qui, à notre insu, gravitent autour de notre vie, les unes favorables à notre bonheur, les autres défavorables à cette félicité. Ce n'est donc pas un hasard si le motif le plus récurrent de la consultation est la santé : ce sont les cas de maladie qui déterminent, le plus souvent, les hommes à recourir au service du *bokonon* ou du *babalawo*. Mais au fond, tout peut être sujet à consulter *fa*, de l'événement le plus banal ou ordinaire à celui qui apparaît comme le plus décisif : les semailles, les récoltes, les fiançailles, le mariage, la dot, la construction d'une maison, la maladie, les enterrements, la sécheresse. Selon un *bokonon* interviewé à Porto-Novo, même quand tout va bien, plutôt quand tout semble aller, il faut recourir à l'éclairage de *fa*. La consultation apparaît, dans ce cas de figure, comme un examen de routine visant à s'assurer que l'apparente félicité ne cache pas un problème qu'on a tout intérêt à identifier et à régler avant qu'il ne soit trop tard[70].

En tant qu'opération, la consultation du *fa* vise à "produire" les figures ou signes dont l'interprétation permet au devin de livrer à son client, le message du dieu de la sagesse. Le *bokonon* ou le *babalawo* n'est, rappelons-le, qu'une courroie de transmission, en tant qu'il a compétence pour lire et communiquer à ses clients la vérité divine révélée, soit par le chapelet divinatoire, soit par les noix de palme sacrées. Dans l'ensemble, le procédé utilisé pour la consultation est le même pour les Yoruba, les Fon et les Evhé. Un examen attentif révèle toutefois quelques différences.

On peut tout d'abord, de façon schématique, ramener la procédure de la consultation du *fa* à cinq moments :

- expression par le client de sa préoccupation ;
- prière du devin adressée aux esprits ;
- détermination du *fadu* ou signe de *fa* ;
- récitation de mythes et interprétation du signe ;

---

[70] Et le bokonon de nous rappeler un dicton bien connu des locuteurs du *fongbe* : « *nu no nyo nu mɛ co bo e non kan fa* » (Même à propos d'une bonne fortune, on peut consulter le *fa*).

- verdict oraculaire, assorti -si nécessaire- de la prescription de sacrifices.

Encore une fois, ce schéma est trop simplifié pour rendre compte de la complexité du processus ainsi que des particularités qu'on peut découvrir dans telle ou telle société. Voici quelques précisions.

Concernant l'expression de la préoccupation du client, il est de coutume que ce dernier ne s'adresse pas directement au *bokonon* ou devin, mais qu'il formule sa question à voix basse ou même mentalement, en plaçant devant sa bouche, le *ajikwin*[71] ou une pièce de monnaie qu'il devra laisser au devin à titre de rémunération symbolique[72]. Cette disposition participe de la confiance que devin et consultant témoignent à *fa* : « C'est à *fa* que le client s'adresse, note Maupoil. Pourquoi interroger un homme ? »[73] Le signe que rend le jet du chapelet divinatoire ou la manipulation des noix de palme, est censé être la réponse de *fa* à la préoccupation exprimée par le client[74].

La prière aux esprits revêt un caractère hautement important, eu égard au système de croyances qui fonde la divination *fa*. Le but de la consultation (*fakikan* en fonbge, *afakankan* en evhé, *ida ifa* en yoruba) est de faire parler *Fa*. Pour s'assurer que le verdict que rendra le processus sera la parole effective de *Fa*, il importe d'inviter ce dernier, tout autant que les esprits bienfaisants, à couvrir toute l'opération. Il faut également obtenir la garantie que l'opération ne sera pas perturbée par quelque esprit malveillant. Telle est la vocation de ces prières, supplications et hommages adressés aux divinités et aux esprits, signe entre autres, de l'allégeance des devins auxdites entités[75]. Voici un court extrait d'une prière adressée à *Fa* :

---

[71] Graine de bonduc

[72] Albert de Surgy, *La géomancie et le culte d'Afa et le culte d'Afa chez les Evhé du littoral*, p. 48.

[73] Maupoil, *Ibid.*, p. 242. Il n'y a visiblement aucune exigence particulière en ce qui concerne l'objet sur lequel le consultant murmure sa requête : selon Abimbola, cet objet peut être la pièce de monnaie, un cauri, un *obi*, ou même, le chapelet divinatoire. Dans tous les cas, il s'agit d'une médiation avec le *fa*, par un moyen autre que celui du devin.

[74] De Surgy, *Ibid.*, p. 52.

[75] Le terme de *moyuba* par lequel les *babalawo* cubains désignent cette prière initiale est peut-être une déformation du yoruba *mojuba* qui signifie "je me

"Réveille-toi, *Ifa ô Orunmila*.

Si tu es allé au champ, reviens à la maison.

Si tu es allé à la rivière, reviens à la maison."[76]

2.3 La détermination du *fadu*

La détermination ou la découverte des signes ou *fadu* peut se faire de deux manières : soit avec le chapelet divinatoire ou kplè, soit avec les noix de palme sacrées.

2.3.1 La consultation par les noix de palme

Les noix de palme sacrées, *ikin* en yoruba, *fadé* ou encore *fadékin* en fongbe, *afadé* en evhé, ont un caractère sacré. Mais quoique valorisée aux yeux des *babalawo* et *bokonon*, la consultation par les noix de palme n'est pas le procédé le plus courant : les devins n'y ont recours généralement que lors de grandes cérémonies. La raison d'une telle option est simple : la consultation par les noix de palme est relativement longue et fastidieuse.

Les noix de palme sont placées dans la paume de la main gauche. D'un geste vif de la main droite, le devin tente, sans esprit de tricherie[77], de les saisir, de les happer en quelque sorte. Selon qu'il reste une ou deux noix dans sa main gauche, noix que dans son geste agile, la main droite n'a pu saisir, le devin inscrit sur le plateau divinatoire, à l'occasion recouvert de la poudre yè, deux traits ou un seul. Bien évidemment, ce ne sont pas là les seuls cas possibles. S'il ne reste aucune noix dans la main gauche, ou s'il y en reste plus de deux, le coup est considéré comme nul. Il n'y a plus qu'à reprendre. Rappelons-le, un signe de *fa* est composé de deux demi-signes, lesquels se présentent dans leur notation graphique, sous la forme d'une colonne de quatre marques. Il faut donc pour un signe complet, huit marques disposées en deux colonnes de quatre. De la même manière, il faut au devin, huit coups validés pour l'inscription et

---

prosterne", "je m'incline" ou encore "je présente mes hommages". Dianteill le définit d'ailleurs comme une "prière liminaire d'hommage aux morts et aux dieux".

[76] Bascom, *Ibid*, p. 37.

[77] Voici la présentation qu'en fait Abimbola: "The *babalawo* keep the sixteen palm-nuts inside one of his palm and tries to take them all at single stroke with his other palm", Abimbola, 1977, p. 7.

l'obtention du signe *fadu*. L'ordre d'inscription des marques sur le plateau divinatoire, identique[78] pour toutes les traditions de *fa*, est le suivant :

2	1
4	3
6	5
8	7

Dans tous les cas, il y a pour chaque colonne, seize c'est-à-dire 4^2 possibilités, correspondant justement aux seize demi-signes fondamentaux. Et le nombre de configurations possibles, étant donné que chaque coup est indépendant des autres, est 2^{16}, ce qui donne en valeur numérique 256 signes. Cette valeur n'a évidemment rien à voir avec le chiffre de 65.536 dont parle Robert Jaulin et qui représenterait selon lui, le nombre de combinaisons possibles des signes géomantiques[79].

Imaginons que la manipulation des noix de *fa* donne pour les huit coups valables, les résultats suivants, correspondant au nombre de noix restées dans la main gauche :

1er coup : deux noix
2ème coup : une noix
3ème coup : deux noix
4ème coup : une noix
5ème coup : deux noix
6ème coup : une noix
7ème coup : deux noix
8ème coup : une noix

---

[78] Bascom, p. 41, Maupoil, p. 245, De Surgy, p. 40.

[79] Robert Jaulin, *La géomancie: analyse formelle*, Paris, Cahiers de l'Homme, 1966, pp. 7 et 29 ;

Robert Jaulin, "Analyse formelle de la géomancie", in Jaulin (dir.), *Anthropologie et calcul*, p. 186.

La configuration que présentera le graphe inscrit sur le plateau divinatoire sera la suivante :

```
II    I
II    I
II    I
II    I
```

La colonne de droite, composée de quatre traits verticaux, correspond au signe *Gbe*. Celle de gauche, composée de quatre doubles traits verticaux, donne la graphie du signe *Yeku*. Le signe ou *fadu* rendu par la consultation est donc : *Gbe Yeku* pour les locuteurs fon et evhé, *Ogbe Oyeku* pour ceux qui s'expriment en yoruba.

La consultation au chapelet divinatoire
Elle est plus économique et plus pratique, du point de vue de la durée de l'opération. En effet, il suffit d'un seul jet du chapelet pour obtenir le signe de *fa*, alors qu'il faut au moins huit coups si le devin doit procéder par la manipulation des noix de palme. Les devins n'éprouvent donc aucun scrupule, sauf à l'occasion de solennités, à utiliser le chapelet aux lieu et place des noix sacrées, étant entendu par ailleurs que ce processus est tout aussi valide que le premier. En voici le procédé.

Le devin tient le chapelet en son milieu de telle sorte que les deux branches soient symétriques. Puis d'un coup sec, il le rabat sur le sol. Les demi-noix qui composent le chapelet se retrouvent ainsi, soit en position ouverte, soit en position fermée. Les deux branches du chapelet divinatoire sont ici les supports matériels du signe *fa*, signe que détermine la position respective des demi-noix. Le devin peut donc lire directement le signe en considérant qu'à une demi-noix fermée correspondent deux traits verticaux, et à une demi-noix ouverte, un trait vertical.

En voici une illustration :

Photo n°2

Convertie en image graphique, la configuration du chapelet sur la photo n°2 donne ceci :

$$
\begin{array}{cc}
\text{I} & \text{I} \\
\text{I} & \text{I} \\
\text{I} & \text{I} \\
\text{I} & \text{II} \\
\end{array}
$$

C'est le signe *Guda gbé*.

Un détail cependant : la façon de projeter le chapelet divinatoire (*agumaga* ou *kplè*) n'est pas la même chez les devins. Il y a deux usages. Alors que les *babalawo* yoruba projettent le chapelet de telle sorte qu'il se présente, l'ouverture tournée vers eux, les *bokonon* fon et évhé procèdent de manière inverse : le chapelet projeté au sol est tourné vers le consultant[80].

---

[80] Sur la procédure en vigueur chez les *babalawo* d'obédience yoruba, William Bascom confirme la description faite par Maupoil (Maupoil: 1988, p. 237) et De Surgy (De Surgy, p. 12). Bascom précise en effet: "(The divining chain) is tossed away from the diviner in such a way that the two open ends fall nearest to him…" (*Ifa divination: communication between Gods and men in West Africa*, p. 29).

2.4 L'interprétation du *fadu*

Il est important de noter que le premier *fadu* obtenu lors de la consultation ne suffit pas pour déterminer, avec toute la précision requise, le problème du consultant ainsi que sa solution éventuelle. La fonction du premier signe ou *fadu* est, cependant, capitale en ce qu'il délimite, quoique de façon encore un peu vague, un horizon ou univers des réseaux possibles dans lequel baigne l'être du client. Quoi de plus normal, quand on sait qu'il n'existe que 256 signes, et que ce nombre est nécessairement inférieur à celui des situations existentielles possibles !

Le rôle du premier *fadu* est donc d'opérer un premier dégrossissage, en circonscrivant dans l'univers des possibles, un sous-ensemble relativement réduit à l'intérieur duquel il sera justement question de chercher et de préciser l'élément caractéristique de la situation et des problèmes du consultant. Il faut donc pouvoir adapter l'interprétation dudit *fadu* à la personne particulière du consultant, le même signe pouvant renvoyer à des situations et des dynamismes variés. D'où la nécessité de "poursuivre la consultation" en engageant le dialogue avec *Fa* à qui il est demandé, à l'occasion, de préciser son message.

Mais, à cette étape de la consultation, les usages ne sont pas exactement les mêmes. Nous exposerons à titre indicatif la tradition *fon*, quitte à préciser par rapport à celle-ci, les différences que révèlent les procédures dans les milieux évhé et yoruba.

Une fois le *fadu* obtenu, le bokonon en proclame le nom à haute voix, puis cherche à en préciser le contenu ou les contours. Et le premier niveau de ce dialogue avec *Fa* consiste à savoir si le *fadu* augure quelque chose de bon, ou si au contraire il annonce un malheur ou un danger, en d'autres termes, si le signe est *faste* ou *néfaste*. Pour le savoir, le *bokonon* doit à nouveau, projeter son chapelet divinatoire, et ceci par deux fois. Il a recours à l'occasion, à deux objets : le *ajikwin* et le cauri. Ils représentent ici, respectivement, la bonne et la mauvaise fortunes.

Voici la procédure :

Le *bokonon* dépose à droite, un cauri, puis à gauche une graine de bonduc appelée en *fongbe*, *ajikwin*. Il projette alors son chapelet par deux fois, d'abord du côté du cauri, ensuite du côté du *ajikwin*. Le caractère faste ou néfaste sera déduit de la comparaison des deux signes obtenus, en tant que résultante de cette double consultation. Seule compte dans cette comparaison, la branche droite du chapelet divinatoire. Des deux *fadu* ainsi obtenus, c'est celui dont la branche droite représente le signe le plus élevé, qui sera considéré. Si ce *fadu* se trouve du côté du cauri, le *bokonon* conclut que le signe est faste : *fa yi vo*. Lorsque c'est le contraire qui se produit, le signe est néfaste : *fa win vo*.

Une fois cet horizon précisé et dégagé, il faut encore identifier quelle catégorie de bien ou de mal *Fa* annonce pour le consultant. C'est à ce moment précis que les *vode* entrent en jeu. Chacun de ces objets symbolise une catégorie de bien ou de mal. Le *bokonon* procède alors à d'autres jets de chapelet, pour identifier, par un jeu d'élimination progressive, le type de bien ou de mal qui plane à l'horizon du consultant. La procédure ici est, dans son principe, franchement digne d'intérêt. Supposons que *fa* ait révélé une bonne fortune. Le devin sélectionne dans le lot des objets composant le *vode*, ceux qui symbolisent le bien et la chance. Ces derniers sont remis soit à l'assistant du *bokonon*, soit au consultant, qui les partage dans ses deux mains, formant ainsi deux groupes[81].

Le *bokonon* entame alors une nouvelle étape du dialogue avec *fa*, toujours au moyen de son chapelet. Si la branche droite du *fadu* ou signe révélé est plus forte que celle de gauche, l'objet symbolisant la situation du consultant est alors à chercher dans la main droite. Tout le contenu de la main gauche est alors écarté, et celui de la main droite redistribué dans les deux mains. On se doute bien que procédant de cette manière, éliminant à chaque jet de son chapelet, un lot plus ou moins important d'objets, le devin en arrive, à la fin, à un seul. Le *bokonon* peut dès lors, s'il le désire, réciter la légende qui correspond à la situation, et s'appuyant sur ladite légende comme sur un outil de validation et d'authentification, prescrire au consultant les sacrifices éventuellement recommandés par *fa*.

La tradition chez les *Evhé* s'accorde, pour l'essentiel, avec la pratique en vigueur chez les *Fon*. Ainsi, après le premier *fadu* révélé

---

[81] Mais au lieu de remettre lesdits *vode* au consultant ou à l'assistant, le *bokonon* peut aussi, directement, les diviser en deux tas.

par le jet du chapelet divinatoire, les devins évhé cherchent à savoir, eux aussi, par un second jet, si *"fa* annonce le bien ou le mal". Il y a tout de même quelques particularités. Alors que le *bokonon* fon proclame automatiquement le nom du *fadu* initial, dès son apparition, le *boko* evhé ne nomme et n'interprète ledit signe qu'après la détermination des "signes secondaires".

Dans la tradition yoruba, le *babalawo* nomme le signe à haute voix dès son apparition, et aussitôt après, se met à réciter, l'une après l'autre, les légendes ou poèmes qui se rattachent audit signe. La diversité de ces poèmes est l'expression même de la diversité des situations possibles, et dont le *fadu* ne donne qu'une vue globale et donc forcément imprécise. La participation du consultant est ici déterminante. C'est en effet à lui - et non au *babalawo* ! - qu'il revient de sélectionner le poème dont le contenu lui paraît correspondre à ses préoccupations ou à sa situation. Il lui faut donc suivre et écouter avec attention la déclamation ou le chant des poèmes d'*Ifa*, jusqu'à ce que le *babalawo* arrive sur celui qui décrit une situation analogue à celle qu'il vit. A ce moment, le consultant fait signe au devin et lui demande d'expliquer le poème ainsi identifié.

De façon générale, deux situations peuvent se présenter au terme d'une consultation *fa* dans la tradition yoruba. Si le consultant trouve son compte dans l'un des poèmes récités par le devin, la consultation continue jusqu'à ce que soient précisés, grâce à l'usage des *vode* (*ibo* en langue yoruba), les différents contours du problème ainsi que les solutions de rechange offertes par *fa*. Mais il peut arriver qu'aucun des poèmes récités par le *babalawo* ne paraisse rendre compte de la préoccupation du client. Dans ce cas, le *babalawo* a le choix entre deux possibilités :

- renvoyer poliment le client en lui proposant de revenir un autre jour, le temps pour ledit *babalawo* de se ressourcer, d'apprendre tout simplement auprès de ses collègues d'autres légendes, avec l'espoir que l'une d'entre celles-ci correspondra à la situation de son client ;

- orienter le client vers un autre *babalawo* qui prend alors le relais du devin à court de connaissances et d'arguments[82].

---

[82] Abimbola précise que dans la société traditionnelle yoruba, les *babalawo* n'ont aucun embarras dans ces cas de figure, étant entendu qu'ils sont souvent constitués en groupes dans l'intention de se porter mutuellement assistance.

Quelques remarques s'imposent dès lors, sur lesquelles nous reviendrons plus loin pour un commentaire plus approfondi. Tout d'abord, le *fadu* révélé par le jet du chapelet divinatoire n'est jamais remis en cause. En tant que parole et message d'*Orunmila* ou de *Fa*, il n'autorise aucun doute ; il revient au *babalawo* de le lire et s'en rendre compte. Le *fadu* est donc, dans une certaine mesure, un verdict sans appel. Cela dit, la chance d'identifier le message que porte un *fadu*, dans un contexte donné et pour un consultant donné, est proportionnelle à l'étendue de la connaissance du devin en matière de légendes. Or, justement, même si l'on écarte le dysfonctionnement de la mémoire, aucun *babalawo* n'est assez instruit, pour connaître toutes les légendes de *fa*. La collaboration entre devins permet heureusement de suppléer à cette insuffisance. Il y a là, manifestement, un esprit d'équipe doublé d'un souci d'objectivité dont nous verrons plus loin la portée et les limites.

Autre remarque importante, dans la tradition yoruba, la récitation des légendes est obligatoire et précède la clarification du verdict oraculaire par le recours aux *vode* ou *ibo*, alors que dans les systèmes fon et evhé, cette récitation est facultative[83]. C'est clair, les légendes ou poèmes de *fa* n'ont pas tout à fait la même importance selon les pratiques.

2.5 Les sacrifices

En evhé *vosa*, en fongbe *vosisa*, en yoruba, *ebo*, les sacrifices ont pour fonction générale d'assurer la couverture ou la protection des divinités. Pour saisir toute la portée desdits sacrifices, on pourrait utilement comparer la divination *fa* à un acte médical complet ayant vocation de diagnostiquer les maux, puis de déterminer à partir d'une connaissance précise des agents pathogènes responsables, ainsi que des organes menacés et des antécédents cliniques du malade, la thérapie susceptible de faire retrouver la félicité perdue. On ne

---

[83] Un *bokonon* de tradition *fon* que nous avons interviewé à Atchoukpa, une localité située à 7 km de Porto-Novo, a affirmé ceci : « C'est une perte de temps que de réciter les légendes de *fa*. Le devin qui maîtrise bien les connaissances n'a pas besoin de recourir aux légendes pour découvrir la signification d'un *fadu*. Et un consultant qui fait confiance au devin n'a pas besoin qu'il lui soit récité la légende pour croire à l'authenticité du verdict oraculaire. »

s'étonnera donc pas que, malgré toute l'importance qu'il accorde aux légendes ou poèmes, pour leur place centrale dans la tradition yoruba du *fa*, William Bascom affirme : « The objective of *Ifa* divination is to determine the correct sacrifice necessary to secure a favorable resolution of the problem confronting the client. »[84]

On peut, abstraction faite des particularités de chaque école ou tradition, résumer le procès divinatoire *fa* en ces traits ou étapes :
- détermination d'un premier *fadu*, le *fadu* principal dont l'interprétation permettra de circonscrire le problème du consultant
- identification du caractère faste ou néfaste du *fadu* en question
- identification précise de la bonne ou de la mauvaise fortune
- identification des recommandations et des sacrifices par lesquels la mauvaise fortune sera ou écartée ou atténuée, ou qui permettront d'assurer, dans la plus grande proportion possible, la bonne fortune.

Les trois premières s'obtiennent par le jet du chapelet divinatoire, ou plus rarement, par la manipulation des noix de palme sacrées. Quant à la dernière, elle se donne dans les mythes (ou légendes) auxquels le devin se réfère mentalement, s'il ne les récite pas (démarche obligatoire chez les *babalawo* yoruba).

Remarque : Cette "présentation générale" qui peut paraître longue, reste malgré tout sommaire au regard de l'immensité et de la complexité du système divinatoire *fa*. Elle comporte donc forcément des lacunes, qui ne pourront malheureusement être comblées toutes, même avec les données nouvelles que révèlera la deuxième section. Le fait est qu'il est manifestement impossible de donner un exposé complet de *fa*, comme ont cru pouvoir le faire le Nigérian Osamaro Cromwell Ibie[85] et le Dahoméen Julien Alakpini[86].

---

[84] « L'objectif de la divination *fa* est de déterminer le sacrifice qu'il faut accomplir pour assurer la résolution favorable du problème auquel le client est confronté ». Cf. Bascom, *Ibid*, p. 60.

[85] Osamaro Cromwell, Ibie, *Ifism : The complete work of Orunmila*, Lagos, Efechi Ltd, 1986.

[86] Julien Alakpini, *Les noix sacrées : Etude complète de fa ahidégoun, génie de la sagesse et de la divination au Dahomey et en Afrique*, Cotonou, 1950.

Chapitre 3

La divination *fa* : une pratique scientifique ?

1. Point de quelques travaux

Le terrain n'est pas vierge, de l'examen du statut épistémologique du *fa*, ou en tout cas de sa dimension scientifique. Nous présentons ci-après trois essais sur la question.

1.1 La thèse de Pierre Adjotin

Adjotin est l'auteur d'un travail intitulé *Essai d'épistémologie et d'esthétique du FA : éléments pour le développement*. Ce travail s'inscrit d'abord et avant tout dans le projet de récupération d'un patrimoine intellectuel oral et local victime d'ostracisme et menacé d'extinction. Il s'agit de "développer et de promouvoir les legs culturels qui le méritent[87]" dans le cadre de la "renaissance africaine." Le projet de Pierre Adjotin est en quelque sorte de sortir le *fa* de la nuit où le maintient l'ignorance et d'en faire un élément de développement. Cette exploitation passe selon l'auteur, par la mise au jour de la valeur scientifique et esthétique d'une pratique qui a été injustement méprisée et diabolisée.

Le ton est donné dès les premières lignes d'une posture qui dégage clairement le souci de valoriser le *fa*. Dans la première partie de son travail, Adjotin s'essaie déjà à mettre en relief, entre autres valeurs, l'« intérêt philosophique » de certaines légendes de *fa*[88]. Il y pose aussi une question importante : le *fa* est-il une science ou une religion ? Pour y répondre, Adjotin considère quatre choses :

- le pouvoir du *bokonon* provient de la puissance et du principe actif des feuilles qu'il utilise[89] ;

---

[87] Pierre Adjotin, *Essai d'épistémologie et d'esthétique de Fa : éléments pour le développement*, Mémoire de maîtrise, U.N.B, Abomey-Calavi, 1992, pp. 1-2.

[88] Pierre Adjotin, *Ibid.*, pp 15-17.

[89] Adjotin s'appuie notamment sur cette affirmation de Bruno Gilli : "L'herbe, c'est le vodun ! Ce sont les herbes qui guérissent...Le vodun, c'est l'herbe." (*Heviesso ou l'ordre du monde : approche d'une religion africaine*, Ed. Haho, 1987, Lomé, p. 49).

- la divination *fa* trouve et propose des solutions à toute question énigmatique qui se pose à l'homme ;
- la méthode "expérimentale" d'investigation dans la divination *fa* ;
- l'universalité du principe d'écriture et de lecture des signes divinatoires ;

De ce qui précède, l'auteur déduit que le *fa* est une science. Il écrit précisément : « Le *fa* est une science religieusement adorée ; une science au pluriel où s'observent des éléments de botanique, de médecine, de pharmacie, de génétique, de mathématique, de sociologie, de psychologie, de politique, de linguistique, etc[90]. » On ne s'étonne donc pas que la deuxième partie du travail soit intitulée: « Le *fa*, vaste réseau de connaissances scientifiques et artistiques. »

On a d'abord le sentiment que le *fa* est un ensemble de connaissances *implicites* qu'il reste à révéler. Mais tel n'est pas l'avis d'Adjotin. Dans le *fa*, il y a un certain nombre de connaissances *explicites* et de pratiques que l'auteur n'éprouve aucune difficulté à élever au même niveau que les savoirs et pratiques scientifiques connus. Ainsi par exemple, le bokonon est bien, selon Adjotin, un botaniste du fait qu'il connaît le genre, l'espèce et la variété des plantes dont il utilise, tantôt les racines, tantôt les feuilles, parfois encore les écorces[91].

Mais le *bokonon* serait aussi zoologiste[92] parce que dans l'accomplissement des sacrifices propitiatoires, il n'utilise pas toujours le sang du même animal, mais de celui qui est approprié à la circonstance. De même, parce que le bokonon maîtrise la vertu des plantes utilisées dans le traitement des affections, il est bien un pharmacien[93], car rappelle Adjotin qui cite Le Petit Robert, « la pharmacie est la science des remèdes et des médicaments ».

C'est sur le même mode qu'est "démontrée" l'existence d'une génétique dans le *fa*. Les *fadu* étant considérés comme des entités vivantes hiérarchisées, le principe de la préséance ou de l'aînesse de

---

[90] Adjotin, *Ibid.*, p. 29.
[91] Adjotin, *Ibid.*, pp 46-47
[92] Adjotin, *Ibid.*, pp 47-48
[93] Adjotin, *Ibid.*, p. 48.

l'un desdits *fadu* par rapport à d'autres renvoie, selon Adjotin, à une génétique explicite.

Au nombre des savoirs implicites du *fa*, Adjotin cite les mathématiques, la politique, la sociologie et la psychologie. Intéressons-nous aux mathématiques dites implicites. Ici encore, la démonstration se ramène à la mise en exergue un peu forcée de quelques traits communs.

On doit saluer l'audace et la perspicacité d'Adjotin. Il a fallu en effet un esprit perspicace et suffisamment attentif pour lire ou découvrir dans une pratique comme le *fa*, une génétique, une zoologie, une chimie, une pharmacie, une médecine et bien d'autres choses encore, qui permettent selon Adjotin de conclure que *fa* est une somme ou un réseau de sciences. Le *bokonon* dispose en effet de connaissances avérées dans l'utilisation des plantes à des fins médicales, ainsi que dans d'autres secteurs. Mais l'élévation de *fa* au rang de science ou de réseau de sciences, et même de sciences *explicites*, nous paraît, sur certains points, forcée et tirée par les cheveux. Par exemple, déduire de l'utilisation du sang d'animaux divers à des fins sacrificielles, que le *bokonon* est un zoologiste ne nous paraît pas convaincant. Ce serait tout de même réduire et même mutiler sérieusement la zoologie que de la ramener à la connaissance ou même à l'utilisation de sang animal. De la même manière, partir de considérations liées à l'ordre hiérarchique ou généalogique des *fadu* pour affirmer qu'il y a de la génétique dans le *fa*, c'est, à notre avis, élever imprudemment et hâtivement une technique certes ingénieuse et méthodique, au rang d'une science plutôt complexe et qui ne se résume nullement à quelques combinaisons savamment ordonnées.

Certes, il y a dans toute société une certaine représentation de la logique de l'hérédité. Même si elles n'ont pas accès au savoir génétique moderne, les sociétés dites primitives ou sauvages ne sont pas ignorantes des principes généraux qui régissent la transmission des caractères. C'est entre autres, ce que montrent Marc Augé et Françoise Héritier dans « La génétique sauvage ». Deux éléments amènent Augé et Héritier à prendre au sérieux les théories "sauvages". Tout d'abord, elles reposent sur une observation minutieuse des faits, précisément des caractères et comportements. Ensuite, on peut noter la pertinence des repères à partir desquels sont élaborées lesdites théories : « La plupart des théories locales sont fondées sur des interrogations centrales très proches de celles qui ressortissent à une analyse proprement scientifique dans le domaine de la génétique ».[94]

Ce que Adjotin appelle la "génétique dans le *fa*" ne correspond pas rigoureusement à cette génétique sauvage identifiée par Augé et Héritier. Ce qu'il valorise, c'est plutôt la cohérence rigoureuse qu'observe le *bokonon* dans la construction ou la déduction du statut (de préséance ou non) d'un *fadu* donné, et dont dépend l'établissement du verdict oraculaire. Il est à noter que ladite déduction est faite, non de façon fantaisiste, mais au regard de lois précises que respectent les *bokonon*. On peut donc les comparer aux combinaisons auxquelles procède le généticien à partir des génotypes afin d'établir parfois le lien de filiation entre un individu donné et les parents.

Adjotin a raison de prendre au sérieux les savoirs qu'il croit découvrir dans le *fa*. Cependant, les arguments qu'il utilise pour faire admettre que ce dernier est un "vaste réseau de sciences" sont loin d'être décisifs et convaincants.

1.2 Le point de vue de Léon Jossè

Intitulé *Géomancie et calcul des probabilités : le problème des savoirs implicites*[95], le travail de Jossè réfère à un vaste domaine dont le *fa* ne serait qu'un aspect, dans la mesure où ce corpus est considéré comme la version ouest-africaine (ou précisément dahoméenne) de la géomancie. Le projet de Jossè : "vérifier le degré de scientificité de la géomancie." La méthode : comparer la géomancie à "quelques sciences exactes". Ces sciences sont la botanique, la médecine, la zoologie, la génétique. Sur plusieurs points Jossè va se démarquer d'Adjotin. Pour lui, les connaissances dont un *bokonon* peut disposer sur les plantes, ne suffisent pas à conclure à l'existence d'une botanique à proprement parler : "La prétendue botanique que l'on

---

[94] Marc Augé et Françoise Héritier, « La génétique sauvage », in *Le genre humain*, n° 3, 1982, p. 128.
[95] Léon Jossè, *Géomancie et calcul des probabilités : le problème des savoirs implicites*, Mémoire de maîtrise, Abomey-Calavi, 2002.

rencontre dans la géomancie est encore une doctrine informe.⁹⁶" De même, mettant en perspective le savoir médical dont dispose le bokonon, Jossè refuse de conclure à la réalité d'une science médicale ; il s'agirait plutôt, selon lui, d'une pseudo-médecine⁹⁷ dont le défaut majeur se trouve dans l'absence de mesure ou de quantification précise, en ce qui concerne les potions administrées aux patients. Et il n'y a pas plus de zoologie ou de génétique qu'il n'y a de botanique ou de médecine véritables dans le *fa*⁹⁸. Le travail de Jossè apparaît ici comme une remise en cause du caractère scientifique qu'Adjotin croyait pouvoir conférer au *fa*. Au-delà de cette critique cependant, il se consacre aussi à la question du calcul des probabilités dans le *fa*.

Ce volet du travail de Jossè se ramène essentiellement à l'exposé des essais de mathématisation de la géomancie chez trois auteurs : Robert Jaulin, Victor Houndonougbo et Ayaovi d'Almeida. Nous ne nous attarderons pas sur l'approche de Jaulin. Comme nous l'avons signalé plus haut, son analyse concerne précisément la géomancie arabe, et repose sur des éléments plutôt propres à ce "système géomantique", qu'on ne retrouve pas forcément dans le système *fa*⁹⁹. Parlons ici de l'essai de d'Almeida.

Dans cet essai tel que présenté par Jossè, aucune allusion n'est faite au calcul des probabilités. D'Almeida a plutôt montré que la *notation* des 256 signes de *fa* repose sur un *jeu combinatoire*, un jeu de relations si l'on veut et qui rend compte de principes ou d'opérations logiques et mathématiques tels que l'identité, l'inversion ou la non-contradiction, le produit.

L'inversion en mathématique se définit comme la transformation d'une figure en une autre, telle que, si M est un point de la figure et O, un point fixe, le transformé M' de M soit situé sur la droite OM et que l'on ait OM.OM'=R (R étant un réel non nul appelé puissance

---

⁹⁶ Jossè, *Ibid.*, p. 82.
⁹⁷ Jossè, *Ibid.*, p. 82.
⁹⁸ Jossè, *Ibid.*, pp. 84-85.
⁹⁹ Aucun des *bokonon* que nous avons consultés (parmi lesquels il y a tout de même des intellectuels) ne connaît ni ne valide le principe des 65.536 signes par lequel se définit la géomancie arabe. Nous maintenons donc qu'en dépit des points communs entre cette géomancie et le *fa*, tel par exemple le mode de notation et de lecture des signes, le nombre de figures de base, nous avons affaire à deux systèmes bien différents.

d'inversion). Une fois cette définition donnée, Jossè rapporte quelques exemples d'inversion :

L'inversion de la figure indicielle *Gbe* donnerait *Yeku*.

I	II
I	II
I	II
I	II
Gbe	Inversion: *Yeku*

Celle de *Guda* donnerait *Aklan* :

I	II
I	II
I	II
II	I
Guda	Inversion : *Aklan*

Le retournement consiste, comme on peut l'imaginer, à retourner la figure. Avec cette opération, *Gbe* donnerait toujours *Gbe*, alors que *Guda* donnerait *Sa*.

I	I
I	I
I	I
I	I
Gbe	Retournement: *Gbe*

I	II
I	I
I	I
II	I
Guda	Retournement : *Sa*

Le produit s'obtient par le retournement de l'inversion. Ainsi par exemple, le produit de *Gbe* est *Yeku* ; le produit de *Guda*, *Abla*.

I	I I	I I
I	I I	I I
I	I I	I I
I	I I	I I
Gbe	Inversion : *Yeku*	Produit : *Yeku*

I	II	I
I	II	II
I	II	II
II	I	II
Guda	Inversion : *Aklan*	Produit : *Abla*

Cette "mathématisation" réalisée par d'Almeida n'est pas seulement valable pour le *fa*, mais pour tous les systèmes qui recourent aux mêmes figures indicielles. La question est cependant de savoir si le *bokonon* est au fait de ces combinaisons savantes dont rend compte d'Almeida. Autrement, n'est-ce pas forcer les choses que de le déclarer mathématicien au regard de combinaisons et opérations qu'il ne réalise pas lui-même ?

1.3 L'analyse de Houndonougbo

Présentation

On peut dire qu'à l'image du travail de d'Almeida, l'analyse de Houndonougbo s'inscrit dans la perspective d'une mise au jour de la dimension mathématique de *fa*. Mais l'approche ici n'est pas la même que celle de d'Almeida. Houndonougbo ne s'intéresse pas aux lois de composition ou de combinaison des signes binaires ou des figures indicielles, mais précisément au procès divinatoire. Et parce que ce dernier se ramène, selon lui, à une technique d'évaluation des chances, c'est sous l'angle du calcul des probabilités que Houndonougbo procède à son analyse. Le titre de son essai :

« Processus stochastique du Fâ : une approche mathématique de la géomancie des côtes du Bénin. »[100]

L'intérêt et l'originalité de ladite œuvre tiennent de ce qu'elle porte de façon précise sur le *fa*, contrairement au livre de Jaulin, presque exclusivement consacré à la "géomancie arabe". Remarque importante : pas une seule fois Houndonougbo ne cite Jaulin dans son texte. Mais on se doute que c'est de Jaulin qu'il se démarque lorsqu'il affirme, sur le mode de l'avertissement ou de la mise en garde : « Il existe 16 x 16 = 256 *fa-du* et *seulement* 256 dans la géomancie *fa*[101] ».

Le projet de Houndonougbo, déjà bien perceptible dans le titre même de son article, est reprécisé dès les toutes premières lignes. Il s'agit d' « évaluer la probabilité d'apparition des différentes figures de *fa* et la probabilité de certains événements en analysant le processus stochastique mis en œuvre[102]. » Houndonougbo commence par « vider le *fa* de son contenu mystérieux et des croyances mystiques qu'il génère.[103] » Ce faisant, le mathématicien rejette la thèse, pourtant fondamentale aux yeux des devins, selon laquelle le chapelet serait guidé et influencé par les dieux. Alors que pour ces devins, la configuration que le chapelet au jet présente (c'est-à-dire le *fadu*) est déterminée et même prédéterminée au lieu d'être le produit du hasard, Houndonougbo part, au contraire, de l'hypothèse selon laquelle "aucune entité ne l'influence." Cette hypothèse est complétée par deux autres. La première est que les demi-noyaux qui composent le chapelet divinatoire sont tous "parfaitement identiques et équilibrés." La deuxième : les demi-noyaux en question évoluent de façon indépendante les uns des autres[104].

Le terrain est désormais balisé pour le "calcul des probabilités". Et le tout premier calcul concerne les chances d'obtenir l'un quelconque des 256 signes possibles. Il s'obtient par le quotient 1/256 (où 1 représente le nombre de cas favorables et 256 le nombre

---

[100] Victor Houndonougbo, « Processus stochastique du Fâ : une approche mathématique de la géomancie des côtes du Bénin. », in Hountondji (dir.), *Les savoirs endogènes : pistes pour une recherche*, pp. 139-157.

[101] Houndonougbo, *Ibid.*, p. 152.

[102] Houndonougbo, *Ibid.*, p. 139.

[103] Houndonougbo, *Ibid.*, p. 139.

[104] Houndonougbo, *Ibid.*, p. 154.

de cas possibles). Mais nous nous arrêterons sur un autre calcul, ayant trait précisément à la "coïncidence des consultations."

Soit A, l'événement "deux au moins des consultants obtiennent le même *fadu*", et Ã l'événement contraire de A. Soit P(A) la probabilité que l'événement A se produise, et P(Ã) la probabilité de l'événement contraire.

$$P(A) = 1 - P(Ã)$$

$$\text{Or, } P(Ã) = \frac{225 \times 254 \times 253 \times ... \times 256 - n + 1}{256}$$

Pour un nombre n = 18 personnes, P(Ã) = 0,50425 et P(A) = 0,49575. Pour un nombre plus élevé n' = 50 personnes, P(A) = 0,99953, quantité sensiblement égale à 1, c'est-à-dire, 100%.

Conclusion de Houndonougbo: pour une population de 50 consultants, 2 personnes au moins auront le même *fadu* quand bien même elles auraient des problèmes différents. Pour départager les situations et établir pour chaque consultant, un verdict précis et personnalisé, le devin procèdera par des interrogations successives. Or, il se trouve, selon une évaluation de Houndonougbo, que la probabilité est plus grande d'obtenir des signes néfastes que des signes fastes. Considérons donc le cas plus probable, où le signe révélé est néfaste. Le devin posera de courtes questions pour identifier la catégorie de mal dont il s'agit, questions auxquelles le chapelet répondra, soit oui, soit non, selon la configuration obtenue. Or il existe, selon la tradition fon à laquelle se réfère Houndonougbo, cinq rubriques avec lesquelles le mal peut avoir rapport : la mort, la maladie, la justice, la futilité, le *vodun*.

Et, sur la base des principes de la théorie de l'information -une branche du calcul des probabilités-, Houndonougbo calcule le nombre d'événements aléatoires qui, pour le *bokonon*, régiraient le mal : $n = 2^5 = 32$. Le mathématicien avoue n'avoir pu repérer et énumérer les 32, en raison dit-il, de l'empirisme qui domine chez la plupart des devins.

Enfin, et en complément de ce qui précède, Houndonougbo définit l'espérance mathématique de tout *fadu* et la méthode pour la calculer : E = sacrifice/256. Ce rapport correspond à ce que gagnerait le consultant en cas de succès, de réalisation des prédictions. Malheureusement, les données manquent pour savoir si oui et dans quelles proportions, les prédictions faites par le *bokonon* sont justes.

Commentaire

L'analyse de Victor Houndonougbo est intéressante à plusieurs égards. Elle donne à voir comment, à force de patience et d'audace, on peut déceler derrière une pratique banale et même à la limite rétrograde, des processus intellectuels pointus. La détermination ou la construction d'une théorie des probabilités dans le *fa*, la possibilité même de calculer l'espérance mathématique d'événements *a priori* inconnus, à venir, tout cela montre combien peut être intéressante, l'appropriation critique de certaines formes de savoirs ou pratiques.

Cela dit, la démarche de Houndonougbo est loin d'être, en tous points, innocente ; c'est-à-dire affranchie de tout parti pris. En commettant un déicide volontaire et méthodique, en écartant sans état d'âme les dieux dont les *bokonon* font la base de la divination *fa*, Houndonougbo supprime le support principal du système *fa* en même temps qu'il en invalide le projet et la prétention. C'est sans doute au prix de pareilles audaces qu'on peut libérer les savoirs positifs implicites. C'est en dépouillant ces derniers de leur gangue magico-religieuse et/ou mystérieuse que l'on pourra rendre les savoirs à eux-mêmes, et espérer qu'ils se développent à l'abri de tout mysticisme mutilant et désarmant. L'ennui ici, cependant, est que les bases que Houndonougbo substitue à celles des *bokonon* sont bien discutables, de même que, logiquement, les conclusions qui résultent de son analyse. Pour justifier l'approche mathématique et plus précisément probabiliste, il ne pouvait évidemment suffire d'écarter les dieux et autres forces invisibles ou mystérieuses censés déterminer les signes de *fa*. Il était tout aussi nécessaire, cédant au souci de précision quasi obsessionnel des mathématiciens, d'assurer que les conditions du jet du chapelet divinatoire offrent pour chacune des 256 figures ou *fadu*, la même probabilité d'apparition : c'est le principe d'équiprobabilité. S'impose du coup, la nécessité de poser des "hypothèses" telles que l' « identité » et l' « équilibre *parfait*[105] » des

---

[105] Souligné par nous.

demi-noyaux qui forment le chapelet divinatoire, "une surface du sol parfaitement plane (sol sans aspérité, plateau divinatoire, assiette)". Il se fait cependant que ces hypothèses, nécessaires à la construction d'une approche mathématique ou d'une "démonstration chiffres à l'appui", sont loin de refléter la réalité des faits. On se doute bien que les *bokonon* ne se soumettent pas à ces scrupules de mathématiciens soucieux d'idéalités. Les demi-noyaux qui forment le chapelet sont rarement équilibrés et jamais identiques, étant entendu qu'ils sont taillés de façon plutôt artisanale. La surface du sol ou du plateau divinatoire n'est pas non plus "parfaitement" plane, comme Houndonougbo voudrait le faire admettre.

On peut donc dire que Houndonougbo remplace un mythe (celui des dieux) par un autre, plutôt commode et peu suspect : le mythe des conditions idéales. Il érige ainsi en référence, des "conditions initiales" qui ne sont pas plus réelles que les dieux qu'il a écartés sans état d'âme. Bien entendu, il suffirait d'invalider les bases théoriques de son analyse, pour invalider logiquement les conclusions qui en découlent. Mais là n'est pas le vrai problème. Il ne s'agit pas de restaurer la prétention de *fa* à dire infailliblement la vérité, mais de s'interroger sur les raisons des succès plus ou moins fréquents de quelques *bokonon* "réputés". Comment rendre compte justement de la réputation de certains *bokonon* connus pour être infaillibles[106] et précis dans l'établissement du verdict oraculaire, si l'on persiste à croire que la configuration du chapelet obéit à la loi du hasard ? Devons-nous croire que par delà l'utilisation du chapelet ou des noix sacrées, ces devins réputés détiennent des pouvoirs occultes ? Quelle crédibilité doit-on accorder à la thèse de l'existence de ces divinités, en particulier d'*Orunmila*, sous l'autorité desquelles se déroule la consultation *fa* ?

Au fond, la posture de Houndonougbo révèle un dilemme. L'introduction de la lisibilité mathématique dans le procès divinatoire passe forcément par la mise à l'écart des dieux et autres forces censées orienter l'obtention des signes oraculaires. Mais cette opération a l'inconvénient de dénaturer le corpus du fait même qu'il en supprime

---

[106] On pourrait citer Gèdègbé dont Maupoil rapporte qu'il a prédit avec exactitude la mort d'une de ses femmes, mais aussi d'un collaborateur de Maupoil lui-même, décédé au cours d'un accident de voiture.

le fondement. Ce qui est censé être un moyen de découvrir la "vérité" devient, sous l'information mathématique proposée par Houndonougbo, un jeu de probabilité, ce dont on ne peut être sûr, mais auquel les hommes ont recours, faute d'une solution appropriée, face à l'inquiétude que génère l'inconnu.

Avec les essais que nous venons d'exposer, nous avons trois approches différentes des rapports entre le *fa* et la science. La posture d'Adjotin tend à démontrer qu'en raison des savoirs "explicites" et implicites qui s'y trouvent impliqués, en raison aussi du type de démarche qui s'observe dans le procès divinatoire, le *fa* est une science et, bien plus, un « ensemble de sciences ». A l'encontre de cette posture qui frise, sur bien des points, le panégyrique, le propos de Jossè dégage une attitude plutôt critique qui refuse que soient élevés à la dignité de science, des savoirs sans doute avérés, mais encore passablement primaires et imprécis. Dans les deux cas cependant, l'analyse couvre le corpus *fa*, presque dans tous ses aspects, même si le projet initial de Jossè renvoie à un domaine plus circonscrit, plus réduit. On regrette d'ailleurs que l'auteur se soit occupé plus de réagir aux idées d'Adjotin, que de développer l'aspect mathématique ou probabiliste annoncé.

L'essai de Houdonougbo traite précisément de ce sujet plutôt survolé par Jossè[107]. En bon mathématicien, l'auteur a clairement défini les repères au regard desquels il analyse le système. Le projet même de l'étude du processus stochastique du *fa*, signifiait, implicitement, la mise entre parenthèses, non seulement de tout le système de croyances qui accompagne le corpus, mais aussi des dimensions thérapeutiques, littéraires et autres. Cet essai montre qu'en s'appuyant sur des connaissances mathématiques pointues, il est parfaitement possible de faire une lecture de *fa*, dépouillée de toute référence au mystérieux et, de ce point de vue, différente de la vision habituelle qu'en donnent les acteurs directs du système. Mais cette audacieuse tentative d'information mathématique du procès divinatoire a aussi révélé, nous l'avons dit, quelques limites.

Notre projet, proche de celui de Houdonougbo, du moins en ce qui concerne le champ d'analyse ciblé, est beaucoup moins ambitieux

---

[107] Il faut dire, à la décharge de Jossè, que l'article de Houdonougbo est antérieur à son travail, et qu'il a probablement voulu éviter de répéter celui-ci.

que ceux d'Adjotin ou de Jossè. Mais précisément, l'examen de la dimension divinatoire du *fa* peut référer à d'autres considérations que celles retenues par Houndonougbo.

Notre démarche ici consiste en une lecture de la divination *fa*, aux fins d'en dégager la pertinence ou la valeur scientifique, et ce, au regard des repères principaux suivants :
- le projet auquel répond cette divination ;
- la représentation du monde ou de l'univers ;
- la technique ou la méthode d'investigation ;
- les moyens de validation ou de vérification.

2. La vocation intellectuelle du *fa*

2.1 Question de rationalité

Peut-on dire de la divination *fa* qu'elle est une pratique ou une technique scientifique ? Le sujet est, on le devine, polémique ; et si on n'y prenait garde, il pourrait se ramener à cette opposition inféconde : "le *fa* est une science" ou "le *fa* n'a rien à voir avec une science".

Tout d'abord, en tant que système divinatoire, le *fa* ne serait-il pas une pratique rétrograde, dépassée, survivance d'une attitude et d'une vision de l'univers dont la science moderne aurait indiscutablement établi l'invalidité et la caducité ? Si l'on peut en effet comprendre que dans un passé lointain, des sociétés aient éprouvé le besoin d'avoir recours à la divination, s'y adonner aujourd'hui, sous le règne de la science moderne conquérante et de la rationalité, ne serait-ce pas afficher une attitude d'attardé, de réactionnaire, de primitif "moderne" ?

L'art divinatoire ne devrait être bon à étudier, à la rigueur, qu'en tant que fait de société, curiosité sociale dont l'examen permettrait, entre autres objectifs, d'expliquer la résistance et la persistance de pratiques irrémédiablement dépassées, obsolètes, ou plus généralement, de saisir la mentalité ou le mode de pensée des sociétés où elle a cours.

Des auteurs ne manquent pas, qui affirment, traduisant un sentiment général, majoritaire, l'inconsistance de la divination. Par exemple, Le Littré définit la divination comme « un art chimérique de savoir et de prédire l'avenir par des sortilèges ou de fausses sciences ». En tant que tel, et fondée sur de fausses connaissances, la divination ne saurait évidemment être élevée à la dignité de science. On le voit bien, c'est en même temps le projet et le procédé divinatoire qui se trouvent ainsi frappés d'inconsistance et de nullité théoriques. Raymond Bloch développe une idée similaire dans son ouvrage intitulé *La divination : essai sur l'avenir et son imaginaire*.

Bloch commence par établir ce qui constitue à ses yeux, le ressort intime de la divination. C'est le besoin de sécurité, le désir de se sentir moins frêle, moins vulnérable en face de la marche inexorable du temps, le tout associé à "un vague sentiment de l'unité cosmique", qui porte l'homme à vouloir lever le voile qui l'entoure. Découvrir les ressorts intimes et invisibles qui gouvernent le monde, en identifier les connexions, voilà qui donnerait à l'homme les moyens d'être, à défaut d'un maître, tout au moins un être averti et donc mieux aguerri pour faire face et front à l'univers et à ses aléas.

Mais cette légitimité, ou si l'on veut, cette justification psychologique de la divination ne suffit évidemment pas à en établir la validité. Bloch ne s'embarrasse d'ailleurs pas de démonstrations pour en affirmer la vacuité : la divination n'est pas une science[108]. Légitimité des besoins, mais illégitimité de la démarche, pourrait-on dire. On serait plutôt fondé à voir dans la divination les premiers balbutiements de la médecine et de l'astronomie, en d'autres termes, l'enfance de la science[109].

Dans la mesure où ces considérations touchent la divination de façon générale, elles sont valables pour le *fa*, par voie de conséquence ; et on devrait pouvoir affirmer, à la lumière de ceci, que le *fa*, pas plus que d'autres systèmes divinatoires, ne saurait être élevé à la dignité de pratique scientifique. Mais si la divination constitue, comme le dit Bloch, l'enfance de la médecine et de l'astronomie, comment expliquer que sa pratique perdure en dépit de l'avènement de la science moderne ? Comment expliquer que les hommes et les femmes continuent d'y avoir recours, aussi bien dans les sociétés

---

[108] Raymond Bloch, *La divination : essai sur l'avenir et son imaginaire*, Paris, Fayard, 1991, p. 36.
[109] Raymond Bloch, *Ibid.*, p. 36.

traditionnelles que dans les civilisations modernes ? Comment rendre compte de la survivance d'une pratique à ce point "ridicule", alors que la médecine et l'astronomie dont elle est censée constituer les débuts, ont révélé leur efficacité dans l'explication et même les préventions, les prévisions rationnelles et fiables des phénomènes[110] ? Comment expliquer, à plus forte raison, qu'aujourd'hui encore, des hommes de science, plus précisément des cliniciens modernes, formés à l'école de la rationalité et de la science dites occidentales[111], aient recours à la divination comme technique de diagnostic de certains types d'affections ?

Pour revenir au *fa*, comment comprendre que des intellectuels de haut rang, comme le docteur Basile Adjou-Moumouni, dont on se serait attendu à ce que sa formation de médecin le rende plutôt méfiant et prudent, en soient arrivés à élever le *fa* à la dignité de science[112] ? Serait-ce que le *fa*, à l'image des autres systèmes, vise la connaissance de vérités particulières qui ne sont, ni du ressort des sens ou de l'entendement humain, ni de l'ordre de celles qui intéressent la science officielle ?

---

[110] En 1981, Cheikh Anta Diop notait : « Aujourd'hui encore, de grands universitaires africains consultent les oracles, confient leurs destins politiques ou autres à des maîtres de l'occultisme et déboursent des sommes ahurissantes pour rétribuer ceux-ci : une primitivité que l'on croirait d'un autre âge, mais qui n'empêche point de disserter sur le rationalisme. » (*Civilisation ou barbarie*, Paris, Présence africaine, 1981, p. 211.)

[111] Nous évoquons ici, le cas bien connu de l'ethnopsychiatre français Tobie Nathan. Son art et sa posture sont, il est vrai, très critiqués dans les milieux médicaux et même anthropologiques français. Mais l'intéressé n'éprouve aucune gêne à recourir à la divination (entre autres techniques jugées déplacées au regard de l'orthodoxie scientifique, médicale) pour comprendre et soigner certains symptômes, notamment chez des patients d'origine africaine ou arabe. On trouve une illustration du recours à cette "science du sable" dans "Manifeste pour une psychopathologie scientifique", in Tobie Nathan et Isabelle Stengers, *Médecins et sorciers*, Paris, Seuil, 2004, pp. 28-81.

[112] Basile Adjou-Moumouni, *Le code de vie du primitif : sagesse africaine selon Ifa*, Cotonou, Ed. Ruisseaux d'Afrique, 2007, tome 1, p. 31. Un autre intellectuel béninois n'a pas hésité à affirmer que le *fa* est une science. Il s'agit de Rémy Hounwanou, auteur de *Fa, une géomancie divinatoire de l'Afrique de l'Ouest*.

2.2 Le savoir et la vérité comme projets

S'il est une donnée qui met d'accord les *bokonon*, c'est la vocation intellectuelle de *fa*. Le système *fa*, dans son ensemble, obéit à ce besoin d'informations particulières et que fondent l'incertitude, la crainte, le sentiment d'impuissance et de vulnérabilité, puis le souci de lire par delà le voile de l'univers fini de nos sens et même de notre raison, les réalités et vérités fondamentales qui donneraient la maîtrise nécessaire du monde. *Fa vise d'abord et avant tout le savoir et l'information.* Il partage d'ailleurs ce projet avec tous les autres systèmes de divination. Tout art divinatoire répond à cette double tendance, inhérente à l'esprit humain, quel que soit son degré de développement ou d'évolution : la curiosité et le besoin d'une certaine assurance dans un monde où bien des facteurs semblent entraver la félicité et le bonheur humains[113]. Ces deux tendances sont liées. En effet, le désir de savoir, de percer pour ainsi dire l'opacité du monde, est solidaire d'un rêve : celui de parvenir, grâce à la connaissance ainsi acquise, à modifier les données de la nature pour la rendre conforme aux desseins de l'homme. Ce qui est attendu du *bokonon*, comme d'ailleurs de tout devin, c'est qu'il dise comment influer sur les choses de telle sorte qu'elles tournent à l'avantage du client, et non qu'il prédise un avenir imparable, tracé à l'avance :

> « Le géomancien n'est pas seulement chargé la plupart du temps de la détection des éléments constituant l'univers socio-cosmique dans lequel le consultant est intégré, mais il doit faire suivre un diagnostic clinique de la formulation d'un pronostic d'ensemble, puis d'une prescription indiquant les modalités de mise en route d'une thérapeutique... »[114]

---

[113] La vocation prospective ou, si l'on veut, la fonction prédictrice de *fa* serait non l'objectif essentiel, mais le prolongement naturel de la fonction intellectuelle. Ce mot d'Erica Bourguillon à propos de la divination africaine est certainement valable pour le *fa* : « ...La divination africaine ne s'occupe que rarement de prédire les événements futurs. Elle est plutôt orientée vers la découverte de faits inconnus dont la révélation permettra de décider du genre d'action à prendre (sic) » (Bourguillon, « Divination, transe, et possession en Afrique trans-saharienne », in André Cacquot et Marcel Leibovic (dir.), *La divination*, Paris, PUF, 1968, p. 334).

[114] Claude Rivière, « Postface », in Maupoil, *Ibid.*, p. 691.

Il serait imprudent, selon nous, de ramener la divination *fa* à une pratique et une démarche à but prioritairement ou essentiellement pratique. Le pas est en effet vite franchi, de subordonner la vocation intellectuelle de *fa* à la quête de la félicité, et ainsi, d'en faire une caractéristique secondaire. Pour se prémunir d'une telle méprise, il faudrait considérer deux niveaux : d'un côté le système *fa* avec ses acteurs directs que sont les *bokonon*, de l'autre, les hommes qui y recourent. Il est évident que pour ces derniers, la vérité n'est recherchée qu'à des fins pratiques. Mais lorsqu'on considère le système de divination *fa* en lui-même, il vise d'abord, en tant que technique d'exploration, à rechercher et établir des vérités, des données susceptibles de rendre compte d'une situation. C'est clair, et tous les anthropologues s'accordent là-dessus, ce que le *fa* vise d'abord et avant tout, c'est le savoir, c'est la sèche et stricte vérité, dans sa pureté, et ce, dans une démarche *a priori* affranchie de tout intérêt pratique, qu'il soit immédiat ou futur. On peut donc dire que la motivation première de la divination *fa* est intellectuelle et désintéressée, quoique celle des hommes qui y recourent est pratique et donc intéressée. De ce point de vue, le *fa* traduirait bien cet "appétit de connaître pour connaître" dont parle Lévi-Strauss[115] et qui constitue selon lui l'indice "d'une attitude véritablement scientifique."

Mais le *fa* va plus loin que la découverte de vérités ou de réalités cachées à la vue de l'homme. Le *bokonon* ne se contente donc pas de révéler, comme si elle était indépendante ou isolée, la vérité par lui identifiée. Il lui faut lier cette vérité à d'autres, situer très exactement les points de jonction avec d'autres données passées ou présentes ; il lui faut également explorer le champ du possible auquel peut conduire le développement de la situation étudiée. Cette double vocation -explicative et prospective- se fonde sur une vision déterministe qui veut que les composantes de l'univers soient liées et forment une chaîne cohérente. La mise en réseau, ou comme on voudra, la mise en relation des entités qui composent notre univers, la présomption et la recherche d'un ordre logique derrière la succession chronologique des événements ou faits, voilà qui exprime

---

[115] Claude Lévi-Strauss, *La pensée sauvage*, Paris, Plon, 1962, p. 23.

l'idée d'un monde conçu comme une totalité organisée et non comme le règne du chaos ou de l'aléatoire[116].

3. Déterminisme et hasard

3.1. Une conception déterministe du monde

On sait que le déterminisme est au cœur de la science moderne[117]. La science repose en effet sur l'idée que les phénomènes se produisent non pas de façon aléatoire, mais selon un ordre donné, suivant des lois objectives. Derrière l'apparent chaos que présentent lesdits phénomènes, il existerait un ordre précis, ensemble de connexions qui rattachent les faits les uns aux autres, faisant de ces derniers non des réalités éparses, isolées ou juxtaposées, mais plutôt des éléments d'un tout organisé et cohérent. La mission du savant revient justement à découvrir ces connexions secrètes et à les formuler clairement, mathématiquement. Cela suppose aussi qu'il est reconnu à l'homme le pouvoir de découvrir ces lois. Ce double *credo*[118] renvoie logiquement à un troisième : les lois qui gouvernent les phénomènes sont, dans l'ensemble, compatibles avec celles de notre esprit. C'est ce lieu de rencontre entre les lois du monde extérieur et celles de notre esprit qui fonde en fait la science ; c'est cette adéquation[119] présumée entre les principes de l'esprit humain et ceux du monde physique, qui fonde et valide le pouvoir de connaissance reconnu à l'homme.

Il semble donc, en dernière analyse, que le déterminisme est d'abord une exigence de l'esprit humain plutôt qu'un principe inhérent à la nature[120]. Les succès de la physique newtonienne, les succès des sciences naturelles de façon générale, ont à ce point

---

[116] Nous sommes loin de l'incapacité présumée des primitifs à percevoir le monde comme une totalité organisée (Voir notamment Lévy-Bruhl, *Carnets*, pp 77-78).

[117] Du moins, si l'on fait abstraction de la physique quantique.

[118] Existence des lois d'abord, ensuite possibilité pour l'homme de les découvrir.

[119] Prigogine et Stengers l'appellent la "nouvelle alliance".

[120] Cf. Robin Horton, « La tradition et la modernité revisitées », in Collectif, *La pensée métisse : croyances africaines et rationalité occidentale en questions*, Genève/Paris, IUED/PUF, 1990, pp. 69-115.

renforcé et validé cette exigence, que la mécanique quantique, du fait de sa "déviation" du chemin déterministe sacro-saint hérité de la physique classique, a mis beaucoup de temps à s'imposer.

L'économie générale du *fa* repose sur le même rejet du hasard. Tout ce qui se produit a une cause, ou plus exactement une conjonction de causes, de facteurs. Le monde peut être considéré comme un réseau, un tissu de relations ; relations entre entités multiples, pas nécessairement connues ou accessibles, mais qui ne sont pas moins réelles, les unes physiques ou matérielles[121], les autres plutôt spirituelles, immatérielles[122]. Les deux mondes -physique et immatériel- ne sont pas juxtaposés ; tout au contraire, ils interfèrent l'un sur l'autre, l'idée de leur séparation ou indépendance se trouvant par là même, exclue. Dans ces conditions, un phénomène physique (visible) peut être la résultante d'influences diverses provenant, soit de l'univers matériel, soit du monde invisible ; de même que, inversement, ce dernier peut être influencé par des réalités qui ressortissent au monde ordinaire de nos sens. Nous avons donc affaire ici, à un déterminisme bien plus complexe que celui dont les sciences rendent compte.

Pour faire le parallèle entre le déterminisme du *fa* et celui qui a cours dans les sciences naturelles, nous nous référerons à deux auteurs bien connus : Karl Popper[123] et Pierre Simon de Laplace.

Popper distingue trois sortes de déterminisme : le déterminisme religieux, le déterminisme scientifique et le déterminisme métaphysique[124]. L'idée du déterminisme serait d'origine religieuse. Etroitement lié aux idées de la toute-puissance et de l'omniscience

---

[121] Il s'agit de toutes les données du monde physique qui nous enserre : les hommes, les arbres, les routes, le vent, la pluie, etc.

[122] Il s'agit cette fois, précisément, des divinités telles *Orunmila, Heviosso, Gu, Legba*, ainsi que des esprits des morts, ceux des vivants.

[123]L'ouvrage de Popper, *L'univers irrésolu : plaidoyer pour un indéterminisme* vise, comme l'indique le sous-titre, à déconstruire et à invalider la thèse du déterminisme. Ce que l'auteur tente de démontrer est que, contrairement à ce qui a été dit et écrit, la mécanique newtonienne ne présuppose pas vraiment le déterminisme. Mais que Popper fasse dans cet ouvrage une sorte d'apologie de l'indéterminisme, apportant ainsi caution et soutien aux conclusions de la mécanique quantique dite orthodoxe, cela ne nous empêche pas d'exploiter l'exposé qu'il donne de l'idée du déterminisme, telle qu'elle a cours en science et ailleurs.

[124] Popper, *Ibid.*, p. 4.

divines, le déterminisme religieux est, selon Popper, la doctrine selon laquelle le futur est fixé et donc connu d'avance par Dieu. Le déterminisme scientifique, quant à lui, pourrait être considéré ("du point de vue historique", précise Popper) comme "le résultat de la substitution de l'idée de nature à celle de Dieu[125]". La conséquence de cette substitution est importante. Dieu est insondable et ne peut être connu que par la révélation. En revanche, les lois de la nature sont directement accessibles à l'homme. La puissance de l'homme se substitue ainsi à la toute-puissance et à la bonté de Dieu, lequel Dieu cesse du coup d'être le passage obligé pour l'accès à la connaissance du futur. La raison, principe d'ordre et moyen de connaissance des lois, est l'instrument de cette puissance humaine.

Le déterminisme scientifique apparaîtrait ainsi comme l'expression de la mainmise potentielle de l'homme sur l'univers. La définition que propose Popper donne d'ailleurs la mesure de cette puissance[126]. Le déterminisme scientifique est la doctrine selon laquelle « la structure du monde est telle que tout événement futur peut, en principe, être rationnellement calculé à l'avance, à condition que soient connues les lois de la nature, ainsi que l'état présent ou passé du monde[127]. » L'élément essentiel, caractéristique du déterminisme scientifique serait donc la "prédictibilité". Mais si la prédictibilité est la marque identitaire du déterminisme scientifique, elle n'en constitue pas vraiment le soubassement, car ce qui fonde en dernier ressort, la possibilité de prédire ou de calculer à l'avance l'état d'un système donné, c'est que la réalité est régie par un ordre, un ensemble de lois universelles et donc invariables.

Le déterminisme métaphysique se distinguerait des deux premiers ainsi définis, en ce qu'il affirme que les événements du monde sont "fixés, immuables et prédéterminés", sans reconnaître à

---

[125] Popper, *Ibid.*, p. 4.

[126] Dans une certaine mesure, le déterminisme scientifique peut être perçu comme le résultat d'un toilettage du déterminisme religieux. Il est peut-être, davantage, le lieu d'un déicide. En rendant inutile le recours aux dieux, le déterminisme scientifique réduit les phénomènes naturels à des résultats de conjonctions diverses, mais qui sont, au moins en principe, de l'ordre de l'identifiable, du connaissable, de l'accessible. Si l'homme peut saisir et comprendre les lois de la nature, c'est sans doute parce que celle-ci est libre de toute influence divine ou de toute force mystérieuse, surnaturelle.

[127] Popper, *Ibid.*, p. 5.

quelque entité que ce soit, le pouvoir de les connaître à l'avance ni de les prédire[128]. A accepter le principe du déterminisme métaphysique ainsi défini par Popper, ni Dieu, ni à plus forte raison les hommes n'auraient quelque pouvoir sur le monde. Ignorants des données qui caractérisent ce monde, ne pouvant compter sur Dieu pour suppléer à cette finitude, il ne resterait plus aux humains qu'à s'accommoder de cet univers qui leur échappe et à accepter stoïquement et bravement leur statut de spectateurs, et, selon la fortune, celui de bénéficiaires ou de victimes. De même que cela paraît évident pour le passé, le futur ne peut être changé. Le déterminisme métaphysique consacrerait ainsi l'idée d'un destin implacable face auquel aucun recours n'est envisageable. L'impuissance des hommes ici est solidaire de leur ignorance, tout autant que de celle de Dieu.

Le déterminisme du *fa* n'entre de façon rigoureuse dans aucun des canons définis par Popper. Tout d'abord, il n'est pas un "déterminisme métaphysique". En effet, alors que le déterminisme métaphysique interdit toute possibilité de prédire et de modifier le cours des événements, le *fa* repose sur l'omniscience du dieu *Orunmila*, et donc la possibilité de connaître par son entremise, les événements futurs. Avec le *fa*, la finitude et l'imperfection de l'homme ne constituent pas un obstacle insurmontable. Le désir de connaître l'univers, d'appréhender les événements, qu'ils soient passés, présents ou à venir, peut être réalisé indirectement, grâce à l'omniscience et la bonté d'*Orunmila*. Il suffirait de le solliciter et de l'écouter pour obtenir des révélations. Est-ce pour autant qu'on peut dire que le *fa* consacre le déterminisme religieux ?

3.2 Le *kpoli* ou l'expression d'un "déterminisme religieux"

Le mot fon *kpoli*, très probablement une déformation du yoruba *ikpori*, est, comme la plupart des vocables du système *fa*, intraduisible en français. On peut le définir comme le signe caractéristique de la vie d'un homme. Chaque homme a son *kpoli*. Il se découvre bien entendu en consultant le *fa*. Ladite consultation se déroule, non pas au domicile du *bokonon*, mais dans la forêt sacrée ou *fa-zun*[129]. La

---

[128] Popper, *Ibid.*, p. 6.
[129] Littéralement, forêt de *fa*.

cérémonie au cours de laquelle se déroule cette consultation spéciale, obligatoire pour tout aspirant à la fonction de *bokonon* ou de *babalawo*, se nomme en evhé *afagan-kankan* et en fongbe, *fagbo*. Le signe obtenu à cette occasion, irrévocable, irrémédiable et donc définitif, est censé déterminer le destin de l'individu. Ce *fadu* personnel, que Claude Rivière a bien raison de considérer comme le "programme de vie[130]", est ce qu'on appelle le *kpoli*. Il pourrait être comparé au signe zodiacal[131].

La conception d'un destin prédéfini et déterminé par le *kpoli* se comprend plus aisément encore, au regard du statut du concept *Ori*, qui est bien le radical du terme yoruba *Ikpori*. Dans *Sixteen great poems of ifa*, Wande Abimbola assimile le corpus littéraire que représente les mythes ou légendes de *fa*, à un "grenier" (a store house), le grenier précisément, de la culture traditionnelle yoruba. Ces mythes versifiés révèlent à qui prend le temps de les décoder, la "vision du monde" desdits Yoruba (traditional yoruba world-view). On y découvre selon Abimbola, "une philosophie africaine endogène et un système de pensées" ("an indigenous African Philosophy and thought system"). Au nombre des concepts philosophiques importants dudit système, il y a *Ori*. La traduction littérale de *Ori* en français, est "la tête". Mais dans "le système philosophique" de *fa*, auquel se rapporte Abimbola, *Ori* désigne l'ensemble des données relatives au destin. Selon la croyance, une personne qui est née sous le signe de *Jogbe* est prédestinée à une vie heureuse et longue, alors que celui qui est né sous le signe *Yekumeji* est condamné à une vie courte[132].

De ce qui précède, on peut retenir deux choses. La première est que, dans le *fa*, chaque homme aurait son destin tout tracé, déterminé dès sa naissance. La deuxième est que ce destin ou programme de vie peut être connu à l'avance, pourvu qu'on s'adresse à *fa*, divinité de la sagesse, toujours prête à renseigner. On se tromperait pourtant en ramenant le déterminisme du *fa* au déterminisme religieux défini par Popper.

---

[130] Claude Rivière, *Ibid.*, p. 691.

[131] Bade Ajayi affirme : « c'est le signe sous lequel on est né. » (Ajayi, *Ibid.*, p. 7.)

[132] Basile Adjou-Moumouni, *Le code de vie du primitif : sagesse africaine selon Ifa*, tome 1, Cotonou, Ed. Ruisseaux d'Afrique, 2007, p. 45.

Le *fa* ne professe pas l'idée que les événements sont en tous points déterminés à l'avance, condamnant du coup les hommes à subir les caprices des dieux ou d'un destin implacable. La possibilité qu'a le consultant de conjurer le mauvais sort éventuel (ou au contraire, de s'assurer, par des sacrifices appropriés, une bonne fortune qui plane à l'horizon) est contraire à l'idée d'un univers prédéterminé face auquel l'homme serait désarmé. Certes, il arrive que la consultation de *fa* rende un verdict sans appel, c'est-à-dire ne laissant au consultant aucune porte de sortie. Selon les devins, certains mythes de *fa* annoncent un verdict inéluctable. Mais ces derniers seraient en nombre très réduit. Bascom confirme: "There are a few verses that the result is inevitable and cannot be altered by sacrifices[133]." Il faut donc admettre que les verdicts oraculaires sans appel ne constituent pas l'ordinaire de la consultation *fa*, mais plutôt des exceptions. Encore une fois, *fa* n'enseigne ni ne développe l'idée d'un univers et d'un destin définitivement scellés, face auxquels l'homme serait désarmé et impuissant, ou au contraire définitivement protégé. Se pose alors la question de la valeur des prédictions ou, si l'on veut, des verdicts de *fa*.

3.3 *Fa* et prédiction

Tout d'abord, on remarquera avec intérêt que la prédictibilité, qui est au cœur même du déterminisme scientifique, n'est pas absente dans le système *fa*. Mais ici, cette fonction et ce pouvoir sont du domaine exclusif de *fa*, divinité de la sagesse, de la "parole sapientielle" comme le dit Adékambi[134], œil ouvert sur les moindres détails de la structure complexe du monde. C'est précisément la trop grande complexité de cette structure qui empêche l'homme, dans sa finitude, d'en identifier les ressorts. Or, dans l'économie du système de *fa*, ce qui est impossible aux hommes ne l'est pas à Dieu, en tout cas pas à *Orunmila*. C'est dire que la possibilité de prédire ou de prévoir les événements n'échoit à l'homme que de façon indirecte, par le truchement du recours à la divinité *fa* ou *Orunmila*. Mais, une fois encore, la parole de *fa* ne peut et ne doit être considérée comme

---

[133] Bascom, *Ifa divination*…, p. 62.
[134] Adékami, *Ibid.*, p. 3.

un influx divin, une parole révélée, à l'image des paroles prophétiques. Pas plus qu'elle ne vise à établir un destin prédéterminé, la consultation de *fa* ne se borne pas à produire à l'attention des hommes une simple description des événements à venir. Il ne se contente pas de révéler la vérité à celui qui le consulte. Il l'explique. Le principe de cette explication se trouve justement dans l'image et la vision que le système *fa* donne de la nature.

Le monde qui nous enserre n'est soumis à aucun caprice, pas plus que les événements ne s'y produisent de façon fantaisiste. Dès lors, tout événement, tout phénomène peut être expliqué par la mise à nu des causes ou forces dont l'action a progressivement conduit à la situation-problème. L'univers est donc un tout complexe, mais cohérent. Et, qu'un événement ou phénomène ne se produise que lorsque les conditions nécessaires sont réunies, cela signifie au moins deux choses.

Tout d'abord, l'explication d'un événement impose de remonter le cours du temps, afin d'identifier les forces et conditions qui l'ont déterminé. Ensuite, conséquence logique du principe de causalité sous-jacente, il est attendu que la situation actuelle détermine, à son tour, seule ou en conjonction avec d'autres, de nouveaux événements. *Le rôle du bokonon dans ces conditions, est de prévoir, à partir des cartes en présence, les événements susceptibles de survenir.* Au fond, le savant n'évolue pas dans un schéma différent. Richard Feynman écrit à ce sujet : « Les physiciens pensent que les seules questions à résoudre sont du type : " Voici les conditions actuelles ; que va-t-il se passer maintenant ? " [135] »

La comparaison entre les deux systèmes (le *fa* et la science) peut être intéressante sur ce point. En théorie, le pouvoir que le déterminisme scientifique confère à l'homme est illimité. En pratique cependant, ce pouvoir est bien limité. En effet, la prédictibilité dont on fait la caractéristique du déterminisme scientifique, n'est qu'un horizon de possibilités. Son effectivité dépend de conditions et de facteurs qui ne sont pas seulement aléatoires mais aussi utopiques. Le texte de Popper, on l'a vu, ne fait pas l'impasse de cette conditionnalité. Mais la présentation que fait Laplace du

---

[135] Richard Feynman, cité par Heinz Pagels, *L'univers quantique*, Paris, Nouveaux Horizons, 1987, p. 187.

déterminisme scientifique permet de mieux apprécier les limites *pratiques* du rêve déterministe:

> « Nous devons envisager l'état présent de l'univers comme l'effet de son état antérieur, et comme la cause de celui qui va suivre. Une intelligence qui pour un instant donné, connaîtrait toutes les forces dont la nature est animée et la situation respective des êtres qui la composent, si d'ailleurs elle était assez vaste pour soumettre ces données à l'analyse, embrasserait dans une même formule les mouvements des plus grands corps de l'Univers et ceux du plus léger atome : rien ne serait incertain pour elle, et l'avenir comme le passé serait présent à ses yeux... L'esprit humain offre, dans la perfection qu'il a su donner à l'astronomie, une faible esquisse de cette intelligence[136]. »

On peut voir que les conditions de réalisation du rêve déterministe relèvent en réalité de l'imaginaire. Il faudrait connaître, avec toute la précision requise, la position des atomes qui le composent à un moment donné, pour prédire de façon infaillible l'état du monde à un moment ultérieur. Evidemment, dans la pratique, aucun homme ne peut réaliser pareille performance. Pour Laplace cependant, cette insuffisance réelle, caractéristique de la nature humaine, qu'elle soit provisoire ou irrémédiable, ne suffit pas à invalider la doctrine ou le principe déterministe. A cet égard, on pourrait penser et dire que l'hypothèse d'une intelligence "qui connaîtrait toutes les forces dont la nature serait animée", fonctionne comme un argument qui vise à sauver un principe ou une doctrine que les réalités pratiques invalident[137].

C'est précisément sur cet aspect des limites ou bornes pratiques de la vision déterministe que *fa* se singularise et, si l'on ose dire, se révèle plus ambitieuse sinon plus audacieuse que la science. La

---

[136] Pierre Simon de Laplace, *Essai philosophique sur les probabilités*, Paris, Gauthier-Villars et Cie, 1921, pp. 3-4.

[137] La fin de la citation montre très bien que le rêve déterministe prend appui sur le succès de la physique galiléo-newtonienne. Mais Laplace doit s'être rendu compte qu'il s'agit seulement d'un rêve, la connaissance de l'univers dans ses moindres détails ne pouvant fonctionner dans la science, que comme valeur utopique, asymptotique.

finitude de l'homme est parfaitement reconnue, mais ne saurait constituer un obstacle, tant il est vrai que la divinité *fa* peut y suppléer. Il s'ensuit que le *bokonon* n'a pas tout à fait le même statut que le savant. Alors que celui-ci interroge la nature ou les faits, celui-là questionne Fa, divinité de la sagesse. Le premier découvre une vérité ou l'établit à partir des données par lui identifiées dans la nature, directement. Le second la reçoit de *Fa*, sous la forme d'un message qu'il lui revient de décoder. Le premier doit traquer la vérité ou la connaissance, au moyen d'appareils par lui-même fabriqués, donc limités et finis comme lui. Le second croit pouvoir compter sur l'omniscience de *Fa*, disposé à lui livrer les connaissances recherchées, indubitables, par les moyens infaillibles d'investigation que sont le chapelet divinatoire ou les noix de palme sacrées[138].

Cela ne suffit cependant pas à opposer en principe, les types de prédiction auxquels aboutissent les deux mouvements. Le *fa* et la science obéissent à la même logique d'un monde structuré au sein duquel "un phénomène déterminé ne se produit que dans des conditions déterminées." Comme pour la science, la dimension *prospective* ou "prophétique" du *fa* n'est que la fonction dérivée d'une vocation essentiellement et prioritairement *explicative*. Encore une fois, ce qui est attendu du *bokonon*, c'est qu'il établisse des connexions intelligibles entre les données constitutives d'un fait ou d'un univers donné. Que ces connexions ou relations soient ou ne soient pas de même nature que celles de la science, c'est une tout autre question dont nous débattrons par la suite.

En résumé, le *fa* partage le déterminisme scientifique, l'idée que rien ne se produit au hasard, mais que tout événement est déterminé par des causes ou influences diverses. Au nombre de ces forces ou influences, les données du monde physique extérieur, les actions de l'homme, celles des ancêtres, des esprits et divinités bienveillants, des mauvais esprits aussi. C'est la méconnaissance de celles-ci et de leurs

---

[138] Ceci ne met pas en cause la dimension intellectuelle de *fa*. Du fait que le *fa* est une divination essentiellement inductive, c'est grâce à son intelligence et sa raison que le *bokonon* établit ou découvre la vérité. Mais il se trouve que, à la différence du savant, tout l'effort intellectuel du *bokonon* vise, non pas directement à comprendre ou à lire les faits, mais à écouter *fa* et à comprendre le message codé qu'il en donne. On remarquera à bon droit que cette médiation divine, centrale dans le *fa*, n'existe pas dans la démarche classique de la science officielle.

impacts qui nous fait penser au hasard. Si hasard il y a dans le *fa*, il ne saurait traduire ni l'indétermination des réalités, ni le caractère aléatoire des *fadu*, mais plutôt l'ignorance provisoire dans laquelle se trouvent et devin et consultant, vis-à-vis d'une donnée que seul *Fa* peut révéler.

3.4 Au-delà du déterminisme scientifique

Le verdict oraculaire va bien plus loin que la prédiction. La possibilité de se prononcer sur le futur exige des connaissances précises concernant aussi bien le présent que le passé. C'est au vu d'un diagnostic clair de la situation présente qu'on peut décoder et lire l'avenir avec certitude. Tout ceci est, dans le principe, conforme à la logique du déterminisme scientifique. Dans la divination *fa*, le verdict oraculaire se veut le miroir qui renvoie au consultant le tableau synoptique de l'univers dans lequel il baigne, des forces et réseaux invisibles qui se conjuguent à ses propres actions et comportements. C'est précisément au vu de ce tableau que le devin peut fournir à son client, logiquement, les moyens d'en tirer le meilleur parti. La démarche même de la consultation n'a de sens que parce que le verdict oraculaire offre généralement une brèche, la possibilité d'une action susceptible selon le cas, d'atténuer ou de renforcer le résultat attendu. Le principe de la divination *fa* serait d'annoncer un verdict sans appel, expression d'un déterminisme implacable et imparable qui ne laisse aucune marge de manœuvre, que beaucoup préfèreraient sans doute ne pas consulter[139]. C'est peut-être en ce sens qu'on peut parler de prévisions ou de pronostic, renvoyant ainsi à l'idée que, au vu de tel diagnostic, de tel *fadu*, telle chose se produira, à moins que telle ou telle action soit entreprise. Ceci n'introduit, en principe, aucune idée d'incertitude ou de probabilité dans le verdict, tout au contraire.

La bonne connaissance des influences et des déterminismes permettrait au *bokonon* de faire non pas une seule, mais plusieurs

---

[139] On sait par exemple à quel point la peur d'un verdict fatal a ramolli, jusqu'à une époque récente en tout cas, l'élan des hommes pour le test de la sérologie VIH. Si on a hésité à faire cet examen plutôt que d'autres, celui de la typhoïde par exemple, c'est parce que dans le premier cas, le verdict peut condamner irrémédiablement, alors que dans le second, il y a possibilité de se faire soigner.

prédictions, en tenant compte aussi bien des forces extérieures au consultant, des formes que pourront prendre les manifestations de tel ou tel dieu, que du choix que fera en toute liberté le concerné, et dont dépend en dernière analyse, ce qu'on aurait tort de considérer comme un destin implacable. Conjurer le mauvais sort éventuel ou, au contraire, consolider la bonne chance et en assurer la manifestation dans les proportions les plus grandes possibles, tels sont les desseins ultimes et intimes qui fondent toute consultation *fa*, et peut-être, plus généralement, toute divination. Le mot "sort" n'est évidemment pas très approprié ici ; nous y avons recours faute de mieux. Il pourrait faire penser en effet, à un univers laissé au hasard, comme si le malheur ou le bonheur survenaient de façon totalement aléatoire, c'est-à-dire sans qu'il soit possible de situer ou de soupçonner des causes ou influences susceptibles de les expliquer, de situer même les "responsabilités". Il n'en est pas ainsi, nous semble-t-il, dans l'économie du système *fa* et des croyances sur lesquelles il repose.

L'homme fait partie d'un monde, d'un réseau d'actions, de réactions, d'interactions multiples, à tel point que tout événement heureux ou malheureux devrait être considéré comme un résultat, en même temps qu'une condition. Résultat de déterminismes multiples, d'influences multiples incluant et impliquant aussi les comportements de l'homme, les choix qu'il a cru devoir faire à un moment ou à un autre, ceux de son entourage, son ascendance, son passé, etc. Condition aussi, parce que toute situation est un point de départ pour de nouveaux développements.

Si rien n'arrive au hasard, c'est qu'il faut, pour comprendre une situation, identifier les sources ou les réseaux d'influence en jeu, la responsabilité de l'homme, des entités qui lui sont étrangères, c'est-à-dire du monde extérieur, qu'il soit visible ou invisible. Bref, il faut poser ce que Bascom et Abimbola appellent le "diagnostic". La fonction centrale ou première de la divination *fa* se trouve à ce niveau précis : poser le diagnostic, c'est-à-dire dresser le tableau complet, l'image complète d'une situation dont les éléments humainement accessibles ne sont qu'une partie[140].

---

[140] D'où justement la nécessité de recourir à *fa*, dieu de la sagesse, révélateur de la vérité.

Le déterminisme ne tient pas l'homme en esclavage. Il ne le prédétermine pas, ne le conditionne pas au point de le priver de sa liberté et d'en faire le jouet d'un destin qui se jouerait sans lui, ou contre lui, le déchargeant ainsi de sa liberté ou de sa responsabilité, le condamnant du même coup à subir plutôt qu'à vivre.

Dans le *fa*, les dieux qui composent l'univers invisible sont, pourvu qu'on se les concilie, un gage de sécurité et de liberté. Il ne s'agit donc que de reconnaître la place qui est la leur, en obéissant à leurs préceptes, en leur offrant les sacrifices nécessaires, bref en les intégrant à sa vie pour que l'existence soit à l'abri de l'influence des mauvais esprits et des surprises désagréables. Dans ce contexte, *fa* a la mission d'éclairer l'individu, de lui faire découvrir les ressorts cachés qui structurent le réseau invisible à l'intérieur duquel il se situe, les paramètres qu'il peut actionner pour faire fonctionner ce réseau dans le sens qui lui convient.

Les hommes auraient donc tout intérêt à consulter *fa* en tout temps et à tout propos. Selon un prêtre de *fa*, même quand tout va bien, quand tout semble bien aller, on doit consulter *fa*. La consultation fonctionne, à ce moment, comme un examen de routine visant à vérifier que l'apparente félicité ne cache pas des influences, des problèmes qu'il conviendrait de juguler avant qu'il ne soit trop tard, c'est-à-dire avant que leur évolution n'en complique la résolution.

Résumons-nous : La consultation de *fa* est censée établir le diagnostic d'une situation existentielle, en identifiant clairement aussi bien les influences responsables, que les paramètres sur lesquels il sera nécessaire de jouer pour envisager un développement ou un dénouement voulu, souhaité. Elle n'a donc pas une vocation exclusivement et vaguement prospective. Elle embrasse le temps dans ses trois dimensions, en installant entre le passé, le présent et le futur, une connexion que façonnent ou informent des entités diverses, les esprits bons ou mauvais, l'univers physique, et bien sûr l'homme lui-même. Certes, le *fa* peut être consulté au sujet d'un projet, d'un événement futur. Mais, même dans ce cas, le verdict de la consultation, favorable ou défavorable, ne peut être considéré comme un isolat aléatoire. Il renvoie à un passé. De même, quand la consultation a rapport à un événement passé ou présent, elle aboutit toujours à la formulation de recommandations pour l'avenir.

4. Objectivité et cohérence

Le problème de l'objectivité en science pourrait être ramené, dans une certaine mesure, à trois questions :

- les objets existent-ils indépendamment de l'observateur ? Ou sont-ils, au contraire, sa propre et subjective construction (ou projection) ?

- s'il était établi que la réalité existe indépendamment du sujet, ce dernier a-t-il les moyens ou la possibilité de les percevoir tels qu'ils sont ?

- enfin, le discours par lequel le sujet croit restituer ladite réalité est-il suffisamment affranchi de parti pris ou même de confusion, pour être l'expression transparente et fidèle de ce qui est effectivement perçu ?

On pourrait résumer les deux dernières préoccupations en une : la possibilité ou l'obligation pour le savant de rendre compte des faits de manière fidèle, tels qu'ils sont. Il reste donc à savoir si le *fa* répond à cette exigence. Seulement, voilà : la foi dans le *fa* dispense les acteurs de répondre à cette interrogation. "*Fa* ne ment pas", il est omniscient. Il suffit donc que le *bokonon* ou le *babalawo* l'interroge par les voies appropriées, qu'il maîtrise les techniques et les connaissances nécessaires, pour que soit rendu un verdict conforme à la situation explorée. En cas de problème donc, c'est la responsabilité du *bokonon* qui serait engagée. Une bonne formation est censée cependant mettre ledit *bokonon* à l'abri de ce genre de situation.

En effet, les devins *fa* sont astreints à une longue et exigeante formation. Ce n'est pas tout. Au terme d'un premier cursus officiel, l'aspirant à la fonction de *bokonon* doit entreprendre ce qu'on peut appeler des voyages de postformation. Le domaine de *fa* étant trop vaste pour être maîtrisé au terme d'un apprentissage classique, fût-ce sous la direction d'un maître attitré, il importe à l'aspirant *bokonon*, de compléter sa formation auprès d'autres grands maîtres. Selon le sociologue béninois Honorat Aguessy, une deuxième raison justifie la postformation du *bokonon* fraîchement libéré par son maître, son premier maître : il doit se rendre compétent à répondre aux sollicitations de consultants appartenant à des communautés différentes de la sienne et, de ce fait, vivant des problèmes particuliers, inconnus ou peu courants dans la microsociété où il vit. D'où la tendance du *bokonon* à "s'exiler" pour élargir ses connaissances, au-delà de celles reçues de son premier maître, « modelées sur les problèmes concrets de la microsociété dont il est ressortissant[141] ». Le lieu le plus crédible cependant pour cet exil est Ifè, berceau présumé de la divination *fa*. Formation, transmission de l'*ace*, c'est-à-dire du pouvoir, reconnaissance et efficacité, telles sont, d'après Aguessy, les différentes étapes du progrès du *bokonon*.

De ce qui précède, on peut déduire que l'objectivité de la divination *fa* repose sur deux pôles, l'un divin, l'autre humain. Le premier, c'est *Orunmila* ou *Fa* en personne, dieu de la sagesse, divinité tutélaire de la divination. Le second n'est autre que le *bokonon* ou le *babalawo*, devin formé aux techniques d'interrogation et de lecture du message divin. Le premier n'est pas seulement omniscient, il est tout aussi bienveillant et véridique. Comme pour le dieu de Descartes, il n'est pas dans la nature de *fa* de tromper. Omniscience, véracité et bienveillance de *Fa*, tels sont les attributs qui garantissent la fiabilité et la vérité du message divin révélé par la consultation et qui fondent, en même temps, les techniques et méthodes utilisées pour le découvrir. Puisque *Fa* ou *Orunmila* ne peut mentir ni tromper, le moyen ou la méthode par lesquels il demande aux humains de l'interroger sont nécessairement fiables ainsi que, logiquement, le verdict qui en sera issu.

Le *bokonon* n'est pas non plus un personnage ordinaire. Certes, en tant qu'humain, il peut se tromper et tromper. Mais deux choses sont censées l'élever au-dessus de la condition commune : d'abord sa formation théorique et pratique, longue et surtout renouvelée et réactualisée à des occasions diverses, ensuite le pouvoir que lui confère sa consécration dans le *fazun*, le bois sacré, lieu retiré où il est investi de la puissance et de la lumière nécessaires pour lire et dire le *fa*, pour prescrire aussi sacrifices et recommandations. Quand on ajoute à ces "garanties", l'éthique professionnelle qui interdit au devin

---

[141] Honorat Aguessy, *Essai sur le mythe de Legba*, Tome 3, p. 188.

de mentir on se dit que les conditions sont remplies pour que le verdict final de la divination *fa* traduise la réalité des faits. Encore faudrait-il que l'existence d'*Orunmila* et les attributs qui lui sont conférés ne soient pas simplement une croyance ou une invention. Encore faudrait-il, d'un autre côté, que le *bokonon* obéisse aux règles qui régissent son statut. Mais tenons-nous-en aux principes, pour le moment.

Le *bokonon* est astreint à une exigence d'objectivité, à bien des égards, analogue à ce qui est attendu du savant. Courroie de transmission entre *Fa* et le consultant, il a mission de *révéler* et non d'*inventer* ni même de modifier la vérité à lui transmise. Les repères à partir desquels il procède à la lecture et à l'interprétation du verdict oraculaire ne dépendent pas de lui. Par exemple, pour affirmer le caractère faste ou néfaste d'un *fadu*, le *bokonon* doit tenir compte d'une grille de lecture précise ainsi que de l'ordre qu'occupe ledit *fadu* dans la hiérarchie des 256 signes.

Tout *bokonon* digne du nom devrait être intransigeant sur l'objectivité du message oraculaire. S'il est à court de connaissances, s'il éprouve des difficultés à interpréter ledit message, il n'a qu'à solliciter le secours de *bokonon* plus expérimentés. Dans tous les cas, le signe révélé par la consultation du *fa* n'est jamais remis en cause, jamais mis en doute. La tradition chez les *babalawo* yoruba est, nous l'avons vu plus haut, particulièrement exigeante. Ce souci quasi obsessionnel d'objectivité et de vérité est, dans son principe général, assez proche de l'esprit scientifique.

5. Divination *fa* et esprit scientifique

Il faut prendre acte de la dimension intellectuelle de la divination *fa*, de tout le jeu par lequel les *bokonon* ou *babalawo*, généralement illettrés, parviennent à établir le verdict d'une consultation, et ce, au détour de connexions et de constructions dont la complexité, autant que la cohérence, force l'admiration. Le processus d'établissement du verdict oraculaire s'apparente en effet à une longue chaîne de déductions et de démonstrations, dont la sèche et aride logique rappelle presque irrésistiblement, le procès des raisonnements mathématiques[142].

Cependant, si en raison de son allure mathématique, la divination *fa* ne peut manquer de séduire, la question reste de savoir si on ne va pas trop vite en besogne lorsqu'on en déduit, non seulement la scientificité de la démarche, mais aussi la validité et la vérité des résultats induits. Si, sur bien des points, la démarche caractéristique de la divination *fa* rappelle celle qui a cours dans les sciences modernes, si l'on a pu identifier dans le *fa* des signes forts de ce qu'il faut bien appeler esprit scientifique, il y a aussi des points de décalage importants qui constituent en quelque sorte la négation de l'esprit scientifique.

5.1. La fiabilité du verdict oraculaire

S'il est une chose qui pourrait établir la validité de la divination *fa* et en donner la preuve du sérieux, c'est la fiabilité du diagnostic oraculaire. Mais les anthropologues ont généralement évité ou plus exactement évacué cette question.

Bascom ne voit pas vraiment l'intérêt d'un examen du verdict oraculaire. Plus précisément, il n'en perçoit pas la fécondité. Pour lui, la réalité des événements peut démentir à terme le verdict rendu par la consultation de *fa*. Mais, même dans ce cas, rien n'invalide vraiment le système *fa* en lui-même, la raison de l'échec pouvant être imputée au *bokonon* qui n'a pas su sélectionner le mythe adéquat pour rendre le bon verdict. De la même manière que l'échec d'un traitement médical ne suffit pas à remettre en cause la validité de la médecine en tant que telle, ledit échec pouvant être dû à des facteurs externes - par exemple l'incompétence du médecin -, la fausseté du verdict oraculaire ne saurait être imputée au système *fa* : « As in the case of a doctor whose patient dies, a number of explanations are possible, and while the doctor's skill or knowledge may be questioned, the system of medecine itself is not[143] ».

---

[142] C'est normal sans doute, dans la mesure où le *fa* est une divination plutôt *inductive* que *médiumnique*, où le diagnostic attendu résulte d'une combinaison de signes et fait appel au raisonnement plutôt qu'à l'inspiration divine.

[143] Bascom, *Ifa divination…*, p. 70.

L'analyse de Bascom est sans doute séduisante, notamment par sa simplicité et aussi par l'analogie qu'elle établit avec l'art médical moderne. Cette subtile pirouette intellectuelle est pourtant loin de résoudre le problème. Car, pas plus que l'échec d'un traitement imputé au médecin ne prouve la validité de la médecine, l'incompétence supposée ou réelle du devin ne suffit à valider le système *fa*. On retiendra cependant que pour Bascom, nous avons affaire à un système à propos duquel c'est plutôt la foi qui détermine l'attitude des acteurs. Ainsi par exemple, quand bien même un sacrifice prescrit et correctement exécuté n'a pas suffi à écarter un malheur, il est toujours loisible de croire que l'ampleur du mal aurait pu être plus importante, si le sacrifice n'avait pas été exécuté : "Even when the sacrifice is followed by misfortune, there is always the reasonable doubt that the consequences might have been worse if the sacrifice had not been made[144]." La foi des acteurs suffit donc à évacuer tout doute à propos de l'authenticité du verdict oraculaire.

Dans une perspective qui n'est similaire qu'en apparence, Ajayi pose vaguement comme condition du bon fonctionnement du système, et donc de l'obtention d'un verdict vrai, la foi du consultant : « Before a client consults a *babalawo*, he should share the belief in the institution of traditional divination because the factor of faith plays an important role in a positive outcome of the results[145]. » Il y a bien une différence par rapport à Bascom. Pour ce dernier, il est difficile et même impossible de se prononcer sur la prétention de *fa* à établir des verdicts fiables. Si rien n'invalide de façon rigoureuse cette prétention, rien ne l'établit non plus de façon formelle. La position exprimée par Ajayi est nettement moins nuancée, moins hésitante. En posant la foi du consultant comme condition du bon fonctionnement du système, Ajayi s'inscrit dans la logique de la protection du système *fa*. Avec lui, ce n'est pas seulement le *fa*, mais aussi le devin, qui se trouvent déchargés de toute responsabilité en cas d'échec du projet oraculaire. En transposant ce point de vue sur le terrain des analyses biomédicales, cela reviendrait à affirmer que la fiabilité du résultat d'un examen médical est fonction de la foi du

---

[144] Bascom, *Ibid.*, p. 70.
[145] Bade Ajayi, *Ifa divination : its practice among the yoruba of Nigeria*, Ilorin, Unilorin Press, 1996, p. 11.

patient[146] ! Si comme le disent les devins, le *fa* a la puissance de révéler la vérité, l'incrédulité du patient ne saurait en principe l'en empêcher au point de l'induire en erreur. Tout au contraire, faire dépendre de la foi du consultant, la fiabilité du processus oraculaire, c'est mettre en doute la puissance de *fa*, c'est avouer les limites d'un dieu dont l'omniscience et la bienveillance fondent en fait la divination. De telle sorte que, par un retournement de situation, l'argument qui visait à disculper le système *fa* aboutit plutôt à sa condamnation, ou tout au moins à l'affirmation de son inconsistance[147].

D'ailleurs, la référence constante à la divinité comme entité responsable et garante de la production des signes, le fait plus précisément de considérer le signe de *fa* comme l'expression de la parole du dieu *Orunmila*, le fait de réduire le rôle du devin à une lecture et une interprétation de ces signes, tout cela pourrait être interprété comme une attitude religieuse plutôt que scientifique. Que la pratique du *fa* - de la production des signes à l'énoncé du verdict oraculaire, en passant par la sélection des légendes - ne fasse pas intervenir la subjectivité du devin, cela ne signifie pas forcément que nous sommes en présence d'une science. Déduire de l'unité présumée de la pratique et des principes la scientificité de *fa*, c'est ignorer toute l'importance et la charge des croyances qui fondent la pratique et dont la consistance et la validité seules devraient établir la valeur. A cette allure, toute bonne pratique religieuse serait scientifique, pourvu qu'elle obéisse à un minimum de cohérence organique.

Nous avons déjà parlé d'Albert de Surgy. L'anthropologue français ne questionne pas l'authenticité du verdict oraculaire. Attitude bien logique, doublement logique même, de la part de celui qui ne voit dans le verdict de *fa* qu'un ensemble de « prévisions », et pour qui la fonction essentielle du devin n'est pas de consulter, mais d'exécuter convenablement les sacrifices.

---

[146] Nous ne nions pas l'impact du mental ou de la foi du patient sur l'efficacité d'un traitement. Le problème ici est, de notre point de vue, différent. La consultation de *fa*, en tant que technique de diagnostic, devrait logiquement fonctionner sur le même mode qu'une analyse biomédicale, et révéler ce qui est sans que la foi ou les doutes changent quoi que ce soit.

[147] D'un autre côté, on peut affirmer qu'en faisant valoir l'importance de la foi, Ajayi rapproche le *fa* de la religion plutôt que de la science.

A vrai dire, le silence des anthropologues sur la question de la véracité oraculaire peut se comprendre. Le projet même d'examiner cette fiabilité se heurte à une difficulté de taille, qui est d'ordre méthodologique. C'est qu'une appréciation objective de la fiabilité du verdict oraculaire impose logiquement de réaliser une longue série d'enquêtes. Une fois le principe de ces enquêtes retenu, il faudrait statuer sur l'échantillon. Il faudra espérer que les renseignements recueillis soient véridiques, non teintés de la volonté plus ou moins manifeste de sauver ou au contraire de condamner, selon la sensibilité des personnes interrogées. L'enquête pourrait se révéler d'autant plus compliquée et plus contraignante qu'il sera nécessaire de patienter des mois ou même des années pour se prononcer sur la validité des prédictions. Sans oublier tous les aléas, notamment ceux ayant trait aux sacrifices prescrits, leur exécution correcte ou non par le consultant, les résultats induits. Voilà des données difficiles à établir, mais sans lesquelles on ne pourrait se prononcer avec assurance. Quelques enquêtes menées auprès de consultants ont cependant révélé des indices sans doute intéressants, mais malgré tout, lacunaires. On pourrait sérier les avis en deux catégories : ceux qui, satisfaits, affirment la vérité du diagnostic pour eux établi par le *bokonon* et ceux qui estiment que le verdict n'est pas toujours précis, qu'il est parfois approximatif et même vague.

Dans un cas comme dans l'autre, l'objectivité de l'appréciation est difficile à établir. Tout dépend du degré d'indépendance des consultants interrogés vis-à-vis du système divinatoire. Il nous paraît logique de supposer que ceux qui consultent *fa* se recrutent généralement parmi les personnes qui font confiance au système. Mais justement, pour un consultant qui voue une confiance sans bornes audit système, le diagnostic qui dégage le rapport le plus anodin avec la réalité sera considéré comme fiable. Inversement, celui qui est animé d'un scepticisme sans bornes, ou qui n'est allé à la consultation qu'en désespoir de cause, juste pour voir, pourrait banaliser ou relativiser un verdict qui n'est pas forcément faux.

Cela dit, si le *fa* partage avec la science ce principe général qu'est celui de la connexion et de l'enchaînement causal des phénomènes, il se singularise en ce qui concerne la nature des causes ou influences susceptibles d'expliquer les phénomènes.

5.2 Le statut des dieux

Les dieux et la croyance occupent une place à ce point importante dans le *fa*, qu'on ne peut les en exclure sans faire voler en éclats le système. Présentes à toutes les étapes du processus divinatoire, les divinités constituent, comme nous l'avons souligné plus haut, un instrument de validation implicite de tout ce qui s'y fait ou s'y dit. Le verdict oraculaire est censé être leur parole. C'est en leur nom qu'on annonce telle bonne fortune, qu'on prévient de tel danger, qu'on prescrit tel sacrifice. C'est encore sur eux qu'on s'appuie pour justifier ou expliquer les failles ou faiblesses qui paraissent trop flagrantes pour être ignorées. C'est aux dieux qu'on se réfère par exemple pour nier le hasard quand bien même il paraît manifeste. Cette référence constante aux divinités n'est peut-être pas absolument réfutable, mais elle ne s'impose pas non plus. On a le sentiment qu'elle fonctionne comme une roue de secours destinée à sauver le système.

En analysant par exemple le procès de manipulation des noix de palme sacrées, il est difficile de ne pas voir la manifestation du hasard, pourtant vigoureusement rejeté par les *bokonon*. Nous en faisons ici une démonstration toute simple. Mais avant tout, rappelons le principe d'utilisation desdites noix.

Ces dernières sont placées dans la paume de la main gauche. De la main droite, le devin tente, sans esprit de tricherie, de les saisir, de les happer en quelque sorte. Selon qu'il reste une ou deux noix dans sa main gauche (noix que dans son geste agile, la main droite n'a pu appréhender), le devin inscrit sur le plateau divinatoire, à l'occasion recouvert de la poudre *yè*, deux traits ou un seul. Or, il arrive qu'il ne reste aucune noix dans la main gauche, ou même qu'il y en reste plus de deux. Le coup est alors considéré comme nul ; et il n'y a plus qu'à reprendre. Mais alors, si tant est que *Orunmila* soit à l'œuvre dans le processus, et qu'il le supervise, comment justifier que surviennent ces coups nuls, autrement des coups qui n'expriment pas la parole et la volonté de la divinité ? Difficile, en tout cas, de ne pas y voir l'œuvre du hasard.

D'un autre côté, et toujours en raison de la place accordée aux dieux, on ne peut en toute rigueur, établir une équivalence entre le déterminisme de *fa* et le déterminisme scientifique. Dans le principe du déterminisme scientifique, tel que le décrit Laplace en tout cas, les entités dont le mouvement explique et détermine l'état du monde, ce ne sont pas des divinités vaguement nommées et non identifiables, mais des particules qu'on peut mettre en évidence et dont on connaît les caractéristiques. Les dieux auxquels réfère le *bokonon* n'ont pas - c'est le moins qu'on puisse dire - le même statut que les atomes ou molécules.

5.3 La question de l'unité de *fa*

A y regarder de plus près, il serait osé de faire le pari de l'unité absolue du *fa*, même au sein des civilisations qui l'ont en partage, sauf à négliger des différences qui peuvent se révéler très importantes à l'analyse. Nous nous intéresserons juste à un point : l'ordre de préséance des *fadu*. C'est connu, cet ordre n'est pas le même pour tous les *bokonon* ou *babalawo*. Or, il suffit de mesurer les écarts auxquels conduisent les différences en cette matière pour apprécier l'importance de celles-ci.

En raison de ces différences en effet, le même *fadu*, le même signe de *fa* peut donner lieu à deux verdicts oraculaires non seulement différents, mais absolument opposés, contradictoires. Il est facile de le démontrer. Mais pour cela, quelques rappels sont ici nécessaires :

- un *fadu* est composé de deux "demi-*fadu*" ;
- pour toute consultation de *fa*, après avoir déterminé le *fadu* principal, un second jet du chapelet est nécessaire pour savoir si le signe ainsi révélé annonce un bon ou un mauvais présage.

Supposons maintenant qu'en consultant pour un malade, le *fadu* principal révélé soit Jogbe. Le sens général de ce *fadu* est "la voie est ouverte". Encore faudrait-il savoir si "la voie est ouverte" sur une bonne fortune ou une mauvaise. Supposons que le second *fadu* obtenu soit *Abla Loso*. Pour le *bokonon* qui considère que *Abla* a préséance sur *Loso*, le deuxième *fadu* ainsi révélé annoncerait un bon présage, précisément la guérison. Mais un *bokonon* qui donne préséance de *Loso* sur *Abla* annoncerait un mauvais présage, précisément la mort du malade.

Conclusion : le verdict "de *fa*" peut dépendre de la grille d'interprétation à laquelle adhère le *bokonon*. Comparaison n'est pas raison, certes ; mais c'est comme si la signification du résultat d'une analyse médicale peut signifier deux choses différentes et même contraires, selon l'opinion du médecin ou de l'analyste.

Cet exemple suffit à affirmer qu'il est imprudent d'affirmer l'unité absolue du *fa*. Il installe surtout un doute sérieux sur l'objectivité présumée du verdict oraculaire, et par-delà, sur la source transcendante dudit verdict. Si l'on peut, jusqu'à un certain point, croire en une main divine qui guiderait la configuration du chapelet et déterminerait, de cette façon, le *fadu*, il est franchement difficile d'imaginer que la voix du même dieu soit à ce point dépendante de ses porte-parole pour signifier, non pas une chose, mais deux, contradictoires de surcroît. A moins que, pour déterminer la configuration du chapelet, les dieux tiennent compte des schèmes particuliers de chaque *bokonon*, préférant ainsi se soumettre aux fantaisies de ces derniers !

Ces incohérences ne suffisent cependant pas à invalider de façon formelle la divination *fa*. Tout au plus donnent-elles de sérieuses raisons de garder une distance critique vis-à-vis de toute déclaration impressionniste sur les prouesses du système. Car il y a des *faits* troublants et plutôt difficiles à appréhender si nous prenons le parti de nier toute force ou main invisible derrière la découverte des signes : des verdicts oraculaires vrais et tellement précis qu'on ne saurait les balancer simplement dans l'océan indéfini du hasard. La question reste de savoir comment en rendre compte.

Chapitre 4

Le statut épistémologique des mythes du *fa*

1. Question de terminologie

Légendes, histoires, contes, vers, poèmes ou encore mythes ? On se perd en effet dans la diversité des termes utilisés par les anthropologues pour désigner ces récits que les devins *bokonon* ou *babalawo* profèrent dans le cadre des consultations du *fa*. De Surgy et Trautmann les désignent respectivement par *contes* et *légendes*, alors que Maupoil les nomme indifféremment *légendes*, *contes*, ou *histoires*. La confusion aurait été moins grande si, entre autres auteurs, Bascom et Abimbola ne désignaient pas les "mêmes" récits de *vers* (verses) et de *poèmes* (poems). Dès lors, se pose la question de la véritable *nature* desdits récits. Question apparemment dérisoire, mais en réalité bien importante du fait qu'elle est solidaire d'une autre, incontournable : celle de la *fonction* présumée ou réelle des récits concernés. Mais parler de *la* nature (au singulier) de ces récits suppose que soit établie leur unité de forme, et ce, par delà les frontières géographiques, culturelles et linguistiques entre les sociétés qui y recourent. Or, bien entendu, ceci est loin d'être le cas.

On pourrait certes, en minimisant jusqu'à un certain point les différences, procéder à des regroupements intéressants, et ainsi, réduire la confusion, à défaut de la dissoudre complètement. On pourrait par exemple retenir deux familles de terminologies, chacune regroupant les notions au contenu *a priori*, voisin. On associerait ainsi, logiquement, les notions de légendes, contes, histoires, mythes d'un côté, et de l'autre, celles de poèmes et vers. On remarquera avec intérêt que ces deux regroupements correspondent aussi à la réalité d'une certaine subdivision géographique et culturelle des peuples ayant le *fa* en partage. Ce n'est pas un hasard, en effet, si les deux grands spécialistes de *fa* en pays yoruba emploient les termes équivalents de "vers" et "poèmes", qu'on ne retrouve chez aucun anthropologue ayant étudié le *fa* en pays fon ou evhé. La forme *versifiée*, caractéristique des récits de *fa* dans la tradition nago ou yoruba, justifie certainement les termes "poem" et "verse" employés respectivement par Wande Abimbola et William Bascom.

On serait donc fondé à distinguer deux grandes traditions de récits de *fa* : celle qui caractérise la civilisation nago-yoruba, et l'autre, caractéristique du vaste et complexe ensemble que forment les Fon et les Evhé du Bénin et du Togo. Mais si l'équivalence des termes "poèmes" et "vers" suggère l'idée d'une unité de nature des récits de *fa* en pays nago-yoruba, rien n'indique, au contraire, que la tradition desdits récits en pays fon et évhé est tout aussi unifiée. L'équivalence des termes de contes, légendes, mythes, et histoires est en effet moins manifeste, moins évidente que celle que nous venons de signaler. Le fait serait peut-être que ces récits sont d'un genre si particulier, qu'il est finalement difficile de les faire entrer dans l'une des catégories connues de la lexicologie française ou occidentale.

Pour le sociologue béninois Honorat Aguessy, la profusion des dénominations à laquelle donne lieu la caractérisation des récits de *fa*, et la confusion qu'elle engendre, peuvent et doivent être résolues. Afin de déterminer avec précision la nature desdits récits, Aguessy ne voit pas d'autre moyen que d'interroger les acteurs directs, de repartir à la base en quelque sorte, histoire d'explorer la "langue propre" à l'intérieur de laquelle ces récits prennent corps et sens. Et la langue à laquelle s'intéresse Aguessy est le *fongbe* du Sud-Bénin.

Dans cette langue, les récits de *fa* sont désignés du nom de *huenuho*. Déterminer la nature de ces *huenuho*, c'est saisir ce qui en fait la spécificité, ce en quoi ils se distinguent des autres récits à l'intérieur de la même langue. Aguessy va donc procéder à l'examen des différentes formes de récit qu'on peut trouver dans le *fongbe*. Dans une première approche, le sociologue béninois dresse un répertoire de cinq types de récit et donne sinon leur définition du moins leur équivalence en français :

- le *ho* : histoire, événement, nouvelle ;
- le *hojoho* : " récit historique se basant sur une parole grave, à prendre au sérieux" ;
- le *tan* : histoire vraie concernant le passé familial ;
- le *huenuho* : mythe ;
- le *heho* : conte.

Aguessy aurait pu s'arrêter là. Mais il faut bien justifier la caractérisation des récits de *fa*, des *huenuho*, par *mythes*. Ce souci de clarification amène le sociologue à faire intervenir d'autres grilles ou indices d'appréciation. Ce sont, notamment, la qualité de ceux qui ont droit de les réciter, celle des destinataires, le moment de la journée et les circonstances où ces récits peuvent être proférés. Au vu de ces critères, les quatre premières catégories (à savoir le *ho*, le *hojoho*, le *tan*, le *huenuho*) ont ceci en commun qu'elles peuvent être récitées à n'importe quel moment de la journée. Quant au dernier type, le *heho*, il se raconte exclusivement la nuit, et par n'importe qui[148]. Et comme les récits de *fa* se profèrent plutôt le jour en général, on peut dire qu'au regard de la taxonomie locale en vigueur chez les Fon, ils ne sont pas des *heho*, c'est-à-dire des contes.

Considérons maintenant les quatre autres récits.

D'abord le *ho* : il désigne une nouvelle, une histoire dont la valeur de vérité n'est ni attestée ni même réclamée. Le *ho* livre un événement brut et dont on ne sait avec précision comment l'appréhender. Le *hojoho*, par contre, est une parole qui se veut vraie, et donc un récit historique qu'il faut prendre au sérieux. Pour Aguessy, le *hojoho* est un récit où l'événement est dépouillé de tout ce qui est négligeable, et de ce fait ramené à l'essentiel[149].

Les récits de *fa* ne respectent pas la sèche rigueur et la gravité de style qui caractérisent le *hojoho*. Il suffit de voir les tours et détours, les répétitions, les analogies, et toutes les autres figures de style que dégagent lesdits récits pour s'en convaincre. Mais ils ne peuvent pas non plus être rangés dans la catégorie plutôt anonyme et imprécise des *ho*.

Par ce jeu d'élimination, il ne reste que deux types de récit à examiner : le *tan* et le *huenuho*. Les deux ont ceci en commun qu'ils relatent des événements qui sont censés avoir eu lieu en un temps passé, inaccessible aussi bien au locuteur qu'à l'interlocuteur. Pour

---

[148] En effet point n'est besoin de formation ni de titre particulier pour réciter les contes qui se disent au cours des veillées nocturnes et que chacun apprend directement en écoutant d'autres conteurs.

[149] Avec le *hojoho*, peuvent s'appliquer avec pertinence, affirme Aguessy, les critères de vérité et de fausseté, étant donné que les événements rapportés sont "vérifiables".

Aguessy, il n'y a pourtant pas lieu de les confondre. Le *tan*, en tant qu'histoire vraie concernant le passé familial, renvoie à un cadre spatio-temporel moins vague ; et l'on peut en tester et évaluer la vraisemblance, à défaut de le vérifier formellement. Le *huenuho* réfère, par contre, à un repère spatio-temporel beaucoup moins circonscrit.

Quand on considère l'allure des récits de *fa*, ainsi que le temps auquel ils réfèrent, on ne peut raisonnablement les classer dans la catégorie des histoires vraies, relatant des faits réels. Ils apparaissent d'ailleurs moins comme une *restitution* d'événements qu'une *construction* qu'on pourrait être tenté de ranger dans la catégorie de contes de fées, s'ils n'étaient pas proférés dans des moments aussi graves que ceux d'une consultation.

En procédant ainsi par analyse, comparaison et élimination, il ne reste finalement qu'une seule catégorie de récit : le *huenuho*. Et ce terme de *huenuho*[150] convient parfaitement pour désigner les récits proférés à l'occasion de la consultation oraculaire. Partageant l'univers de l'extraordinaire et du merveilleux avec les contes, les *huenuho* s'en démarquent en ce qu'ils n'ont vocation ni d'amuser ni même véritablement, de moraliser, mais plutôt de *fonder* et d'*expliquer*. Voilà une raison supplémentaire qui amène Aguessy à affirmer qu'on devrait, pour être précis, parler de *mythes* de *fa* et non de "contes", d'"histoires" ou même de "légendes"[151]. Aguessy considère que c'est par commodité que Maupoil s'est résolu à recourir à ces expressions plutôt équivoques et approximatives. Le terme de "mythe" était en effet, à l'époque[152], péjoratif, et son emploi eût assurément suscité une vive polémique.

---

[150] Quelques entretiens avec des *bokonon* nous ont permis de vérifier cette désignation rapportée par Aguessy, ainsi d'ailleurs qu'un autre chercheur béninois particulièrement informé (Pierre Adjotin, *Essai d'épistémologie et d'esthétique de Fa*, Abomey-Calavi, 1992, p. x.).

[151] Un autre chercheur béninois exprime le même point de vue qu'Aguessy. S'appuyant sur une classification des langages principaux de la littérature sacrée du Sud-Bénin, proposée par Ascension Bogniaho (*Chants, chansons funéraires du Sud-Bénin : forme et style*, Thèse de Doctorat es Lettres, Paris IV Sorbonne, 1995), Mahougnon Kakpo affirme que les récits de *fa* appartiennent au groupe des *huenouho*, et sont des *récits mythiques*. (Mahougnon Kakpo, *Introduction à une poétique du fa*, Cotonou, Ed. Diaspora et Flamboyant, 2006.)

[152] Le livre de Maupoil est publié, rappelons-le, en 1943, c'est-à-dire bien avant les travaux par lesquels Claude Lévi-Strauss a revalorisé et réhabilité les mythes, à ses yeux, victimes d'une injuste péjoration.

Cette analyse du sociologue béninois, dont il faut saluer le souci de précision, ne résout pourtant le problème qu'à moitié. Les précisions apportées par Aguessy dès le début de sa réflexion, la restriction volontaire du champ de son étude à la culture fon du bas-Dahomey, tout cela indique clairement que les conclusions auxquelles il a abouti ne peuvent être imprudemment appliquées aux récits provenant des autres cultures ou civilisations de *fa* (celle des Yoruba notamment). C'est, rappelons-le, de l'intérieur d'une langue donnée, en l'occurrence le *fongbe*, qu'Aguessy a procédé à son analyse. Heureux dégrossissage, assurément, en ce qu'il circonscrit très clairement le domaine à l'intérieur duquel se réalise l'étude. Mais s'il valorise le propos d'Aguessy, ce dégrossissage fait aussi malheureusement ses limites, dans la mesure où il restreint logiquement (à l'univers linguistique *fon*), son domaine d'applicabilité et de validité[153].

La leçon qu'on devrait tirer de ce qui précède est qu'il pourrait être utile d'appliquer aux autres traditions des récits de *fa*[154], le traitement et l'analyse réalisés par le sociologue béninois. Mais peut-être qu'il ne faut pas exagérer les différences présumées entre les deux traditions de récits, l'analyse de leur structure pouvant révéler des traits communs importants permettant d'en affirmer l'unité. Car, autant que les récits d'origine linguistique *fon* ou *évhé*, donc béninoise ou togolaise, les "vers" ou "poèmes" de la tradition yoruba réfèrent à un monde mythique, à un temps et un espace mythiques, au point que l'on peut affirmer que c'est essentiellement du point de vue de l'*allure littéraire* et non de l'*histoire racontée*, qu'ils se singularisent.

---

[153] La thèse d'Aguessy qui nous sert ici de référence est intitulée *Essai sur le mythe de Legba*. Par rapport à la question globale des récits de *fa*, le champ défini par le sociologue béninois traduit en réalité un double dégrossissage. Le premier niveau de la sélection, si l'on peut dire, est celui des personnages impliqués dans lesdits récits : dans le répertoire des mythes de *fa*, Aguessy s'intéresse précisément à ceux qui décrivent le personnage de Legba. Le deuxième niveau de sélection, c'est celui de l'univers linguistique. Aguessy n'interroge pas toutes les traditions, mais précisément celle des Fon du sud du Dahomey.

[154] Ce genre d'exercice serait d'autant plus nécessaire à propos de l'univers linguistique yoruba-nago, que ce dernier est considéré comme la source première desdits récits, et donc des versions originales dont les autres ne seraient que des copies plus ou moins altérées. Que Bascom et Abimbola s'accordent pour qualifier ces récits de poèmes ou de vers (les *babalawo* yoruba eux-mêmes les nomment *ese* ou *itan*) ne suffit évidemment pas à évacuer la question de leur nature réelle.

L'examen comparé des forme et structure des différentes traditions de récits permet de s'en rendre compte.

2. Forme et structure des récits

Nous partirons de la présentation de deux exemples. Le premier, tiré de la tradition fon, est un mythe du signe *Gouda-Toula* :

> « *Une civette très paresseuse s'était fait prêter 200 francs par la panthère. En retour, elle promit à son créancier de venir tous les jours travailler chez lui et pour lui. Cinq fois, elle exécuta son contrat, puis, un beau jour, s'abstint. La panthère délégua auprès d'elle son fils, avec mission de lui demander la raison de son absence et de l'amener de gré ou de force. La civette s'excusa : « Pardon, patron, je suis malade et ne puis sortir ».*
>
> *Le commissionnaire revint seul et fit son compte rendu. La panthère lui dit : « C'est un prétexte qu'a trouvé la paresseuse pour se dérober à ses obligations. Quelque jour, pour la punir, je la dévorerai ! ».*
>
> *Cinq jours après, la civette reprit son service, mais, le lendemain, elle ne vint pas. Le fils de la panthère envoyé à nouveau chez l'ouvrier défaillant reçut cette réponse : « Dis à ton père que je suis encore malade ».*
>
> *A partir de ce jour, la civette resta prudemment dans sa case, redoutant de se trouver en face de son terrible ennemi. Pressentant qu'elle sera, quelque jour, mise à mal, elle se décida à aller consulter le fa. Gouda-Toula sortit*[155]*, qui conseilla : « Va de suite chercher un mouton et de l'huile de palme, sinon la panthère te mangera ce soir même ».*
>
> *Le mouton sacrifié, sa tête placée dans une grande calebasse enfilée autour d'un pieu, le devin montra à sa solliciteuse le moyen d'équilibrer un gros morceau de bois au-dessus de cet appât et dit : « Va installer ceci derrière ta case et ne dors pas cette nuit à ta place habituelle».*
>
> *La panthère, après s'être fait expliquer par son fils en quel endroit précis elle trouverait la civette, se mit en chasse, rampa sans bruit, arriva en vue de la maison, en fit le tour et aperçut un mouton. (Le sacrifice avait opéré : elle prenait la tête du mouton pour l'animal entier.) : « Mangeons d'abord ceci, pensa-t-elle ; je dévorerai la civette ensuite ! ».*
>
> *D'un bond, elle s'élança et eut ses reins brisés par le morceau de bois.*

---

[155] « **Gouda-Toula** sortit » signifie en fait que le signe ou *fadu* rendu par la consultation du *fa* est *Gouda-Toula*.

La civette sortit de sa cachette, insulta la mourante et célébra la puissance de Fa».[156]

Le deuxième récit, tiré de la tradition yoruba, est un "poème" du signe *Eji-Ogbe* (qui devient par contraction, *Jogbe* chez les Fon).

« *"Cola amer de la société des Ogboni ; plafond très étroit de la forge" était celui qui consulta Ifa pour Vautour, l'enfant de Olojogboloro qui joue le tam-tam d'Afin avec les habitants de la ville d'Ora." Jamais, on n'a vu les enfants du vautour sur un tas d'ordures abandonné. Faible, faible cola amer, faible dans la ville d'Ifê, faible cola amer. Ifa dit que cette personne vivra longtemps et vieillira. Il dit qu'aussi vrai qu'on n'a jamais vu de jeunes vautours, de même cette personne deviendra très vieille.*

Vautour demanda ce qu'il devait faire pour vivre assez vieux. Il se rendit chez les devins, et ils lui dirent qu'il devra faire un sacrifice, puis répandre de la poudre divinatoire sur sa tête. Quand Vautour fit le sacrifice et répandit la poudre divinatoire sur la tête, celle-ci devint blanche, comme quelqu'un dont les cheveux étaient devenus gris. Depuis ce temps, la tête de Vautour est toujours blanche, et il ressemble à une personne qui a les cheveux gris. On ne peut dire la différence qu'il y a entre jeunes et vieux vautours parce qu'ils sont tous chauves. »[157]

La comparaison de ces deux récits révèle quelques différences. On remarque que le premier se présente sous la forme des contes classiques, de ces contes qui se disent (qui se disaient plutôt) notamment au cours des veillées nocturnes dans les sociétés rurales traditionnelles en Afrique, et qui font une bonne part à la fiction, au merveilleux, au dramatique, donnant au départ l'impression d'ignorer le monde réel et de le mettre entre parenthèses, créant à la fin un lien étroit entre ce monde réel et celui apparemment fictif du conte, comme si le premier ne pouvait être compris et vécu qu'au regard de règles et lois pas toujours évidentes qui régissent le second.

Dans le second récit, on devrait distinguer deux séquences. La première, d'allure poétique et rythmée, paraît tout de même un peu

---

[156] Basile Adjou-Moumouni, *Le code de vie du primitif : sagesse africaine selon Ifa*, tome 1 Cotonou, Ed. Ruisseaux d'Afrique, 2007.

[157] William Bascom, *Ifa divination: communication between gods and men in West Africa*, Bloomington, Indiana University Press, 1969, p. 123.

confuse, en tout cas relativement hermétique pour le non-initié ; elle va de "Cola amer" à "…très vieille". Message poétique donc, message codé, peut-être pas forcément ésotérique, mais auquel le profane n'accède qu'à condition que lui soit révélée et précisée la signification des symboles, des analogies et d'autres artifices qui, finalement, font le charme du récit. Résultat : le consultant de *fa* en milieu yoruba a généralement besoin que le *babalawo* lui explique le texte poétique déclamé. Découvrir le sens profond mais caché sous l'apparente fantaisie des mots du poème, découvrir, si l'on veut, la magie de ces mots, c'est aussi et du même coup, mettre à nu les ressorts cachés qui permettent d'établir le diagnostic attendu. Cette fonction indispensable est justement du ressort du *babalawo*. La seconde séquence (qui va de "Vautour demanda…" à la fin du texte) tranche avec la première, tant elle paraît claire. De fait, elle se présente sous la même forme qu'un conte ou un mythe classique[158].

La différence fondamentale entre les deux traditions de récits se trouve, comme on peut le voir, dans le genre littéraire. Visiblement, c'est la *façon* dont les choses sont dites et non fondamentalement la *nature* de ce qui est dit, qui fait la différence. Ce qui fait la différence, ce n'est pas précisément le *genre d'histoire* qui est relaté, mais le *mode littéraire* par lequel se fait cette relation.

Mais, que ce soit donc sous la forme contée des Fon et des Evhé, ou sous la forme versifiée propre aux *babalawo* yoruba, les récits de *fa* relatent des histoires qui se déroulent en des lieux et temps mythiques. Dans ces récits, se trouvent mêlés l'ordinaire et l'extraordinaire, le normal et le "paranormal", le naturel et le surnaturel, bref des faits dont certains cadrent avec notre univers quotidien, et d'autres qui semblent entièrement contraires aux repères de cet univers. Ainsi par exemple, les deux récits que nous avons présentés mettent en scène des animaux (il s'agit de la panthère, de son "fils", et du vautour), donc des réalités auxquelles nous sommes habituées, mais auxquelles on prête des sentiments et des actions plutôt caractéristiques des hommes. La catégorie des personnages ainsi traités dans les récits de *fa* est cependant plus élargie. Elle

---

[158] Tous les récits de la tradition yoruba ne se présentent pas sous cette forme bimodale, sous la forme d'une double séquence. On en trouve beaucoup, où l'allure poétique est maintenue jusqu'à la fin.

compte aussi des végétaux, de même que des êtres inorganiques comme la mer ou la montagne[159], ou encore, plus curieusement peut-être, des divinités, telles *Orunmila*, divinité tutélaire du *fa*, ou *Nyigbla*[160].

Au regard de ce qui précède, on peut valablement regrouper tous les récits du *fa* (toutes traditions confondues) sous l'appellation de mythes. Cela dit, on peut se demander ce que valent ces derniers, ce qu'on peut raisonnablement tirer de ces "histoires" dont le propre est, semble-t-il, de heurter le bon sens.

En réalité, ce n'est pas dans leur présentation générale que ces mythes défient le bon sens et la logique. La structure ou l'ossature globale des mythes du *fa* dégagent plutôt un ordre et une connexion logiques, que ne permet pas de soupçonner le ridicule de certaines propositions qui les composent. Le vrai problème de ces mythes, comme d'ailleurs de tous les récits de la même veine, les contes, les fables, ce sont les *unités minimales de sens*, les *propositions élémentaires ou atomiques* qui les composent ; le vrai problème, c'est que « n'importe quel sujet peut avoir n'importe quel prédicat[161] », pour reprendre le mot de Lévi-Strauss.

Quand on examine l'histoire de la civette et de la panthère, telle que rapportée dans le premier mythe, on ne découvre aucune incohérence concernant la *structure d'ensemble* du récit. Mais justement, à considérer les propositions ou énoncés élémentaires dont il est composé, on dira avec raison, qu'il ne correspond en rien à la réalité ; car bien entendu, la civette ne parle pas, la panthère non plus. De même que l'usage de la monnaie n'est pas l'affaire des animaux. Parlant du second mythe, il est également évident que le vautour ne parle pas, et que de cette façon, il ne lui est pas possible d'aller consulter un devin, ni à plus forte raison, d'accomplir un sacrifice.

Quand on prend en considération ces curiosités ou absurdités auxquelles on pourrait ajouter d'autres, plus frappantes, comme par exemple *Orunmila*, le dieu omniscient, tutélaire du *fa* par surcroît, qui éprouve le besoin de consulter un devin[162], on convient aisément que

---

[159] C'est le cas d'un récit du *fadu* Jogbé, rapporté par De Surgy, *Ibid.*, p. 120.
[160] Une divinité du panthéon *évhé*.
[161] Lévi-Strauss, *Ibid.*, p. 237.
[162] Bascom, *Ibid*, p. 145.

le terme de mythe est certainement une approximation acceptable[163] pour désigner les récits du *fa*, abstraction faite de la forme littéraire propre à chaque tradition, et surtout en attendant que des études approfondies soient réalisées sur toutes les traditions de récits.

Cela dit, une analyse de quelques mythes, toutes traditions confondues, permet de découvrir une ligne commune, récurrente, qui les distingue des contes destinés à distraire[164] et /ou à définir un code de vie[165]. Loin d'être l'effet du hasard, cette ligne commune est solidaire de la fonction dévolue à ces récits, à ces mythes.

3. La fonction des mythes

Parler de *la* fonction des mythes du *fa*, au singulier, serait inapproprié au regard des vocations multiples auxquelles ils répondent.

3.1 Un corps de savoirs

Les "mythes" du *fa* constituent d'abord et avant tout un ensemble de connaissances. C'est, si l'on veut, l'essentiel du savoir théorique dont la maîtrise est nécessaire pour l'exercice de l'art divinatoire et de

---

[163] Les arguments ne manquent pas pourtant qui militent en faveur du terme "légende". En tant qu'ils accompagnent les *fadu* et en éclairent la lecture, les récits concernés jouent à peu près le même rôle que les légendes qui accompagnent les figures et schémas dans les sciences naturelles. Mais adopter sur cette base, le terme de légende, c'est implicitement, réduire le champ fonctionnel des récits concernés.

[164] Ce sont souvent des situations à raison ou à tort considérées comme inquiétantes, ou en tout cas, sérieuses, qui déterminent les hommes à consulter le *fa*.

[165] On ne peut évidemment nier la dimension morale que dégagent les légendes du *fa*, notamment en milieu fon. Rarement, lesdites légendes se terminent sans proposer une leçon générale, une sagesse qui n'est pas seulement valable pour le consultant du *fa*, mais pour tous les hommes en principe. C'est cette dimension importante que valorise l'ouvrage récent de Basile Adjou-Moumouni. Le titre dudit ouvrage est d'ailleurs, suffisamment évocateur : *Le code de vie du primitif : sagesse africaine selon Ifa*. Il faut cependant préciser une chose : la vocation principale des légendes ou mythes du *fa* n'est pas de définir un code de vie ou une sagesse générale, mais d'abord de fournir une grille d'interprétation des messages oraculaires. Le lieu ou elles sont proférées, la qualité du "récitateur" tout comme celle du destinataire, distinguent ces légendes des contes de fées, comme le montre clairement le sociologue Honorat Aguessy. Ce serait donc les mutiler sérieusement et même les dénaturer que d'y voir essentiellement un "code de vie".

toutes les autres fonctions qui échoient au *babalawo* ou *bokonon*, notamment les fonctions sacerdotales et thérapeutiques qu'on ne saurait d'ailleurs séparer de la dimension oraculaire à laquelle on réduit d'ordinaire le *fa*. Mais les mythes ne sont pas seulement un élément constitutif important du système *fa*, l'axe central, la pierre angulaire sur laquelle repose tout l'édifice. Le domaine desdits mythes déborde le cadre restreint et exclusif dudit système *fa*, même envisagé dans sa complexité.

C'est dans les mythes du *fa* et nulle part ailleurs, que sont cristallisées et ordonnées les croyances relatives aux dieux, aux esprits en général, qu'ils soient bienveillants ou malveillants, les rapports que ces esprits entretiennent entre eux, mais également avec le monde physique et tout ce qui y vit, les hommes, les animaux, les plantes, ainsi que le règne minéral.

Wande Abimbola fait remarquer que les Yoruba considèrent le *fa* comme le lieu où peut être appréhendé leur patrimoine intellectuel et plus largement, culturel, un corps de connaissances qui embrasse l'histoire, la philosophie, la médecine et le folklore[166]. Or, c'est précisément dans les récits mytho-poétiques du *fa* que se trouvent ces éléments de connaissances et de croyances. Peut-être que nous devrions parler de façon plus neutre, non pas de "croyances", mais d'idées ou de représentations, précisément, des représentations que les populations concernées se font des choses, entendu que certaines de ces représentations peuvent traduire des connaissances qui ne sont pas forcément dignes d'être élevées à la dignité de savoirs scientifiques, des connaissances empiriques, primaires peut-être, mais des connaissances avérées tout de même. C'est d'ailleurs sur le fond de ces savoirs avérés, produit d'une observation attentive des faits naturels que se construisent généralement les symbolismes qui donnent la clé de l'interprétation des récits mythiques[167].

Quand on considère la société traditionnelle yoruba à laquelle Abimbola fait référence, on peut vraiment dire que ces mythes du *fa*

---

[166] "Even until today, Ifa is recognised by the Yoruba as a repository for Yoruba traditional body of knowledge embracing history, philosophy, medicine and folklore." (Abimbola, *Ibid.*, p. 32).

[167] On peut citer par exemple la forme de la "chevelure" des vautours dans le mythe yoruba ci-dessus présenté, ou encore, dans les exemples que nous présentons plus loin, la fécondité du bananier.

constituent un grenier ("store house"[168]) où sont rangées, conservées et rendues disponibles pour la postérité, les représentations ou connaissances accumulées depuis des temps immémoriaux, dans des domaines aussi variés que la médecine, la cosmogonie, la religion, la morale. Ce jugement d'Abimbola sur la nature et la fonction des mythes du *fa* est valable dans une large mesure pour les autres traditions du *fa*. Que le contenu du "grenier" ne soit pas exactement le même partout, que les connaissances et représentations auxquelles donnent accès les mythes du *fa* ne soient pas strictement les mêmes partout, cela peut se comprendre aisément comme le résultat d'une adaptation du système *fa* aux différents contextes locaux[169]. On peut noter, au passage, qu'au regard de cette fonction de "grenier des connaissances" qu'ils assument, le terme de mythe par lequel nous avons convenu de désigner les récits du *fa*, n'est pas, hélas, indiscutablement satisfaisant.

Il faudra un jour ou l'autre, envisager la récupération et la transcription de tous les mythes du *fa* encore accessibles, auprès des devins encore en vie, le plus tôt possible en tout cas, non pas prioritairement pour s'extasier devant l'élégance et la finesse littéraires des textes, mais pour mettre au jour et valoriser tous les savoirs positifs qu'ils contiennent. Tel n'est pas le but de la présente analyse. Ce qui nous intéresse, c'est essentiellement le statut épistémologique des mythes dans le processus de la divination *fa*. Ce statut peut être examiné sur la base de deux éléments : les fonctions d'interprétation et de validation. Mais avant de les aborder, nous

---

[168] Abimbola, *Sixteen great poems of Ifa*, p. 32. Voir aussi, *Ifa divination poetry*, où le même auteur écrit à la p. 31 : "The Yoruba regard *ese ifa* as a store-house of their culture. They believe that *ese ifa* contains the accumulated wisdom of their ancestors throughout hirtory. *Ese ifa* therefore contains every thing that is considered memorable in Yoruba culture throughout the ages."

[169] Ainsi, on ne peut appréhender véritablement la culture des Fon, des Goun et autres ethnies du Bénin méridional en faisant l'impasse des mythes du *fa*. Ce n'est pas un hasard si, pour étudier le personnage de *Legba*, Aguessy dut recourir à ces mythes du *fa*. Le lecteur non averti se serait attendu à ce que le mythe de *Legba* soit un corpus autonome. Il n'en est rien. D'un autre côté, et sur un plan plus "positif", le contenu "historique" de certains mythes fait d'eux des matériaux précieux pour examiner et écrire l'histoire des peuples fon. Un mythe de *Jogbe*, recueilli et transcrit par Basile Adjou-Moumouni, et qui relate les conditions de l'accession du roi Akaba au trône de Danhomè, en est une illustration.

évoquerons une autre fonction dont on pourrait dire qu'elle ne concerne le procès divinatoire que de manière indirecte.

3.2 Une fonction mnémotechnique

Elle concerne précisément le *bokonon* ou *babalawo*. Son importance n'est pas à démontrer dans un contexte, il ne faut pas l'oublier, fortement déterminé par l'oralité. L'obligation professionnelle de garder en mémoire des centaines et des centaines de compositions "médicamenteuses" ou plutôt sacrificielles, associées chacune à des signes et à des situations existentielles déterminées, ne va pas de soi, même pour les personnes extrêmement douées.

Théoriquement, il eût été plus facile et plus rapide d'apprendre et de garder en mémoire la signification d'un *fadu* et les sacrifices éventuels qu'il implique, que de retenir tout le texte mythique qui les contient, forcément plus long. Il eût été plus simple de mémoriser une recette sacrificielle, qu'un texte mythique qui, au lieu de se cristalliser sur l'essentiel, use de tours et de détours, s'alourdissant ainsi d'artifices apparemment inutiles et encombrants. Il semble cependant que ce sont précisément ces artifices qui favorisent la mémorisation des récits. La gestalt-théorie ou psychologie de la forme nous apprend en effet, que la forme d'un souvenir détermine fortement la possibilité de le capter, de le conserver et de le restituer. Dans cette logique, un texte trop strict et technique, trop "sérieux", peut paraître bien plus ardu et difficile à retenir qu'un texte plus long mais savamment "arrangé" par des artifices[170].

---

[170] Comparaison n'est pas raison, certes. Mais, même dans les systèmes éducatifs les plus modernes, on a besoin de tels artifices pour favoriser l'apprentissage de connaissances plus ou moins sérieuses et scientifiques. Ainsi, transformera-t-on, après les avoir intelligemment ordonnées, l'ensemble des sept conjonctions de coordination (mais, ou, et, donc, or, ni, car) en un semblant de proposition interrogative, nettement plus facile à mémoriser : « Mais, où est donc Ornicar ? » Pour l'apprenant, le "où" et le "est" rappelleront bien "ou" puis "et". Le nom fictif *Ornicar*, une fois décomposé en syllabes, donne bien les conjonctions *or, ni, car*. Plus géniale encore sans doute, ce texte mis en place pour favoriser la mémorisation dans l'ordre, des premiers éléments du tableau de Mendeleïev : « Lili baisa bien chez notre oncle Fluor Négus. Napoléon mangea allègrement six poulets sans claquer ni articuler. » Ce texte rappelle à l'apprenant passablement informé,

Dans une certaine mesure, les mythes du *fa* s'inscrivent dans cette logique de facilitation du travail de la mémoire. Les analogies qu'ils contiennent, les métaphores, les répétitions que l'on retrouve plus fréquemment dans la tradition yoruba, constituent autant d'éléments qui concourent à guider la mémoire, tels des codes, apparemment anodins mais bien efficaces, des aide-mémoire en quelque sorte. La forme amusante et "fabuleuse" de ces mythes rend moins rebutant l'exercice de leur mémorisation, que s'il s'agissait par exemple de connaissances techniques, présentées dans le style "sérieux" et sec qui les caractérise habituellement. Que la tradition contée de ces mythes, telle qu'on la découvre chez les Evhé et les Fon, soit plus facile à mémoriser que la tradition poétique originelle des Yoruba, cela traduit, à notre avis, à quel point est préoccupant pour les acteurs, le souci de trouver la forme la mieux adaptée à la mémorisation des interprétations de *fadu* et des prescriptions à elles associées. Cette considération ne dévalorise pas cependant la tradition versifiée des mythes du *fa*. Il n'est même pas sûr, comme l'affirme Dianteill, que la version poétique courante chez les Yoruba soit absolument plus difficile à apprendre que la version contée[171]. Mais, peut-être que les difficultés que l'anthropologue français croit voir dans la mémorisation des vers n'existent pas pour le locuteur yoruba. L'accès aux mots-charnières, l'accès à des subtilités linguistiques qui, pour le locuteur yoruba, vont de soi, n'est pas forcément évident pour ceux qui ne maîtrisent pas la langue. Traduits en d'autres langues, que ce soit le fongbe, l'évhé, le français ou l'anglais, il est certain que ces mots perdent leur efficacité en tant que code facilitateur de la mémoire, s'ils ne deviennent pas carrément absurdes[172].

---

les noms suivants, dans l'ordre : Lithium, béryllium, bore, carbone, azote, fluor, néon, magnésium, aluminium, silicium, phosphore, chlore, argon.

[171] Dianteill, *Ibid.*, p. 253.

[172] On sait en effet la charge culturelle que porte toute langue. On sait que, proférées hors du cadre culturel propre de ceux qui les ont inventées, certaines expressions (les dictons, les proverbes, les incantations, les métaphores) peuvent devenir carrément inintelligibles et abscondes. Ainsi, les mots-charnières et les répétitions subtiles qui paraissent aller de soi pour le locuteur yoruba et qui lui facilitent l'accès au message, ainsi que sa rétention, constitueraient pour les autres, non pas des adjuvants, mais plutôt des obstacles sérieux à l'exercice de la mémoire.

3.3 Mythes du *fa* et herméneutique

3.3.1 La fonction d'interprétation

Quand on considère le procès divinatoire *fa*, on peut dire que les mythes en constituent l'instrument clé. C'est aux connaissances que renferment ces récits que les devins ont recours pour interpréter les *fadu*, et faire aux consultants, les recommandations requises. Si l'on part de ce que les figures du *fa* ou *fadu* constituent le moyen par lequel *Fa* parle au consultant, si l'on doit considérer que les *fadu* sont le message d'*Orunmila* adressé au consultant, il faudrait préciser qu'il s'agit d'un message codé, crypté, dont les mythes fournissent la clé de décodage ou de décryptage.

Pour faire le pont entre la fonction herméneutique des mythes et leur statut épistémologique, on pourrait valablement oser une comparaison entre la consultation oraculaire du *fa* et la consultation médicale. Partons du principe que les deux types de consultation visent à établir un diagnostic précis.

Commençons par la consultation *fa*.

Les situations existentielles ou problèmes précis que peuvent connaître les hommes sont multiples et infiniment diversifiés. Dans l'économie du *fa* cependant, elles se ramènent à 256 catégories ou groupes (justement symbolisés par les 256 signes du *fa* ou *fadu*). Chaque *fadu* en tant que parole, lettre ou message d'*Orunmila*, renvoie en effet à une pluralité de significations spécifiques et donc à une profusion de situations existentielles particulières. Dès lors, la détermination du *fadu* (plus précisément du premier *fadu*) n'est, dans le processus divinatoire tenant lieu de consultation, qu'un moment, une étape. Il faut ensuite identifier, dans le groupe des problèmes existentiels possibles et multiples auxquels renvoie le *fadu* ainsi identifié, celui qui correspond à la situation présente du consultant concerné. Il faut expliquer le message central du *fadu*, en rendre compte, c'est-à-dire en dégager la signification précise qui cadre avec la situation actuelle du consultant. Cette interprétation demande que l'on recoure aux mythes. On peut en déduire que dans la divination *fa*, établir le diagnostic oraculaire revient, en dernière analyse, à identifier le mythe qui décrit le problème existentiel du moment ainsi que les moyens d'y faire face. Or, il existe théoriquement des milliers de mythes, logiquement répartis en 256 groupes, puisqu'à chacun des 256 *fadu* est associée en moyenne une vingtaine de mythes.

Dans le jeu oraculaire donc, la détermination du *fadu* permet de dégrossir considérablement le tableau des diagnostics possibles. Expliquons-nous. En identifiant le *fadu* de son consultant, le *bokonon* élimine, du même coup les 255 autres *fadu* de son champ d'investigation, en même temps que les mythes qui leur sont associés. Il cible ainsi sur les 256 lots ou groupes existants, un seul, en l'occurrence le lot précis dans lequel se trouve le mythe qui décrit le diagnostic recherché. Les milliers de mythes qui constituaient au départ l'univers des diagnostics possibles sont ainsi ramenés à une ou deux dizaines.

On peut dire, de ce point de vue, que la méthode utilisée par le *bokonon* est analogue à celle du médecin. Chez le médecin aussi, l'établissement du diagnostic se fait en effet par éliminations et dégrossissages progressifs. Le médecin qui prend la température de son patient n'espère tout de même pas établir le diagnostic avec cette seule donnée. Le résultat de cette mesure lui permet seulement d'écarter certaines possibilités et de réduire du même coup le groupe ou le nombre des affections dans lequel il lui faut rechercher ce dont souffre son patient. Par exemple, une hyperthermie peut traduire aussi bien un accès palustre, une infection virale ou même une appendicite. Pour se fixer, le médecin devra faire intervenir d'autres grilles, et surtout demander des examens. La présence de *plasmodium falciparum* dans le sang du patient indiquerait que ce dernier souffre du paludisme. L'analyse médicale qui aurait rendu ce verdict donnerait ainsi avec précision, la signification de l'hyperthermie qui, en tant que symptôme, aurait bien pu renvoyer à autre chose.

3.3.2 Interprétation et objectivité
a) La valeur opératoire des mythes

De quelle manière et sous quel rapport les mythes peuvent-ils assurer ou guider l'interprétation et le décryptage du message général et imprécis qu'est le *fadu* ?

Il faut dire que le modèle sur lequel sont conçus les mythes répond à cette vocation interprétative. Les mythes récités à l'occasion des consultations du *fa* décrivent des scènes de vie animées par des entités inhabituelles certes, mais des scènes analogues aux situations réelles que l'homme connaît dans son milieu habituel. Le mythe adéquat pour interpréter un *fadu* dans une conjoncture donnée est précisément celui qui décrit une situation-problème analogue à celle que vit le consultant concerné. Les mythes mettent en scène, généralement, deux types de personnages : un consultant et un devin mythiques[173]. La scène organisée autour de ces deux personnages principaux comporte les étapes plus ou moins précises suivantes :

- un motif qui détermine le consultant à recourir au service du *bokonon* ou du *babalawo* ;
- la consultation mythique, qui débouche justement sur le signe[174] ;
- l'interprétation dudit signe et la prescription des recommandations ou sacrifices éventuels à l'endroit du consultant mythique ;
- l'attitude du consultant mythique : accomplissement ou non des sacrifices prescrits ;
- le résultat induit par cette attitude[175] ;

Appliquons maintenant cette grille aux deux récits que nous avons présentés.

En principe, la logique de l'interprétation est toute banale : la configuration des mythes, bien adaptée à cette vocation herméneutique, définit la voie de manière suffisamment claire, pour que le devin n'ait pas à construire ou forger laborieusement l'interprétation attendue.

Tout part de l'analogie présumée entre le mythe identifié et la situation réelle du consultant. Le mythe du *fa* décrit une situation-type où un consultant mythique a trouvé un *fadu* donné.

---

[173] Nous préférons le qualificatif "mythique" à celui de "fictif," car ce dernier aurait une prise de position péjorative à propos d'une situation sur laquelle il convient d'interroger l'idée que s'en font les acteurs principaux.

[174] Le signe ou *fadu* trouvé au cours de cette consultation mythique est le même que la consultation réelle a révélé, et qui a justement motivé la récitation du mythe concerné.

[175] On a pu faire d'autre découpage de la structure des mythes. Pour Bascom par exemple, ces mythes comprennent trois parties essentielles : la situation mythique qui sert de référence, l'interprétation qui en a été donnée, enfin son application à la situation du consultant réel. (Bascom, *Ifa divination...*, p. 122).

L'interprétation qui aurait été donnée à ce dernier en cette circonstance mythique vaut pour le consultant qui, en situation de consultation réelle, aura trouvé le même signe *fadu*. Pour le devin officiant, il s'agit alors d'établir les correspondances nécessaires entre la *situation mythique* considérée comme référentiel et la *situation réelle*.

	Premier récit : mythe du signe Gouda-Toula	Deuxième récit : mythe du signe Jogbe
Consultant mythique	La civette	Vautour
Motif de la consultation	Trouver la stratégie pour échapper à la punition de la panthère	Désir de longévité
Signe obtenu au cours de la consultation	Gouda Toula	N'a pas été précisé
Recommandations	Sacrifier un mouton et en faire un appât pour piéger la panthère	Répandre de la poudre divinatoire sur la tête
Attitude du consultant	Recommandation observée	Recommandation observée
Résultat induit	Satisfaction obtenue : mort de la panthère, salut de la civette qui a consulté *fa*	Satisfaction obtenue : Vautour a les cheveux gris, symbole de vieillesse

Récapitulons. Parce que tel consultant réel a trouvé le même signe que le consultant mythique, il y a une communauté de situations qui autorise le devin à appliquer au premier, tout le résultat de la consultation mythique qui sert ici de référence : l'objet de la consultation, le diagnostic, les recommandations et sacrifices éventuels, ainsi que le pronostic.

Pour tout dire, le jeu herméneutique est, dans un certain sens, entièrement défini, prédéfini même par le mythe. Donnons un exemple. A un consultant qui aura trouvé le *fadu* Gouda-Toula, le *bokonon* donnera à peu près, en se référant au mythe que nous avons présenté, le diagnostic suivant : « Quelqu'un menace de vous punir ou de vous rendre un coup. » Poursuivant dans la même logique, il prescrira le sacrifice d'un mouton, le même qui avait été recommandé à la civette dans le mythe-référence.

b) La diversité des mythes : atout ou problème ?

Dans la réalité, le jeu herméneutique est plus complexe. Comme nous l'avons signalé déjà, une figure ou *fadu* ne se prête pas à une seule, mais à plusieurs interprétations possibles. La diversité des mythes associés à chacun des 256 signes est l'expression même de la diversité des interprétations ou explications possibles. Le jeu interprétatif s'opère donc à deux niveaux : d'abord la sélection du mythe adéquat, puis son explication ou son interprétation proprement dite. Avant d'étudier le principe de cette sélection, examinons les implications épistémologiques de la diversité des mythes dans le processus de la consultation oraculaire. Nous nous contenterons, pour ce faire, d'un petit échantillon de quatorze mythes qui ont en commun d'être associés à un même signe ou *fadu*, le tout premier dans l'ordre hiérarchique, à savoir *Jogbe*. Cette option qui consiste à interroger un seul groupe de mythes sur les 256 existants devrait nous donner de faire une projection sur la diversité et la variabilité des situations et problèmes dont le corps complet des mythes permettrait de rendre compte.

Voici donc, non pas les textes complets, mais des résumés par lesquels nous mettons en exergue, surtout, le diagnostic que donne chacun de ces mythes.

Mythe n°1 : A force de tempérance et de sagesse, "Tête" obtient un résultat intéressant là où l'avidité et l'impatience conduisent "Œil" à faire un mauvais choix. Depuis lors, la tête est élevée au rang de référence et d'entité supérieure. On ne dit pas : « mes yeux sont bons » mais plutôt « ma tête est bonne.[176] »

---

[176] Tout comme dans les traditions yoruba et évhé, la tête symbolise la fortune, qu'elle soit bonne ou mauvaise, aussi bien à propos de la vie entière d'un individu ou d'un groupe, que d'une situation isolée et particulière. L'expression "ma tête est bonne" est en réalité, la traduction littérale de "ta tché yon" qui signifie tout simplement : "J'ai une bonne chance" ou "j'ai eu de la chance".

Mythe n° 2 : Deux frères jumeaux, Zinsou et Sagbo, sauvent respectivement leur père et leur mère. Cette dernière a empoisonné le repas de son mari. Averti par Zinsou, l'homme échange le repas à lui destiné, avec celui de sa femme. Averti à son tour par Sagbo, l'épouse est sauvée de la mort. *Message de fa* : un complot se trame contre le consultant. Mais ce dernier s'en tirera, car il sera informé à temps pour déjouer le piège.

Mythe n° 3 : Pour avoir appliqué les astuces à lui enseignées par le *fa*, Titigoeti, un oiseau minuscule, a vaincu l'éléphant au combat. *Message de fa* : une cause apparemment anodine et négligeable peut engendrer des problèmes ou troubles d'une portée insoupçonnable.

Mythe n° 4 : Pour avoir accompli le sacrifice prescrit par le signe Jogbe, Fa et sa famille échappent à un grand malheur : la mort de "tous ceux qui ont la peau rouge".

Mythe n° 5 : Afutu, une plante aquatique flottante, désire avoir des enfants. Il obtint satisfaction après avoir accompli le sacrifice recommandé par le devin.

Voici les éléments constitutifs du sacrifice :
- deux poules ayant des poussins ;
- deux pigeons femelles ayant des petits ;
- deux foulards de tête ;
- du fil de coton, blanc et noir ;
- de la racine de l'arbre *sopkètin* ;
- une petite calebasse.

Mythe n° 6 : Olomo-agbiti souhaite avoir des enfants. Après avoir accompli le sacrifice requis, il eut beaucoup d'enfants.

Voici la composition du sacrifice :
- quatre canaris ;
- quatre rats ;
- quatre poissons ;

Mythe n° 7 : Le consultant est dérangé par les *abiku*. En accomplissant le sacrifice approprié, il sera libéré de leur menace.

Mythe n° 8 : Vautour consulte le *fa* pour savoir par quel moyen s'assurer de vivre longtemps, de ne pas mourir jeune. *Fa* lui recommande de faire un sacrifice, puis après, de passer de la poudre divinatoire sur la tête. Cette dernière opération lui donna l'aspect d'une personne âgée.

Mythe n° 9 : Agbonmirègun se prépare à répudier sa femme Orè. Informée dans un songe, Orè consulte le *fa* qui lui prescrit de bien s'occuper du ménage et des affaires de son mari. Edifié et satisfait par le changement qualitatif du comportement de sa femme, Agbonmirègun reconsidère la situation et renonce à son projet.

Mythe n° 10 : Orunmila épouse "Terre", pour avoir vu, dénudées, les fesses de cette dernière, d'ordinaire cachées sous deux cents pagnes ! *Message de fa* : le consultant trouvera une bonne épouse, à condition d'accomplir les sacrifices recommandés.

Mythe n° 11 : Orunmila désire épouser "Etroit". Il y parvient avec l'appui de Eshu, obtenant ainsi la main d'une femme qui avait été refusée à tout le monde, y compris aux 400 divinités d'Ifè.

Mythe n° 12 : *Ifa* veut faire de *Eshu* son ami, car celui qui jouit d'une telle amitié ne manque de rien. *Message de fa* : Le consultant concerné désire se faire un nouvel ami. Cette amitié lui sera bénéfique.

Mythe n° 13 : Une mésentente survient entre le Ciel et son épouse la Terre. Après avoir accompli le sacrifice prescrit par le *fa*, le Ciel put se réconcilier avec son épouse.

Mythe n° 14 : Pour venir au monde, la Mer dut passer un obstacle qui lui barrait le chemin : une montagne. Il y réussit pour avoir accompli le sacrifice recommandé par *fa*. *Message à l'endroit du consultant* : quelque chose barre le chemin de ce dernier. Le sacrifice à accomplir pour sauter l'obstacle est le même que celui accompli par la Mer.

Dans cet échantillon de quatorze mythes, cinq proviennent du répertoire fon (ce sont les cinq premiers dans l'ordre de présentation), sept du répertoire yoruba (mythes n°6 à n°12) et deux du répertoire évhé (mythes n°13 et 14).

On peut d'abord se rendre compte d'une chose : le caractère universel des situations existentielles auxquelles réfèrent les mythes du *fa*. Les problèmes humains qui y sont présentés ne sont pas forcément caractéristiques des milieux sociaux fon, yoruba ou évhé, mais de tous les milieux humains.

En second lieu, la diversité des situations existentielles qui sont décrites paraît trop évidente pour être ignorée ou niée. Pourtant, on ne peut décemment affirmer que les situations décrites dans chacun des quatorze mythes sont absolument distinctes les unes des autres, au point de renvoyer à des unités de significations isolées et disjointes.

Ainsi, par exemple, les mythes n°10 et n°11 décrivent-ils le même problème : *le désir d'épouser une femme*. La même unité de préoccupation et de signification s'observe pour les mythes n° 5 et n° 6 : *le désir d'avoir des enfants*. Il y a d'autres exemples, même si la similitude des situations décrites n'y est pas aussi prononcée. C'est le cas des mythes n°2, n°4 et dans une moindre mesure sans doute, du mythe n°3. Ces trois mythes parlent d'un *danger* qui menace le consultant. Plus précisément, les mythes n°2 et n°4 portent sur un *danger de mort*.

Malgré tout, les connexions ainsi mises en évidence ne mettent pas en cause la diversité des mythes concernés. La similitude des situations décrites par certains mythes peut cacher des différences importantes quant à leur signification réelle pour le consultant. En d'autres termes, et si bizarre que cela puisse paraître, deux mythes de *fa* qui décrivent une même situation de vie n'établissent pas forcément le même diagnostic.

Par exemple, les mythes n°2 et n°4 réfèrent tous deux à la mort, à une menace de mort qui plane sur le consultant et sa famille. Mais ils ne définissent pas strictement la même situation. Le mythe n°2 parle précisément d'empoisonnement alors que le mythe n°4 sonne l'avertissement d'un malheur dont la source ou l'auteur n'est pas une personne humaine, mais une divinité. Ce n'est pas tout. Dans le mythe n°2, la menace de mort pèse sur une seule personne, alors que dans le mythe n°4, c'est toute la famille du consultant qui est menacée. Le message de *fa* n'est pas strictement le même pour les deux mythes. D'ailleurs, la devise qui précède le mythe n°2 et qui en donne la clé de compréhension, présume d'une bonne nouvelle pour le consultant et non d'une révélation inquiétante. La devise dit en effet ceci : "Deux personnes ont pris ta défense". Ce qui est ici mis en exergue, c'est d'abord et essentiellement l'*assurance* d'une protection et donc d'une tranquillité pour le consultant et sa famille. Ce n'est pas vraiment le message central que délivre le mythe n°4. La menace de mort qu'il annonce pour toute une famille, n'a *a priori* rien de rassurant pour le consultant, surtout que l'auteur présumé de ladite menace n'est pas un homme, mais une entité divine, forcément plus difficile à contrecarrer ou à gérer.

Qu'en est-il de la similitude entre le mythe n°3 et les mythes n°2 et n°4 ? Comme les deux derniers, le mythe n°3 informe le consultant d'un danger, mais d'un danger dont la nature n'est pas précisée. Un autre élément fait la spécificité du message que délivre ce mythe : le surcroît de vigilance et d'attention recommandé au consultant[177].

Intéressons-nous à présent aux mythes n°10 et n°11 qui, rappelons-le, portent tous deux sur un même objet : le désir d'*épouser une femme*. Ici encore, on ne peut assimiler les deux situations décrites qu'en faisant le choix d'ignorer des détails qui sont loin d'être insignifiants, étant donné qu'ils participent à la précision et à la spécification du diagnostic oraculaire. Certes, quand on compare les situations respectives des consultants mythiques, la similitude ne s'arrête pas au désir d'avoir une femme. Pour obtenir la main de la femme convoitée, chacun des deux consultants concernés devra faire montre de courage et de persévérance, affronter et lever un obstacle sérieux. Mais justement, la nature des obstacles n'est pas du tout la même, ce qui signifie que les solutions oraculaires ne peuvent être non plus identiques, ni pour les consultants mythiques ici concernés, ni pour les consultants réels qui pourraient être concernés par l'un ou l'autre des deux mythes. La difficulté que le mythe n°10 prévoit pour le consultant concerne la femme désirée. Dans ce mythe en effet, la femme convoitée est, tel un château imprenable, difficilement accessible. Dans le mythe n°11, la difficulté qui attend le consultant est d'un ordre différent : il s'agit d'une concurrence plutôt très rude. Que le soupirant mythique ait dû se battre non pas avec des hommes ordinaires, mais plutôt avec les *400 divinités tutélaires de la cité d'Ifè* (!), cela donne, à l'endroit d'un consultant réel concerné par ce mythe, la mesure du nombre et de l'envergure des personnes qui convoitent la même femme que lui[178].

---

[177] Parce qu'il y est affirmé que les petites causes peuvent provoquer des effets d'une ampleur inattendue, le consultant gagnerait à doubler de vigilance et à prendre au sérieux toutes les sources potentielles de problèmes, même les plus anodines en apparence.

[178] Pour conquérir le cœur de la femme qu'il désire, le consultant pour qui ce mythe n° 11 a été sélectionné, devra battre ses concurrents sur le terrain de l'élégance, de la séduction, de l'attention. Dans le mythe en effet, c'est pour avoir

En conclusion, les mythes n°10 et n°11 posent deux diagnostics différents. Car, quand bien même ils décrivent pour le consultant un même désir, les problèmes précis qu'ils diagnostiquent sont différents, de même que, logiquement, les solutions qu'ils proposent[179]. Et il doit être pertinent de croire que chaque mythe renvoie à un message unique, circonstancié et personnalisé, et qu'en principe, à quelques exceptions près, il existe dans le *fa*, autant de mythes que de diagnostics oraculaires. Les mythes n° 5 et 6 constituent une de ces exceptions. Nous en examinerons la signification plus loin.

Avec ce petit échantillon de quatorze mythes, on peut dresser, en faisant provisoirement abstraction des nuances que nous venons d'établir entre mythes apparemment similaires, une liste intéressante des situations et/ou problèmes auxquels renvoie l'herméneutique d'*une seule figure fadu* sur les 256 existants :

- bonne fortune (non précisée) dans le mythe n°1 ;
- danger de mort dans les mythes n° 2 et 4 ;
- danger imperceptible dans le mythe n°3 ;
- désir d'avoir des enfants dans les mythes n°5 et 6 ;
- dérangements causés par les esprits dans le mythe n°7 ;
- désir de longévité dans le mythe n°8 ;
- femme menacée de répudiation dans le mythe n°9 ;
- désir de trouver une épouse dans les mythes n°10 et 11 ;
- projet d'amitié dans le mythe n°12 ;
- mésentente dans le foyer dans le mythe n°13 ;
- situation de blocage concernant la réalisation d'un projet dans le mythe n°14.

Quand on prend en compte la diversité des significations que dégagent ces 14 mythes, qui ne sont d'ailleurs qu'un faible échantillon des mythes associés au seul signe *Jogbe*, quand on se rappelle qu'il

---

été rendu beau aux yeux de la femme désirée, et ce par les soins de Eshu, que le soupirant put obtenir la main de cette dernière.

[179] Les deux mythes ne prescrivent pas les mêmes sacrifices, en effet. Pour le mythe n° 10, le sacrifice à offrir se compose d'un rat, trois shillings, trois pennies et deux poulets. Pour le mythe n°11, la liste est plus longue : deux coqs, une poule, un rat, un poisson, deux sacs, trois shillings.

existe 256 signes, on imagine combien peut être vaste le domaine des situations de vie que l'ensemble des mythes du *fa* permettraient de décrire et de diagnostiquer.

D'un autre côté, la diversité des situations décrites dans ces 14 récits associés à une même figure ou *fadu*, montre à quel point est fondamentale la recherche de la précision dans l'établissement du verdict oraculaire. Elle met en exergue surtout, le rôle d'adjuvant que jouent ces mythes à l'égard des *fadu*, dans l'établissement d'un verdict oraculaire circonstancié, spécifié et personnalisé.

Tout se passe en effet comme si chaque mythe éclaire, de façon précise, une des manifestations possibles du signe plutôt qu'il ne l'explique dans la totalité. Ce souci de précision et de détail dans la recherche du diagnostic s'observe notamment lorsque plusieurs mythes portent sur une même question centrale. L'analyse a montré dans ces cas précis, que les mythes qui traitent le même problème n'en abordent pas toujours les mêmes aspects, et que les diagnostics auxquels ils renvoient constituent des unités différentes, irréductibles les unes aux autres[180]. Suppléant ainsi aux limites du *fadu* pris en lui-même, la diversité des mythes serait donc la garante de la précision du verdict oraculaire.

La question reste cependant de savoir si les mythes, dans leur diversité présumée, décrivent ou couvrent la *totalité* des situations existentielles possibles, s'ils sont assez nombreux pour offrir au devin de diagnostiquer tous les problèmes humains possibles. Car le nombre de ces mythes a beau être élevé ou même indéfini, il est forcément *fini* et donc inférieur à celui, non limitatif, des situations existentielles possibles. De fait, la limitation du nombre des mythes pose le même problème que celui des figures du *fa* ou *fadu*. La diversité des mythes du *fa* ne suffirait pas à combler l'insuffisance des *fadu* et à assurer la précision et la spécification du verdict oraculaire.

c) La flexibilité des mythes

Au fait, les mythes du *fa* ne renvoient pas forcément à des significations figées, caricaturales ou si l'on veut, mécaniques. Les

---

[180] C'est le cas, précisément, avec les mythes 10 et 11.

mythes ne constituent pas des unités au contenu fixe, mais des récits dont la signification peut varier selon les circonstances.

Prenons par exemple le mythe n° 13. Il est évident qu'il n'aura pas forcément la même signification pour une personne qui vit maritalement que pour un célibataire ou un divorcé. Pour ces deux personnes, la mésentente identifiée par le *fa* peut concerner le rapport avec un frère ou même un associé de service. De ce point de vue, la situation conjugale à laquelle réfère le mythe n'est finalement qu'un symbole. A l'image du *fadu* qu'il a fonction d'éclairer et d'interpréter, le mythe n'a donc de signification véritable et précise qu'à condition d'être mis en situation. Instrument d'interprétation, le mythe a besoin, à son tour, d'être interprété. On peut donc dire que le jeu herméneutique du mythe se joue à deux niveaux : d'abord dans la sélection du mythe adéquat, ensuite dans son adaptation à la situation précise du consultant.

D'un premier point de vue, la flexibilité des mythes est un atout important dans le jeu herméneutique, en ce sens qu'il élargit considérablement le champ d'applicabilité desdits mythes. Si chaque mythe n'avait strictement qu'une seule explication, il en eût fallu un pour décrire chaque situation ou problème humain spécifique, c'est-à-dire, au total, une infinité ! La flexibilité des mythes permet de contourner cet écueil[181], et de ce point de vue, constitue une solution adaptée à la profusion et au nombre illimité des situations existentielles possibles.

Prenons par exemple le mythe n°14 qui, rappelons-le, pose le diagnostic suivant : « Un obstacle se dresse, qui compromet la réalisation d'un projet, ou même l'accomplissement d'une œuvre heureuse non délibérément recherchée, par exemple une grâce spéciale accordée par une divinité. » Peuvent entrer dans ce schéma, des situations existentielles bien diverses : un élève qui échoue à un examen, un commerçant dont les affaires peinent à décoller, une jeune femme en âge de se marier mais qui ne trouve pas de mari, un

---

[181] Par exemple, si un mythe peut interpréter et éclairer trois diagnostics oraculaires au lieu d'un seul, il suffirait théoriquement pour un devin, de connaître 10 mythes au lieu de 30, pour poser, interpréter 30 diagnostics oraculaires différents. En réalité, la flexibilité des mythes offre parfois des possibilités bien plus larges.

jeune homme qui n'arrive pas à se marier, et même un couple qui cherche désespérément à avoir des enfants. La liste est très longue de ces personnes dont le malheur pourrait bien être expliqué comme résultant d'un obstacle qui obstrue le chemin de la félicité. Et ils sont nombreux aussi, les mythes qui offrent une grille d'interprétation si riche.

C'est ici que l'intelligence du devin est vivement sollicitée. C'est en effet à lui de voir toutes les applications ou interprétations possibles du mythe. C'est à lui de saisir les ouvertures possibles du mythe, de saisir justement, alors que pour l'esprit non averti, elle n'est pas évidente, la relation entre le mythe et la situation réelle du consultant. Les qualités attendues du devin ne concernent donc pas seulement l'exercice de la mémoire, mais aussi et plus encore la vivacité de l'intelligence, l'aptitude à découvrir et à établir des rapports.

Mais, d'un autre côté, cette flexibilité des mythes peut être perçue comme une faiblesse du système. Qu'un mythe ne traduise pas un schème unique et fixe, cela pourrait faire le nid ou le lit à la tricherie chez les devins. Sous le couvert de cette prodigalité potentielle, le devin insuffisamment instruit peut forcer l'interprétation du mythe, et finir par faire dire à ce dernier, ce qu'il veut. La polysémie des mythes, la possibilité et la nécessité d'adapter la signification du mythe à des situations ou contextes différents, offre la latitude au devin de le manipuler à souhait, multipliant ainsi la possibilité pour le consultant d'y trouver ne serait-ce qu'un petit rapport avec sa situation réelle. En termes clairs, la flexibilité et la polysémie des mythes constituent des handicaps potentiels à la précision, à la fiabilité et surtout à la contrôlabilité du diagnostic oraculaire. Si l'on veut, des nombreuses significations que peut avoir un mythe, il est toujours possible d'en trouver une qui se rapporte, ne serait-ce que de façon anodine, à la vie du consultant, ou même de quelque membre de sa famille, et ainsi, de poser un diagnostic oraculaire qui sans être forcément faux, ne cadre pas avec l'objet principal et initial de la consultation[182].

---

[182] En toute rigueur, on ne peut affirmer que cette situation est caractéristique seulement et exclusivement de la consultation du *fa*. On pourrait même la comparer à ce qui arrive plus ou moins régulièrement dans le cadre d'une consultation

Ce que nous mettons en exergue ici, ce n'est pas la responsabilité en tant que telle du devin, mais précisément la possibilité qui s'offre à lui, du fait même de la flexibilité des mythes, de rendre un verdict oraculaire parfaitement justifiable, mais qui passe à côté de son sujet[183]. La flexibilité du mythe interprétatif permettrait ainsi au devin, quand bien même il est à côté de la plaque, de sauver son honneur, de préserver l'illusion de sa compétence et de sa réputation, ainsi que la croyance en l'omniscience et en la véracité d'*Orunmila*.

Un autre problème lié à cette flexibilité des mythes et qui pourrait mettre en cause leur fiabilité : *l'unicité du sacrifice pour une pluralité de problèmes*. En effet, si un mythe peut renvoyer à plusieurs interprétations, et donc à plusieurs diagnostics oraculaires, il ne présente jamais qu'une solution. Le sacrifice défini dans un mythe serait ainsi valable pour tous les problèmes potentiels auxquels il peut être rapporté, et ce, en dépit de la variété de ces problèmes. En réalité, la contradiction que soulève cette situation n'est pas difficile à résoudre. Les sacrifices fonctionnent comme des médicaments. Et c'est courant qu'un même médicament soit efficace pour combattre plusieurs affections.

Il ne doit rien y avoir d'illogique non plus, avec la situation inverse : une pluralité de sacrifices pour un seul problème. Les mythes 5 et 6 illustrent parfaitement cette situation. Quoiqu'ayant diagnostiqué le même problème ou besoin (le désir d'avoir des enfants), les deux mythes prescrivent des sacrifices différents. On pourrait ici exploiter le même type d'argument que celui développé un peu plus haut. Si la pharmacologie moderne met à la disposition du patient plusieurs types de médicaments pour soigner un seul mal,

---

médicale. Le médecin peut diagnostiquer un mal qui n'a rien à voir *a priori* avec ce qui a motivé la consultation. Bien entendu, cela ne signifie pas forcément qu'il est à côté de la plaque. Pourtant, la vérité de ce diagnostic ne suffit pas à valider la consultation. S'il n'existe pas un lien entre le mal qu'il a identifié et celui dont se plaint le patient, ou si à côté de ce mal "imprévu", le médecin ne diagnostique pas précisément celui qui importe à son patient, alors, la consultation n'aura pas atteint son objectif.

[183] Certes il arrive que, même en élargissant la signification d'un mythe, le devin rate son coup, et pose un diagnostic dont la fausseté ne fait l'ombre d'aucun doute pour le consultant. Mais il aurait suffi que ce diagnostic ait le plus ténu des liens avec quelque aspect de sa vie, pour que le consultant ne se sente pas autorisé à en contester l'authenticité.

il n'y a rien de curieux à ce que dans le *fa*, un seul problème puisse être réglé par deux traitements sacrificiels différents. L'exemple des mythes 5 et 6 dont nous venons de parler est, d'ailleurs, très intéressant. De même que deux médicaments censés traiter la même affection ont généralement au fond la même vertu, de même les objets sacrificiels référés dans les mythes 5 et 6 partagent une même qualité : la plante *afutu* et le bananier sont tous deux connus pour leur fécondité, leur capacité à se multiplier. Nous n'avons donc pas affaire à deux jeux sacrificiels véritablement. Au contraire, leur unité se définit dans le principe supposé de leur action.

d) La sélection du mythe adéquat

Interpréter un *fadu*, c'est établir, à partir de sa signification générale, mais en même temps au-delà de celle-ci, la signification particulière, circonstanciée et différenciée qu'elle revêt pour un consultant donné. Ce sont les mythes qui fournissent les codes de cette interprétation. Mais puisqu'à chaque *fadu* sont associés plus d'une vingtaine de mythes décrivant des situations diverses, le jeu herméneutique passe d'abord par la sélection du mythe approprié à la situation précise du consultant. Cette sélection est une phase décisive de la consultation, parce qu'elle conditionne la véracité et la fiabilité du diagnostic et donc du verdict oraculaire. Seulement, le principe de cette sélection n'est pas unifié chez les praticiens du *fa*. Comme nous l'avons mentionné au chapitre 1er, on distingue deux écoles ou traditions. L'examen des deux méthodes de sélection dégage des différences qu'il nous paraît important d'examiner.

Dans la tradition yoruba, le rôle du devin *babalawo* consiste d'abord à réciter les mythes versifiés du *fa*, précisément tous les mythes associés au *fadu* qui a été tiré pour le client. C'est alors le consultant qui, au regard de la situation qui est la sienne, identifie parmi ceux qui lui sont récités, le mythe qui semble lui correspondre. Du mythe ainsi sélectionné, le devin procède à l'explication et établit le diagnostic oraculaire assorti des recommandations et sacrifices, ainsi que, le cas échéant, un pronostic divin auquel renvoie généralement l'ensemble "diagnostic + sacrifices accomplis ou non". Dans la tradition fon-évhé par contre, la sélection du mythe adéquat est une prérogative du devin *bokonon*, non du consultant. Ledit *bokonon* n'a même pas l'obligation de réciter le mythe qu'il a sélectionné. Il lui est loisible, s'il veut gagner du temps, de passer directement à l'interprétation du *fadu*, tout en se référant mentalement au mythe qu'il a sélectionné.

D'un certain point de vue, on peut affirmer que le *babalawo* yoruba est soumis à une exigence plus grande que les autres. Sa qualification et sa réputation se mesurent à l'étendue de ses connaissances en matière de mythes. Plus il connaît de mythes, plus sa réputation en tant que devin est grande. Un répertoire de mythes peu fourni le mettrait trop vite et trop régulièrement en panne, étant entendu par ailleurs qu'il ne peut tricher en décrétant d'autorité quel mythe diagnostique vraiment le problème de son consultant. Quand on se rappelle que les mythes ne fournissent pas seulement la clé d'interprétation du *fadu*, mais définissent aussi les moyens (sacrificiels) de répondre efficacement au problème identifié, on comprend que dans le contexte yoruba, le *babalawo* yoruba doit être animé d'un souci permanent et quasi obsessionnel d'apprendre de nouveaux mythes tout en conservant ceux qu'il connaissait.

Le *bokonon* fon ou/évhé n'a pas à se faire les mêmes soucis. Parce qu'il n'a pas à se référer à son client dans l'identification de la légende à interpréter, on imagine aisément qu'en situation de consultation, il est moins exposé à être mis en difficulté. En revanche, et pour la même raison, les risques d'erreur de diagnostic sont théoriquement plus importants. Certes, comme nous l'avons vu, la flexibilité des mythes lui offre d'énormes possibilités de valider son diagnostic, de convaincre le client passablement dubitatif ou même carrément incrédule, en amplifiant à souhait l'importance des liens les plus ténus entre le verdict établi et la situation référée. Mais il y a des limites au-delà desquelles le *bokonon* ne peut forcer la flexibilité des mythes interprétatifs sans tomber dans le ridicule. On voit donc que les traditions *fon* et *évhé* imposent elles aussi des contraintes particulières que le *babalawo* yoruba ne connaît pas. Alors que ce dernier se borne à réciter les mythes, puis à interpréter celui que le consultant aura identifié, son homologue *fon* ou *évhé* doit se débrouiller "tout seul" pour découvrir le problème du consultant. On le devine, c'est à l'*intuition* que le *bokonon* s'en remet pour s'en tirer. Et de fait, l'*intuition* ou, comme on voudra, l'*inspiration* joue un rôle central dans la divination *fa* en milieu *fon* ou *évhé*. C'est probablement la qualité de cette intuition (dans laquelle Maupoil voit une "faculté métanormale") qui fait les grands *bokonon*, tel le célèbre Gèdègbé. Maupoil écrit :

> « Gèdègbé prenait souvent connaissance des êtres en des conditions où l'exercice normal du raisonnement ne donnait aucune indication, et sans qu'un état morbide justifiât cette extension spéciale de sensibilité[184]. »

Ainsi, selon qu'il est d'obédience yoruba-nago ou fon-évhé, l'aptitude du devin à interpréter correctement le *fadu* est fonction, principalement[185], de l'*érudition* ou de *l'intuition*. D'un autre côté, les deux postures dégagent des niveaux ou angles d'objectivité différents. Tout d'abord, la posture du *babalawo* de tradition yoruba dégage un certain respect de l'objectivité, relativement proche de l'orthodoxie scientifique. En effet, le *babalawo* n'invente pas l'explication du signe ou *fadu*. Il se borne à en exposer, dans le plus grand détachement, les explications possibles et dont il a connaissance, quitte à ce que le consultant, mieux au fait de sa propre situation, repère la bonne. Que par ailleurs, le *babalawo* n'éprouve aucune gêne à confesser ses limites le cas échéant, et à solliciter sans complexe l'expertise de devins mieux instruits, ceci participe de ce souci quasi obsessionnel de respecter la vérité oraculaire.

Que le *bokonon* fon n'observe pas la même procédure ne signifie pas cependant qu'il s'installe dans la subjectivité. Le souci d'objectivité est ici aussi présent que chez le *babalawo* yoruba. Aucun devin ne s'amuse avec sa réputation. Et la contre-expertise implicite que représente la satisfaction ou non du consultant inspire forcément au devin le souci de rendre un diagnostic fiable. Ici, semble-t-il, la valeur du verdict oraculaire tient de ce qu'elle est plus contestable, parce que potentiellement plus sujet à l'erreur. Nullement informé

---

[184] Maupoil, *Ibid*.
[185] Principalement, parce que les deux ne s'excluent pas absolument. Le *bokonon* fon ne se fie pas exclusivement à son intuition, pas plus que le *babalawo* ne se borne pas à réciter des récits appris par cœur.

des problèmes ou de la situation de son client, il serait plus difficile au *bokonon* de biaiser, de forcer la justification de son diagnostic.

3.4 Mythes et validation

La deuxième fonction essentielle des mythes du *fa* concerne la validation ou l'authentification de toute posture ou décision relative au système. D'une manière générale, les mythes du *fa* sont au fondement du système, et en constituent l'instance de légitimation et de validation officielle. Qu'ils soient versifiés ou contés, les mythes sont le référentiel en matière de vérité et d'authenticité, la norme au regard de laquelle peut être acceptée ou au contraire, écartée, telle ou telle posture. Même les choses les plus apparemment anodines ou routinières trouvent leur fondement et leur justification dans les mythes. Ce sont, par exemple, l'acte même de la consultation du *fa*, les moyens utilisés à cet effet, la sollicitude et la bienveillance des esprits tutélaires en général et d'*Orunmila* en particulier. Même le système *fa* dans son entièreté, trouve sa justification et sa validation, sa légitimité si l'on veut, dans et par les mythes. D'ailleurs, dans la pratique, les *bokonon* ou *babalawo* bien au fait de leur science, recourent spontanément aux mythes pour authentifier aux yeux du profane, qu'il soit un consultant ou un simple curieux, une affirmation, un interdit, ou tout autre chose. En d'autres termes, l'évocation des mythes du *fa* fait autorité et a valeur de démonstration incontestable et irrévocable.

Dans le cadre précis du procès divinatoire, le recours aux mythes du *fa* pour interpréter le signe oraculaire, identifier les sacrifices que le consultant doit accomplir, et enfin établir un pronostic, est considéré comme le gage même de la fiabilité des prescriptions faites par le devin. Etablies par les mythes, lesdites prescriptions sont plutôt l'émanation du *fa*, et non du *bokonon*, le rôle de ce dernier n'ayant été que de les transmettre. Cette considération permet de déduire qu'il y a deux niveaux de validation de l'interprétation oraculaire et des prescriptions du *fa* : un niveau *explicite* que constitue le mythe, et un niveau *implicite*, qui n'est autre que *Orunmila* ou *Ifa*, divinité tutélaire de la divination. Autrement dit, les mythes par lesquels le *babalawo* certifie ses prescriptions, n'ont de valeur que parce qu'ils portent le sceau d'*Orunmila*[186], et par là même, de la véracité divine.

Ces considérations soulèvent des questions importantes. L'affirmation de l'origine divine des mythes suffit-elle à conférer à ces derniers, un statut de validité suffisamment fiable pour servir de norme de validation ? D'un autre côté, que vaut cette affirmation de l'origine divine des mythes, dans la mesure où elle est invérifiable, tout comme la réalité du dieu censé en être l'auteur ? Comment établir l'authenticité de ces récits, dans un contexte d'oralité et donc en l'absence de copie originale ? Comment valider ces mythes nouveaux que les *babalawo* et *bokonon* disent avoir reçus dans des rêves où le dieu *Orunmila* en personne leur serait apparu ? La transcription des mythes suffit-elle à en fonder l'authenticité ?

En attendant d'examiner ces questions, nous faisons la réflexion suivante : le fait que les récits du *fa* renvoient à un temps et un lieu imaginaires et plutôt inaccessibles, le fait qu'on ne puisse référer la scène et les postures qui y sont décrites à aucun espace connu, tout cela concourt à leur conférer une fondation extra-humaine et, par là même, à les fonder en tant que vérité. Parce qu'elle ne se rapporte à aucune situation empirique précise, la vérité mythique vaudrait pour toutes les situations empiriques possibles qui cadrent avec les repères définis dans le récit. Si paradoxal que cela puisse paraître, c'est parce qu'ils réfèrent à un temps et un lieu mythiques, donc non identifiables, c'est parce qu'ils ne se rapportent pas à un espace et un temps définis (et donc particuliers en quelque sorte) que les mythes ont, dans l'économie du *fa*, une validité universelle[187].

Voilà sans doute à quelles fins et fonctions obéissent le recours à des images ou propositions *a priori* complètement ridicules du genre : "La civette a consulté le *fa*", ou "Untel a épousé la fille de Terre."

---

[186] L'analogie entre cette divinité *fa* et le dieu de Descartes est bien tentante. La question qu'il faudra examiner est de savoir si le statut épistémologique de ce "*Fa*" est strictement le même que celui du dieu cartésien, omniscient, absolument bon et incapable de tromper, et dont la nature ainsi que la réalité garantit la vérité des propositions claires et distinctes. Nous reviendrons sur cette analogie dans la troisième partie de notre travail.

[187] On peut le dire d'une manière plus banale encore : C'est parce qu'ils ne sont d'aucun lieu ni d'aucun temps, que les récits sont de tous les lieux et de tous les temps.

Voilà aussi pourquoi, sans doute, l'univers des mythes du *fa* est ouvert et dynamique. C'est ce dynamisme essentiel qui leur permet de s'adapter au contexte spatio-temporel dans lequel ils sont proférés, et ainsi de pouvoir répondre aux situations "nouvelles" et imprévues. Ainsi, les mythes du *fa* peuvent-ils intégrer des réalités modernes, et de ce point de vue, étrangères à l'univers culturel originel qui a vu naître *fa*. Le mythe sur l'avènement du train, rapporté par Julien Alakpini[188], est un exemple de cette ouverture au monde. En considérant toujours le cadre du procès divinatoire, la fonction de validation que remplit le mythe est solidaire d'autres : une fonction pédagogique, une fonction psychologique et une fonction esthétique.

La fonction pédagogique apparaît comme le prolongement et même, dans une certaine mesure, comme la fin du projet de validation. Les fonctions psychologique et esthétique semblent n'avoir elles-mêmes pour finalité que d'accompagner, de renforcer et d'assurer cette fonction pédagogique. Expliquons-nous. Lorsqu'au consultant, le *babalawo* récite un mythe du *fa*, c'est d'abord pour justifier et valider l'interprétation et les prescriptions oraculaires. Mais c'est aussi et surtout une manière plus ou moins entendue d'inviter le consultant en question à respecter les recommandations et accomplir les sacrifices éventuels à lui prescrits. Les conséquences heureuses ou malheureuses auxquelles aboutirait pour le consultant mythique, le respect ou le non-respect des prescriptions, indiquent clairement à l'endroit du consultant réel, la conduite à suivre. Dans les mythes du *fa*, sont toujours récompensés en effet, ceux qui obéissent scrupuleusement aux prescriptions et accomplissent les sacrifices recommandés. Par contre, ceux qui méprisent ces prescriptions ou trichent avec, trouvent malheur en chemin[189].

---

[188] Julien Alakpini, *Les noix sacrées : Etude complète de Fa-ahidégoun, génie de la sagesse et de la divination au Dahomey et en Afrique*, 1950. , p. 129.

[189] Ce mythe de Gbe Tchè le montre bien : « Metolonfi, désireux de régner, est allé consulter babalao. Gbe Tchè apparut et lui dit : « Tâche de rencontrer Eshu et négocie avec lui les conditions de ta réussite. »

Metolonfi s'exécuta. Eshu lui dit : « Tu sais que je suis désordonné, que je mange beaucoup et que je suis un gros perturbateur. Je suis prêt à t'aider à condition de m'offrir seize moutons une fois la besogne accomplie. » Metolonfi, le roi, n'apporta cependant que quinze moutons au lieu de seize. Il prétexta qu'à un mouton près, Eshu devait s'en contenter. Eshu ne l'entendit point de cette oreille. Il exigea le seizième mouton, mais ne l'obtint pas. Alors, il se mit à détruire le

La récitation du mythe est aussi, en quelque sorte, un conditionnement psychologique qui laisse rarement indifférent celui qui, pour avoir choisi de consulter *fa*, est tout de même préparé et disposé à obéir à ses prescriptions. La beauté et l'esthétique qui font le style du mythe, le tout renforcé par les qualités de conteur ou de chanteur du devin, concourent à captiver l'attention du consultant et à le mettre en confiance, une triple confiance en fait : confiance au *fa*, omniscient, véridique et bienveillant, confiance au récit mythique considéré comme la parole même du *fa*, confiance enfin au *bokonon* ou *babalawo* qui est censé transmettre fidèlement le message du *fa*.

Peut-être même doit-on dire, au regard des dimensions psychologique et pédagogique précisément, que les mythes visent aussi à valoriser le *fa*. Pour parvenir à ce résultat, les récits d'allure totalement mythique ne suffisent pas. Les *bokonon* ont aussi recours, quoique moins fréquemment, à des récits historiques, renvoyant à des hommes réels, acteurs d'une histoire qui n'est pas moins réelle et connue des populations. En voici un exemple :

> "*A l'époque des royautés, il était au Danhomè, un puissant et méchant roi du nom de Dan. Sa cruauté n'avait d'égal que sa ruse... Il était craint et vénéré, s'arrogeait des droits sur toutes les terres qu'il désirait approprier (sic). Il imposait sa domination à tout venant, jusqu'au jour où il fut confronté à la résistance d'un nommé Akaba Yè oun mè qui, guidé par Jogbe, réussit à le tuer*[190]."

En affirmant qu'Akaba, personnage historique réel, a été guidé par *Jogbe*, le mythe valorise le *fa* en passant au consultant, un message fort : même les causes humainement perdues peuvent trouver solution, pourvu qu'on fasse confiance à ce *fa*.

---

prestige du roi au point de provoquer sa destitution. Metolonfi avait oublié que qui pouvait le plus pouvait le moins, et que toute dette est une promesse. » (Basile Adjou-Moumouni, *Le code de vie du primitif : sagesse africaine selon Ifâ*, Cotonou, Ed. Ruisseaux d'Afrique, 2007, tome 1, p. 135).

[190] Ce récit a été recueilli et transcrit par Basile Adjou-Moumouni, *Ibid.*, p. 46. Nous avons préféré le citer tel que présenté par l'auteur, visiblement plus soucieux de restituer fidèlement le texte original dans son allure propre, que de lui imposer un style qui pourrait le dénaturer.

Chapitre 5

Savoirs et mode de communication

1 La réalité du contexte oral

1.1 Malentendus

Parler de "contexte oral" ou de "sociétés orales" appelle quelques précisions. On a généralement défini l'oralité par rapport à l'écriture, précisément comme absence ou ignorance de l'écriture. Une telle approche repose sur une configuration dualiste qui est loin d'aller de soi, et qui réfère l'oralité à l'écriture sur le mode de la négation : l'oralité renverrait à un manque dont l'écriture est censée figurer le plein.

N'est pas étrangère à cette conception, la définition traditionnelle qu'on donne de l'écriture et sur laquelle s'accordent la plupart des linguistes. « Représentation visuelle et durable du langage qui le rend transportable et conservable », selon Marcel Cohen[191], « procédé dont on se sert pour fixer le langage articulé, fugitif par essence », pour James Février[192], ou encore « technique de représentation graphique de la parole par une trace laissée sur un support conservable » comme l'écrit Claude Hagège[193], l'idée d'écriture renvoie à celle d'une parole première qu'il s'agirait ensuite de représenter afin de la rendre durable, conservable et transportable, et de contourner par là même, les écueils ou insuffisances liés à la nature du langage articulé.

L'écriture serait de cette façon un adjuvant de la parole, et sa vocation, inséparable de ce rapport à ladite parole. Et pour autant que cette vocation est de suppléer aux insuffisances de la parole, l'écriture

---

[191] Marcel Cohen, *La grande aventure de l'écriture et son évolution*, Paris, Librairie nationale, 1958, p. 1.
[192] James Février, cité par Bienvenu Akoha, « Les systèmes graphiques de l'Afrique précoloniale », in Hountondji (dir.), *Les savoirs endogènes : pistes pour une recherche*, Dakar, Codesria, p. 284.
[193] Claude Hagège, *L'homme de paroles*, Paris, Fayard, 1985, p. 72.

n'a d'existence et de définition que par rapport à cette dernière. Il est donc logique et légitime de poser que ce qui est premier, c'est le langage articulé : pour que l'écriture soit, il faut d'abord que le langage articulé soit. Ce rapport *logique* légitime un autre, *chronologique* celui-là, qui fait de l'écriture une donnée ou une invention tardive dans l'histoire de l'humanité, l'oralité étant ainsi le mode naturel et premier de communication. S'il a existé un moment où il n'y avait comme mode de communication que la parole, la notion de "société sans écriture" est, en tout cas au plan théorique, parfaitement valide et sensée.

Or l'idée de "société sans écriture", malgré son apparente évidence, n'est pas absolument indiscutable, pas plus que celle du lien logique entre oralité et écriture sur laquelle on peut la fonder. C'est ce qu'a tenté de montrer Jacques Derrida dans son ouvrage bien connu, *De la grammatologie*.

1.2 « Logocentrisme » et « pangraphisme »

Le domaine de l'écriture est, selon Jacques Derrida, plus étendu qu'on ne le croit. C'est faute d'avoir été suffisamment attentif à cette "réalité", ou c'est pour avoir délibérément choisi de l'ignorer, qu'on en est arrivé aux théories selon lui absurdes, de "sociétés sans écriture" ou encore d'une écriture conçue comme "un enregistrement phonographique de la parole". Tout commence chez Derrida, on le sait, par la dénonciation du logocentrisme (ou phonocentrisme), de ce mythe eurocentriste selon lui, qui valorise à souhait la parole et qui détermine l'écriture dans une relation de *dépendance* et en même temps de *rupture* vis-à-vis d'elle. Rien d'étonnant donc que les cibles privilégiées du philosophe français soient Lévi-Strauss et Saussure, héritiers et représentants "modernes" d'une tradition qui remonte à Platon en passant par Rousseau, et qui voit dans l'écriture, la *représentation imparfaite* d'une parole supposée pure, originelle et pleine. L'écriture serait, dans cette perspective, le troisième moment d'un développement qui commence avec la pensée. Entre cette pensée et l'écriture, dernière image de la trilogie, se trouverait la parole. Mais alors que la parole est considérée comme une représentation parfaite de la pensée, l'écriture serait une copie imparfaite de la parole, et romprait l'harmonie, de ce point de vue. L'écriture serait *travestissement* plutôt que *vêtement* ; elle serait rupture et violation d'une harmonie supposée *parfaite* entre parole et pensée. C'est cette péjoration de l'écriture que dénonce Derrida, en même temps que le logocentrisme dont elle est solidaire.

En réalité, la critique de Derrida ne consiste pas à invalider purement et simplement la thèse de l'existence d'une relation entre écriture et parole. Tout au contraire. Seulement, si cette relation existe, elle n'est pas là où Rousseau, Lévi-Strauss et Saussure ont cru devoir la situer. Pour Derrida, la relation entre parole et écriture n'est pas *hétérogène*, mais *homogène* ; elle est plutôt *intrinsèque* qu'*extrinsèque*. En gros, l'écriture ne peut être ce signifiant artificiel et allogène, ce supplément extérieur par lequel on tenterait, vaille que vaille, de représenter la parole. La démonstration de Derrida s'est faite par un détour plutôt curieux. L'auteur de *De la grammatologie* est parti d'une énorme concession faite à ses adversaires : il admet, sur le mode de l'hypothèse, que l'écriture est *dérivée* de la parole. Mais, prenant Rousseau et les autres au piège de leur propre théorie, il affirme :

> « Nous voudrions suggérer que la *prétendue*[194] dérivation, si réelle et si massive qu'elle soit, n'a jamais été possible qu'à une condition : que le langage "originel" n'ait jamais existé, qu'il ait toujours été, lui-même une écriture[195]. »

Le propos de Derrida revient à établir entre l'écriture et la parole dont elle serait dérivée, un lien de nature génétique : l'écriture ne peut provenir que de l'écriture. Elle ne peut provenir d'une chose, que si cette dernière en porte la marque (que celle-ci soit visible ou non). Tout se passe comme si, prenant appui sur les principes de la biologie moléculaire, Derrida établit le statut de la parole, à partir de l'arbre généalogique de l'écriture. En posant que la génitrice de l'écriture est la parole, cela nous conduit inévitablement à en admettre la conséquence logique : l'écriture ne pouvant naître que de l'écriture, la parole qui l'a engendrée ou qui est supposée l'avoir engendrée, est forcément et déjà écriture. C'est ce que les biologistes auraient appelé

---

[194] C'est nous qui soulignons.
[195] Jacques Derrida, *De la grammatologie*, Paris, Ed. de Minuit, 1967, p. 82.

l' « invariance reproductive »[196]. De ce point de vue, loin d'en être le travestissement, l'écriture ne serait que le prolongement naturel dans et par lequel la nature intime de la parole se révèle ; l'écriture serait tout simplement l'*épiphanie* de la parole. Une analyse de la parole prise en elle-même renforcerait cette idée : en tant qu'elle est le lieu de l'articulation, c'est-à-dire du jeu de la différence qui est précisément celui de l'écriture, la parole peut être assimilée à une écriture première, à une "archi-écriture". C'est à cette archi-écriture que Derrida fait allusion quand il écrit :

> « Si "écriture" signifie inscription et d'abord institution durable d'un signe (et c'est le seul noyau irréductible du concept d'écriture), l'écriture en général couvre tout le champ des signes linguistiques. Dans ce champ peut apparaître ensuite une espèce de signifiants institués, "graphiques" au sens étroit et dérivé de ce mot, réglés par un certain rapport à d'autres signifiants institués, donc "écrits" même s'ils sont "phoniques"[197]. »

Cette écriture première ne se donne pas exclusivement à travers la parole, mais aussi dans les peintures rupestres et autres. En tenant compte de toutes ces variantes, on imagine à quel point est inacceptable la tendance qui ne valide que l'écriture alphabétique et d'où provient l'idée tout aussi ridicule et ethnocentrique de "sociétés sans écriture". Derrida peut affirmer : « Il n'y a pas de sociétés sans écriture, sans trace, sans marque généalogique, sans comptabilité, sans archivation...[198] ».

---

[196] Cela ne signifie pas, bien entendu, qu'il faut confondre écriture et parole. Nulle part en effet, l'auteur de *De la grammatologie* n'affirme pareille équivalence. Tout au contraire, Derrida montre combien certaines formes d'activité, comme la science, seraient impossibles dans un contexte exclusivement marqué par la communication orale. La géométrie et, plus généralement les idéalités mathématiques, ne peuvent se concevoir sans le recours à la notation graphique.

[197] Derrida, *De la grammatologie*, p. 65.

[198] Derrida, in *Entretiens avec "Le monde", tome 1, Philosophie,* Paris, La découverte, 1984, p. 85.

Dans *De la grammatologie* (p. 161), il écrit: «A l'expression de "sociétés sans écriture" ne répondrait aucune réalité ni concept. Cette expression relève de l'onirisme ethnocentrique, abusant de concept vulgaire, c'est-à-dire ethnocentrique de l'écriture.»

L'analyse de Derrida est intéressante à plusieurs égards. En dénonçant et en déconstruisant la conception étriquée et ethnocentrique de l'écriture, en refusant aussi bien l' « impérialisme du logos » que celui de l'écriture alphabétique, Derrida fait voler en éclats, la notion de sociétés sans écriture, en même temps que la relation d'extranéité que l'on a cru établir entre parole et écriture. Mais la tendance à voir l'écriture partout, c'est-à-dire dans les graffiti, les arts, les peintures rupestres, et même dans le signe vocal, n'est pas pour autant irréprochable ni innocente. Par une dissolution des frontières qui ne dit pas son nom, ce « pangraphisme » peut engendrer une confusion entre réalités par nature, bien différentes. On n'a d'ailleurs pas besoin de forcer à ce point les choses pour invalider l'étiquette de "sociétés sans écriture" collée aux sociétés africaines. D'un autre côté, la critique de Derrida ne conduit pas à une meilleure compréhension du concept d'oralité ; tel n'était pas son but, certes. Mais en valorisant l'écriture, par sa critique de l'illusion d'une parole pure et du logocentrisme, en installant l'idée d'une écriture première partout présente et prégnante, marque de tout signe linguistique, Derrida remplace l' « impérialisme du logos » par un autre : *l'impérialisme de l'écriture*. Ce n'est donc pas tout à fait à tort qu'il a pu être considéré comme un "scriptophile"[199].

1.3 L'oralité : un mode propre

Des études ont montré que l'Afrique n'a jamais été cette "société sans écriture" que les ethnologues ont cru découvrir. Nous n'en évoquons qu'une seule. Dans un article paru dans *Les savoirs endogènes*[200], le linguiste béninois Bienvenu Akoha a réuni des éléments qui établissent l'existence dans l'Afrique précoloniale, de systèmes graphiques dont certains sont très développés. L'auteur cite, entre autres, l'écriture hiéroglyphique égyptienne dont les origines remontent à 3000 ans avant Jésus-Christ, le *bamoun*, créé au

---

[199] François C. Dossou, « Ecriture et oralité dans la transmission du savoir », in Hountondji (dir.), *Les savoirs endogènes : pistes pour une recherche*.

[200] Bienvenu Akoha, « Les systèmes graphiques de l'Afrique précoloniale », in Hountondji (dir), *Les savoirs endogènes : pistes pour une recherche*, pp. 283-312.

Cameroun depuis 1900 ans avant Jésus-Christ, le *vaï* et le *mende* en Sierra Léone et au Libéria, le *somalien*, l'*éthiopien*[201], et d'autres encore.

Cette vérité historique ne doit pas conduire à masquer le fait que les sociétés africaines sont et restent des sociétés orales ou, comme le dira plus audacieusement Mamoussé Diagne, des civilisations orales[202]. Elle montre cependant que « civilisation orale » ou « civilisation de l'oralité » ne saurait signifier civilisation sans écriture, et que l'oralité peut et doit être considérée comme un lieu propre, un mode propre. La dominante orale de la civilisation africaine impose des normes aussi bien au fonctionnement de la société qu'à la production et la transmission du savoir. Le *fa* n'échappe pas à cette dynamique.

2. Entre écriture et oralité

L'oralité est donc le mode dominant de production, de conservation, de protection et de transmission des savoirs et technologies en Afrique. Mode *dominant*, car, même considérés dans leur mouture originelle, traditionnelle, certains savoirs ne sont pas absolument affranchis de tout rapport avec la notation graphique. Le système divinatoire *fa* est un de ces cas plutôt atypiques.

2.1 *Fa* et écriture

Nous l'avons dit plus haut, la divination *fa* donne lieu à l'utilisation de la notation graphique des signes ou *fadu*. La question est de savoir si cette notation graphique est une écriture. Pour les acteurs mêmes du système *fa*, la question ne se pose pas. Les *babalawo* yoruba qualifient d'ailleurs les signes du *fa* de *"iwe ifa"*, c'est-à-dire littéralement, l'écriture de *fa*. Mais peut-on en toute rigueur assimiler les signes du *fa* ou leur notation à une écriture ?

---

[201] Ces systèmes graphiques auraient connu une stagnation et, finalement, un déclin sous les effets conjugués de la traite négrière (entre le XVème et le XIXème siècles), et la découverte en 1434 de l'imprimerie (Akoha, *Ibid.*).

[202] La notion de *"civilisation* orale" constitue en elle-même un progrès important au regard des schèmes anciens de l'ethnologie : la civilisation se définissait par l'écriture !

Erwan Dianteill est de ceux qui se sont penchés sur la question. Et la réponse de l'anthropologue français est sans équivoque : *le système de notation des signes de fa n'est pas une écriture*. L'argumentation qui établit cette position a consisté essentiellement à rappeler les modes d'existence connus ou reconnus d'écriture, puis à examiner à leur lumière, les signes du *fa*. Si le système graphique de *fa* est une écriture, « on doit pouvoir l'assimiler à un ensemble d'idéogrammes, à un syllabaire, ou à un alphabet[203] ». S'appuyant sur Louis-Jean Calvet, Dianteill fait remarquer qu'on pourrait être tenté d'assimiler les signes de *fa* à des idéogrammes. Ces signes satisfont en effet aux critères établis par Calvet : « pictogrammes constitués en systèmes » et plus précisément encore, « dessins représentant des objets ou des idées sans que la forme phonique de ces objets ou de ces idées soit prise en compte[204] ».

Que des peuples parlant des langues différentes les utilisent, ceci montre, selon Dianteill, que ces signes de *fa* sont indépendants de leur prononciation (forme phonique). De plus, leur loi de formation est parfaitement logique et d'ailleurs identique à celle de tous les "systèmes géomantiques". Ces caractéristiques ne suffisent pourtant pas, selon Dianteill, à élever les signes de *fa* à la dignité d'idéogrammes. Deux raisons fondamentales justifient cette réserve. Tout d'abord, les "traces dans la poussière" par lesquelles on note les *fadu*, ne permettent pas l'expression claire de *n'importe quelle idée*. Ensuite, les « odus comportent chacun un grand nombre de significations, ce qui les éloigne de l'univocité des idéogrammes ». Pas plus qu'ils ne sont des idéogrammes, on ne peut rapprocher les *fadu*, ni d'un alphabet, ni d'un syllabaire, les syllabes étant des groupes de consonnes et de voyelles se prononçant en une seule fois[205]. Dianteill en conclut :

> « Les odus d'*Ifa* ne formant ni un système logographique, dans lequel les signes notent des mots, ni un syllabaire dans lequel ils notent des syllabes, ni un alphabet dans lequel ils notent des phonèmes, *il est*

---

[203] Erwan Dianteill, *Des dieux et des signes. Initiation, écriture et divination dans les religions afro-cubaines*, Paris, EHESS, 2000, p. 240.
[204] Louis-Jean Calvet, *Histoire de l'écriture*, Paris, Plon, 1996, p. 280.
[205] Dianteill, *Ibid.*, p. 240

impossible de les utiliser pour écrire, c'est-à-dire pour représenter les mots et les idées. On ne peut les composer pour former des phrases ayant du sens[206] ».

L'argumentation par laquelle Dianteill refuse le statut d'écriture aux signes du *fa* se ramène finalement à peu près à ce syllogisme :
- Il existe trois formes d'écriture : l'idéogramme, le syllabaire et l'alphabet ;
- les signes du *fa* n'entrent dans aucune des catégories ainsi définies ;
- donc, ils ne sont pas une écriture.

Au plan formel, cette argumentation est intouchable. Elle a le double mérite d'éviter les deux pièges que sont la réduction du champ scriptural à l'écriture alphabétique, puis le "pangraphisme". Mais la réalité des signes de *fa*, de l'usage que les *babalawo* ou *bokonon* en font plus précisément, autorise à émettre quelque doute sur la validité de la conclusion de Dianteill. Nous partirons donc de cette réalité et, au lieu de référer, comme Dianteill, aux trois formes d'écriture identifiées par les linguistes, considérerons la définition générale de l'écriture validée par les mêmes linguistes, à savoir *une notation graphique dont le projet est de conserver la parole, et de la rendre durable et transportable.*

On devrait ici distinguer deux choses : les *fadu* en tant que tels d'une part, puis de l'autre, leur notation graphique sur le *fatè* (plateau divinatoire) ou sur tout autre support matériel, conservable et transportable. Cette notation n'a pas toujours lieu. La configuration que présente le chapelet divinatoire projeté au sol est un *fadu*, un message du *fa*. Il porte un nom qui peut être *oralement* proféré ou *graphiquement* noté. On contestera à bon droit que le *fadu* proclamé n'est pas une écriture. On contestera valablement aussi, sauf à faire le jeu du "pangraphisme", que la configuration présentée par le chapelet divinatoire étalé au sol n'est pas en soi une écriture. Par contre, lorsque le *bokonon* ou toute personne initiée à ce genre de notation, *inscrit* le *fadu* révélé par le chapelet et / ou proféré, il y a incontestablement écriture.

---

[206] Dianteill, *Ibid.*, p. 241.

Disons pour être plus précis, que le jeu ou le geste même de l'inscription est un acte d'écriture, tout comme mérite le nom d'écriture, le résultat dudit geste. En milieu traditionnel *fon* au sud du Bénin, certains devins remettent à leur consultant, soit une calebasse, soit même un morceau de papier sur lequel est noté, à la craie, ou au stylo, le *fadu* principal obtenu au cours du procès divinatoire. La question de savoir à quel type d'écriture renvoie cette inscription est, selon nous, secondaire, en ce sens précisément qu'elle s'inscrit dans une perspective de *classification* et non de *définition* à proprement parler. Tout comme est secondaire celle des limites de ce système graphique[207].

2.2 La dimension orale du *fa*

Au regard de ce qui vient d'être dit, il y a bien un système d'écriture dans le *fa*. Cela ne signifie pas cependant que le *fa* appartient à une tradition écrite. Pour avoir introduit l'écriture classique dans le *fa*, alors même qu'ils désignent les *fadu* du nom de *letras*, les *babalao* afro-cubains sont bien conscients des limites de ces *letras*. Et avec eux, nous sommes obligés de reconnaître que le *fa* relève du domaine de l'oralité. Sur cette dimension orale, nous nous contenterons d'évoquer ou de rappeler quelques traits.

2.2.1 *Savoir constitué et mode d'apprentissage*

Les connaissances sur lesquelles reposent le *fa* tel que pratiqué en Afrique existent dans l'élément de l'oralité : ce sont, notamment, des milliers de mythes. Comme le précise si bien Wande Abimbola, le

---

[207] Car en réalité, l'argument principal de Dianteill se résume, à la fin, aux limites des *fadu*. Si les *fadu* ne sont pas une écriture, c'est parce que, d'une part, on ne peut s'en servir pour communiquer n'importe quelle idée, et que d'autre part, un *fadu* a plusieurs significations. Ces deux arguments ne nous paraissent pas pertinents pour dénier à la notation graphique des *fadu*, le titre d'écriture. Tout d'abord, ce qui définit et valide un système d'écriture comme tel, ce n'est pas sa capacité à couvrir *tout* l'univers possible des idées exprimables. Autrement, on refuserait au système de notation spécial, propre aux mathématiques par exemple, le titre d'écriture. Ensuite, le fait qu'un *fadu* renvoie à plusieurs interprétations possibles, c'est-à-dire à plusieurs idées possibles, ne saurait remettre en cause son statut d'écriture. Ce n'est pas une caractéristique particulière du *fa*, le fait qu'un signe linguistique renvoie à une pluralité de sens.

répertoire oral de ces nombreux mythes constitue un grenier où se trouvent déposés et rangés, les croyances, représentations diverses, mais aussi les savoirs concernant des domaines aussi divers que l'histoire, l'art médical et bien d'autres encore[208].

L'apprentissage se fait dans l'élément d'oralité. Le seul canal par lequel le *bokonon* ou *babalawo* transmet le savoir à son élève, c'est celui de l'oralité. On imagine bien que la mémoire est fortement sollicitée dans la mesure où, contrairement à ce qui a cours dans la tradition écrite, les élèves ne peuvent compter ni sur des livres, ni sur des cahiers[209] dans lesquels ils auraient pu noter l'enseignement reçu, histoire de les consulter plus tard, pour une compréhension et une assimilation mieux assurées.

2.2.2 Procès divinatoire et communication

Le procès divinatoire *fa* se déroule sous le mode oral, sauf qu'à la fin, le *bokonon* ou *babalawo* peut noter sur un bout de papier, le signe ou *fadu* obtenu, qu'il remet au consultant. Cette possible et brève incursion dans le monde de l'écrit obéit à une vocation mnémotechnique. Il nous plaît de rapporter l'explication que nous en a donnée un *bokonon* :

> « Le consultant pourrait ne pas avoir les moyens d'accomplir sur-le-champ, les sacrifices prescrits. Or le risque de ne pas se rappeler tous les éléments qui doivent composer le sacrifice n'est pas à exclure. Le consultant peut aussi oublier les conseils et recommandations que le *fa* lui a faits. Dans tous les cas, il lui suffit de me ramener le bout de papier

---

[208] Abimbola s'est intéressé précisément aux mythes yoruba du *fa* pour montrer la richesse de la poésie orale africaine. Et justement, au regard du répertoire de chants poétiques qui l'accompagne, le système *fa* est, en tout cas selon Abimbola, une preuve de l'ingéniosité par laquelle les peuples "sans écriture" (non-litterate peoples) conservent et transmettent leurs croyances, et plus généralement, leur philosophie. C'est dans et par ces textes oraux, ces poèmes patiemment appris par les *babalawo* et "fidèlement" transmis à leurs disciples, que se maintiennent les éléments d'une culture dont l'absence de l'écriture ne remet en cause ni la complexité, ni la pérennité (Wande Abimbola, *Ifa divination poetry*, New York, London, Lagos, 1997, page v).

[209] Quand Maupoil parle d'un "cahier de brouillon" mis à la disposition de l'élève *bokonon*, il fait plutôt allusion au chapelet divinatoire non consacré, fait de morceaux de calebasse et avec lequel l'élève en question doit s'exercer à la production des *fadu* ou signes de *fa*.

sur lequel a été noté le signe. Après avoir consulté ce papier et lu le *fadu* qui y est noté, je rappelle à l'intéressé ce qu'il a oublié. »

Ce propos nous inspire un bref commentaire, sur deux points. Premièrement, le risque de l'oubli est perçu et reconnu ; mais il est intéressant de remarquer que ce risque est rapporté ici à la personne du consultant et non au devin *bokonon*. Deuxième chose : on pourrait comparer le signe inscrit sur papier, non à une ordonnance médicale, mais précisément au résultat d'un examen médical. Le patient qui oublie les médicaments qu'il doit acheter et prendre, peut bien se les faire rappeler en montrant à nouveau le résultat des examens qu'il a subis. La comparaison est un peu forcée, certes ; elle comporte précisément un trou. En effet, le *bokonon* est à la fois spécialiste diagnosticien et thérapeute. Il aurait donc dû faire suivre le résultat du diagnostic d'une "ordonnance" rédigée. L'ignorance de l'écriture ou les habitudes expliquent sans doute qu'il ne le fasse pas.

2.2.3 La fonction magique de la parole

L'une des fonctions les plus spécifiques de la parole dans les savoirs traditionnels est la vertu magique qu'on lui prête dans certaines circonstances. Elle est particulièrement valorisée dans le *fa*. Tout d'abord, la prière liminaire que le *bokonon* ou *babalawo* adresse aux différents esprits constituerait un moyen de "réveiller"[210] ces esprits et de placer le procès divinatoire sous leur contrôle. C'est la présence de ces esprits ainsi appelés par la prière, qui assure que les signes ou *fadu* proviennent de *Fa* et non du hasard.

Mais la fonction magique de la parole se manifeste plus encore dans les incantations. Nul n'a mieux que Verger, insisté sur l'importance et le caractère sacré de la parole dans le système *fa*. Son ouvrage célèbre, *Ewé : le verbe et le pouvoir des plantes chez les Yoruba*, se veut une restitution partielle des savoirs qu'il a acquis par son initiation au *fa*, auprès des *babalawo* de Ketu[211]. *A priori*, il n'y est pas question précisément de *fa*. L'auteur présente plutôt des recettes

---

[210] La prière adressée à *Ifa* par les *babalawo* yoruba dit ceci : "Réveille-toi, *Ifa*, ô Orunmila…", cf Bascom, *Ifa divination*…, p. 37.

[211] Ville du Sud-Est du Bénin, peuplée de Yoruba partageant avec ceux du Nigéria tout proche, la même tradition dont par exemple, celle du *fa*.

médicinales et magiques que lui ont enseignées ses maîtres. L'intérêt de ce travail ici est toutefois grand : l'utilisation desdites recettes, généralement à base de végétaux, s'accompagne de paroles incantatoires qui font partie du système *fa*, et que seuls les *babalawo* sont censés maîtriser. A en croire la tradition que rapporte Verger, les recettes ne seraient efficaces qu'accompagnées de ces paroles précises, proférées sans altération : « La préparation de remèdes et de "travaux" à base de plantes et d'ingrédients divers doit *obligatoirement* être accompagnée de certaines incantations, *ofo*, sans lesquelles, en principe, ces "travaux" et remèdes n'agiraient pas[212] ».

Nous sommes ici au cœur d'une croyance que l'orthodoxie scientifique ne reconnaît pas, mais qui est loin d'être, soit dit en passant, une spécificité africaine : la force du verbe, l'influence positive (ou négative, dans d'autres cas) que peut avoir sur une personne, un animal ou une chose, la parole prononcée ! Il existerait un déterminisme, évidemment inconnu du public profane, et qui confèrerait à des paroles données, proférées dans des conditions précises, la vertu d'agir sur l'univers physique, biologique ou mental, et d'en modifier la structure ou d'en influencer le développement. Les incantations, *ofo* en yoruba, *gbesa* ou *gbesisa* en fongbe, auraient dans le cas des recettes médicinales présentées par Verger, un effet magique qui induit des réactions appropriées et qui concourt à rendre lesdites recettes aptes à déployer leur vertu[213].

Les caractéristiques qui viennent d'être ainsi mentionnées, ne sont pas vraiment spécifiques au *fa*. Elles donnent, à notre avis, une image de ce que sont en général les productions intellectuelles dans les civilisations orales. Mais elles donnent aussi la mesure des problèmes, des défis particuliers que représentent la conservation et la transmission d'héritages culturels et intellectuels, sans le secours de l'écriture. La question est justement de savoir comment des corpus aussi importants que les mythes du *fa* ont pu survivre au temps, et traverser des siècles, constituant pour les populations concernées, ce qu'Abimbola appelle métaphoriquement un « grenier de la culture traditionnelle ». Comment comprendre qu'à l'image des milliers de

---

[212] Verger, *Ewe ...*, p. 23.

[213] Verger ne se prononce pas sur l'efficacité ou non de ces *ofo* ou incantations.

mythes du *fa*, certains corpus de la tradition orale africaine aient été sauvés de l'oubli, et ce, sans le secours de la notation graphique ?

2.3 Stockage et transmission

Les sociétés humaines n'auraient pu survivre si elles n'avaient développé des mécanismes de sauvegarde de leurs recherches et savoirs, de leur patrimoine intellectuel et technologique. Considérant que cette assertion n'admet pas d'exception, on est obligé de poser l'hypothèse que les sociétés orales disposent, elles aussi, de techniques efficaces qui assurent sédimentation et « être-à-perpétuité[214] » aux savoirs, permettant à ces derniers de traverser les âges, même s'il est difficile de dire, le cas échéant, quel degré d'altération ces savoirs ont pu connaître. Nous examinerons ci-après quelques-uns de ces moyens ou techniques.

2.3.1. Potions et préparations magiques

La croyance populaire veut que ceux dont la profession exige une bonne mémoire, recourent à l'usage de préparations "magiques". Ces potions garantiraient une fiabilité absolue de la mémoire[215] et constitueraient ainsi des antidotes contre l'oubli. Au fait, il ne s'agit pas d'une simple croyance ou d'une idée fantaisiste : dans les milieux ruraux et de plus en plus dans les cités urbaines, les spécialistes de la médecine dite traditionnelle proposent aux clients, des potions "magiques" qui auraient la vertu de développer la mémoire[216].

Des auteurs créditent aussi la thèse de "potions magiques". Nous évoquerons l'un d'entre eux : Laye Camara[217]. Dans *Le maître de la parole*, le célèbre auteur guinéen explique les performances exceptionnelles des "griots authentiques" par une préparation tout aussi exceptionnelle de leur mémoire. Voici décrit le processus de fabrication de cette potion qui prépare la mémoire du futur griot :

---

[214] L'expression est de Husserl.
[215] François C. Dossou, « Ecriture et oralité dans la constitution et la transmission du savoir », in Hountondji (dir.), *Les savoirs endogènes : pistes pour une recherche*, pp. 269-270.
[216] Il nous est impossible de nous prononcer sur l'efficacité de ces produits, en l'absence d'études sur la question.
[217] François Dossou développe la même idée dans son article cité plus haut.

« Le marabout écrit le verset coranique approprié sur une ardoise qu'il lave ensuite. L'eau recueillie sert à la cuisson de "l'intelligence du bœuf[218]" qu'il ne reste plus qu'à faire consommer avec du couscous, à l'aspirant griot[219] ».

Cet exemple suscite tout de même quelques réflexions. Le recours au coran dont des versets sont reproduits, c'est-à-dire transcrits, puis "consommés", ne traduit-il pas, après tout, une dévotion sinon une allégeance à l'écrit, et plus précisément à l'écrit saint ? Il y a là, semble-t-il, quelque chose comme un paradoxe. Pour pouvoir se passer de l'écriture dans l'exercice de sa mémoire, le griot a d'abord recours à la même écriture qu'il consomme, symboliquement ! D'un autre côté, nous sommes en présence d'un syncrétisme où il est difficile de se prononcer avec assurance sur l'origine réelle (arabe ou guinéenne) de la pratique décrite par Camara. Enfin, l'auteur guinéen ne précise pas le verset dont il est question, ce qui signifie sans doute qu'il est secret et connu du seul marabout. Un indice de l'ésotérisme, que nous analyserons plus loin.

Dans le *fa*, on a également recours à ce genre de préparation rituelle. Il ne s'agit pas toujours de potions à prendre. Maupoil rapporte dans son livre qu'un nouvel élève admis chez Gèdègbé doit, après avoir offert un sacrifice à *Legba*, lui adresser la prière que voici : « Donne-moi dans la nuit et dans la journée de ne point oublier ce que l'on va m'apprendre. Puissé-je, lorsque j'invoquerai ton nom, me souvenir des leçons apprises[220] ».

2.3.2. La "*solidarité mnémotechnique*"

C'est en quelque sorte une forme active de la mémoire collective. Nous aurions pu l'appeler "activation ou réactivation collective du souvenir". Le mécanisme que nous désignons ici ne se réalise pas toujours sous le même mode, mais renvoie généralement à un processus où les mémoires individuelles se relayent, se *contrôlent* mutuellement, garantissant ainsi une reconstruction du souvenir avec un risque relativement réduit de se tromper. Ce genre de mécanisme s'observe généralement dans le cadre de l'exécution des rites.

---

[218] L' « intelligence du bœuf » désigne un nerf voisin de l'œsophage du bœuf.
[219] Laye Camara, *Le maître de la parole*, Paris, Plon, 1978, p. 31.
[220] Maupoil, *La géomancie à l'ancienne Côte des esclaves*, p. 131.

Au cours des grandes cérémonies de *fa* dites *fanuwiwa*, le *fadu* obtenu donne l'occasion de réciter les différents mythes associés à ce signe, ce qui permet aux uns et aux autres de réajuster leurs connaissances, de réactiver le souvenir des mythes appris. Mais les séances de réactivations sont plus fréquentes et plus systématiques chez les *babalawo* yoruba. Au Nigéria en effet, ceux-ci se réunissent une fois par semaine pour discuter et surtout se ressourcer. On récite, au cours de ces réunions hebdomadaires, les mythes, ce qui ravive les enseignements reçus[221].

2.3.3. La "dramatisation" ou "mise en scène"

Tous les moyens examinés jusque-là, peuvent être considérés comme des adjuvants du langage articulé. Mais la lutte contre l'oubli dans les civilisations orales ne repose pas que sur ces moyens que l'on peut dire, externes ou extérieurs au discours oral. Dans son ouvrage *Critique de la raison orale*, le philosophe sénégalais Mamoussé Diagne présente une étude originale qui éclaire d'un jour nouveau, le processus de conservation des corpus de savoirs dans les civilisations orales. Rejetant la catégorisation négative de l'oralité, Diagne affirme qu'il doit exister un ensemble de mécanismes remarquables, efficaces, « gouvernant la production, l'archivage et la transmission du savoir individuel et collectif, irréductibles à ceux qu'on trouve dans une civilisation scripturaire[222] ». Il s'agit donc de mettre en évidence ces mécanismes implicites, il s'agit de déterminer « comment la civilisation de l'oralité dit, ce qu'elle dit, et pourquoi elle dit ainsi ».

En examinant un certain nombre de formes de récits, à savoir, notamment, les proverbes, les dictons, les contes et les mythes, Diagne découvre cette caractéristique propre et essentielle de l'oralité : *la mise en scène ou dramatisation*. Il précise que cette dramatisation est, en tant que mode d'expression de l'idée, une donnée fondamentale, non le résultat d'un écart de rhétorique contingent. Il faut donc croire que c'est le contexte de l'oralité qui,

---

[221] "In Lagos, this development has been more or less modelled along Christian pattern. The weekly meetings are held like the Sundays services in Church with reading lessons, preaching of sermons, chanting of hymns." (Abimbola, *Sixteen great poems of Ifa*, Unesco, 1975.

[222] Mamoussé Diagne, *Critique de la raison orale : Les pratiques discursives en Afrique noire*, Paris, Karthala, 2007, p. 121.

par sa nature spécifique, impose à ceux qui s'y situent, ce jeu de dramatisation : qui choisit le mode oral d'expression s'y plie. Mais les contraintes spécifiques que l'oralité impose à qui y recourt, ne remettent pas en cause la liberté créatrice du sujet, du locuteur. Si l'idée est virtuellement une scène, un spectacle, la tâche de l'émetteur consiste à déployer les potentialités qu'elle recèle, à les ordonner sous une forme dramatisée, et grâce à cette figuration, à en rendre accessible le contenu. C'est précisément cette forme dramatique originaire façonnée par l'art personnel du sujet, qui en rend faciles, aussi bien la captation que la mémorisation. L'extrait suivant résume la pensée du philosophe sénégalais :

> « Le contexte de l'oralité impose, de toute façon, à l'idée qui veut s'y exprimer, les règles d'un jeu auquel il est difficile, voire impossible d'échapper. Ce jeu qui impose sa rigueur dès l'en-deçà de l'énonciation, de tout vouloir-dire, contraint l'idée à ne s'exprimer que dans et par la médiation d'une théâtralisation organisée à cette fin. Mais comme l'esprit ne subit pas passivement ces contraintes, la variété des ressources dont il use préserve sa marge de liberté créatrice qui est précisément celle de l'imaginaire[223]. »

Quand on examine bien les textes des mythes du *fa*, on découvre effectivement que la mise en scène y est fortement présente et constitue, en tant que "ruse de la raison orale", un vecteur mnémotechnique interne. Nous l'avons vu, les mythes du *fa*, que ce soit sous la forme poétique caractéristique de la tradition yoruba, ou dans la configuration contée propre aux cultures fon et evhé, se présentent comme des mises en scène.

2.3.4. La fonction ésotérique de l'oralité

Autant que la crainte de l'oubli, la divulgation des savoirs, du moins de certains types de savoirs, a dû constituer une hantise des sociétés orales. Tout ne peut être transmis à tout le monde. Telle est, semble-t-il, la règle de cet ésotérisme sélectif si l'on peut dire, caractéristique sans doute de la plupart des sociétés traditionnelles

---

[223] Mamoussé Diagne, *Ibid.*, p. 121.

africaines, et peut-être même, de toutes les sociétés[224]. La question est alors de savoir comment concilier les impératifs apparemment incompatibles de la *transmission* et de la *protection*. Comment transmettre sans divulguer ? Comment éviter que tel savoir ne tombe entre les mains de celui à qui il n'est pas destiné[225] ?

Le premier moyen utilisé dans ce cadre est tout de même banal : le silence. La loi du silence s'applique en fait aussi bien aux savoirs initiatiques qu'à des connaissances ou pratiques dont le détenteur ou spécialiste préfère garder le monopole. Le lieu de transmission de ces savoirs, on s'en doute, ce sont les couvents, les centres d'initiation, où il ne s'agit pas que d'apprentissage au sens classique d'acquisition de connaissances, mais aussi d'éducation à des valeurs, de formation au caractère et à la discipline de groupe.

Laye Camara rapporte une situation intéressante qui montre que le discours oral peut s'adresser à des personnes occupant des niveaux différents dans la position de destinataire. Le discours du griot comporte deux messages, deux "vérités", l'une superficielle, sciemment créée, destinée à amuser l'auditoire, l'autre profonde « plus proche de la vérité, de la vérité difficile à déceler pour le profane[226]. » Le discours du griot obéit donc à la logique d'une double sélection[227] à la faveur de laquelle est transmis à chaque catégorie de destinataires, le message prévu, alors inaccessible aux autres. Il serait juste de voir dans cette double face du jeu oratoire, non une manipulation frauduleuse de l'histoire, mais bien une sélection motivée par des raisons absolument pertinentes. Le griot n'est pas une machine à restituer mécaniquement les histoires. Il doit faire preuve de suffisamment de doigté, démontrer sa capacité à gérer le secret relatif à des événements douloureux, ou à des informations sensibles sur certaines familles ou personnalités, et dont la diffusion

---

[224] Voir Jean Jamin, *Les lois du silence : essai sur la fonction sociale du secret*, Paris, Ed. François Maspéro, 1977.

[225] Dah-Lokonon, « Les faiseurs de pluie : mythe et savoir dans les procédés traditionnels de gestion de l'atmosphère » in Hountondji (dir.), *Les savoirs endogènes, pistes pour une recherche*, Dakar, Codesria, pp 77-105.

[226] Laye Camara, *Ibid.*, p. 22

[227] On retrouve une analyse analogue chez Henriette Diabaté : dans le jeu oratoire du griot, l'historienne ivoirienne distingue en effet deux histoires, l'une "ouverte", accessible, l'autre "fermée", inaccessible au profane (Diabaté, citée par Mamousse Diagne, *Ibid.*, p. 300).

pourrait mettre à mal le tissu social. Savoir parler, c'est donc aussi savoir taire, c'est maîtriser le double mécanisme de la *parole qui se tait* et du *silence qui parle*.

3. Le passage à l'écriture

3.1 La tradition orale a-t-elle besoin de l'écriture ?

Il faut d'abord prouver que la tradition orale a besoin de l'écriture. Or cela ne va pas de soi quand on fait une certaine lecture de ladite tradition, réalité plus complexe qu'on ne l'a cru jusqu'à une époque, reposant sur des mécanismes appropriés permettant de réaliser des performances qu'on a imprudemment déclarées impossibles sans le recours à la notation écrite.

La posture de Babou Condé montre que l'oralité n'est pas toujours vécue par les acteurs directs comme un refuge, comme un instrument dont on se contente faute de mieux, mais plutôt comme un mode délibérément choisi, parce que certainement approprié pour les fins visées. Laye Camara fait remarquer que le célèbre griot, « détenteur de la chaire de l'histoire » de son peuple, ne transcrivait jamais ses récits. Ce n'est pourtant pas par ignorance de l'écriture : Babou Condé était « fin lettré en arabe »[228]. Le texte de Laye Camara reste malheureusement muet sur les raisons qui expliquent l'attitude de Babou Condé. Etait-ce par simple souci de respecter la tradition ? Ou parce que le célèbre griot jugeait l'écriture indigne d'assumer la charge de la conservation et de la transmission de l'histoire, ou incapable d'en assumer la fonction magique ?

Les propos suivants, d'un autre griot, pourraient peut-être nous éclairer : « D'autres peuples se servent de l'écriture pour fixer le passé, mais cette invention a tué la mémoire chez eux ; ils ne sentent plus le passé, car l'écriture n'a pas la chaleur de la voix humaine. Chez eux, tout le monde croit connaître alors que le savoir doit être secret[229]. » Dans cet extrait, la valeur de l'oralité est affirmée au détour d'une péjoration de l'écriture, d'une stigmatisation des défauts de

---

[228] Laye Camara, *Ibid.*, p. 29.
[229] Djibril Tamsir Niane, cité par Mamoussé Diagne, *Critique de la raison orale*, p. 40.

l'écriture : non seulement cette dernière ne peut produire le même effet que l'oralité, pur jaillissement et parole vivante, mais elle contribuerait à tuer la mémoire[230], et surtout à violer le savoir dans ce qui en fait la nature même. Au regard de ces défauts, l'écriture ne serait pas seulement inutile, mais aussi nocive. Autant maintenir la tradition orale loin de ses effets. Derrière ce genre de critique, on pourrait lire le souci de maintenir la tradition orale vivante, d'éviter qu'elle perde sa richesse, qu'elle se dénature au contact de la "scripturalité".

En résumé, la tradition orale se suffirait à elle-même, et de ce point de vue, n'aurait pas besoin de l'écriture. Mieux, elle devrait être préservée, sous peine de dénaturation irrémédiable, de tout contact avec l'écriture. La thèse de la nocivité de l'écriture trouve un appui de taille chez Lévi-Strauss. Dans *Tristes tropiques*, plus précisément dans le chapitre intitulé "Leçon d'écriture", l'oralité n'est pas valorisée en elle-même, mais indirectement, par une mise en perspective particulièrement critique de l'écriture, notamment des pouvoirs que la société contemporaine lui confère. Lévi-Strauss ne croit pas en l'existence d'une relation essentielle entre écriture et connaissance. Pour l'auteur de *Tristes tropiques*, l'écriture n'est pas indispensable à la constitution du savoir ; même si on doit reconnaître qu'elle multiplie prodigieusement les possibilités de sauvegarder et de préserver les connaissances. L'argument principal est tiré de l'histoire. Le néolithique (8000 ans avant Jésus-Christ) fut, selon Lévi-Strauss, une des périodes les plus créatrices de l'histoire de l'humanité. Pour parvenir à développer l'agriculture et à domestiquer les animaux, il a fallu, précise l'anthropologue, que pendant des millénaires, de petites collectivités « observent, expérimentent, et transmettent les fruits de leurs recherches et réflexions »[231]. Cette activité scientifique s'est déroulée avec rigueur et continuité, alors que l'écriture était inconnue. Cette dernière ne sera inventée que 3000 ans plus tard. La conclusion de l'anthropologue français : il est absurde d'ériger l'écriture au rang

---

[230] On retrouve cet argument dans le *Phèdre* de Platon. L'écriture est un remède pour la remémoration, mais en quelque sorte, un poison pour la mémoire, pour l'âme que le défaut d'exercice risque de rendre oublieuse. Voir aussi F. Dossou, *ibid.*, p. 270 : « Tout est fait pour démolir la mémoire ».
[231] Claude Lévi-Strauss, *Tristes tropiques*, Paris, Plon, 1955, p. 352.

de condition pour la production et le progrès scientifiques. Bien au contraire, l'ordre chronologique de leur avènement suggère une relation logique plutôt inverse : née 3000 ans après la révolution scientifique du Néolithique, l'écriture serait plutôt un *résultat* lointain du progrès scientifique, non sa *condition*. La véritable fonction de l'écriture doit donc être cherchée ailleurs. Selon Lévi-Strauss, l'écriture sert à accroître le pouvoir et le prestige. C'est plus exactement un instrument d'asservissement, d'exploitation de l'homme par l'homme, un moyen d'exercer un contrôle efficace sur les citoyens[232].

Inutile pour l'activité intellectuelle et technologique, nuisible et nocive pour la vie sociale (dans la mesure où son irruption dans la cité correspond à la naissance de la perfidie et de la ruse[233]), l'écriture n'aurait rien à apporter aux sociétés orales. D'en avoir été privées constituerait au contraire une chance énorme que ces dernières gagneraient à préserver[234].

Il est difficile de ne pas voir dans cette analyse, une dévaluation et une péjoration plutôt exagérées de l'écriture. Elle semble traduire à la fois une "verbophilie"[235] et une certaine "scriptophobie". Verbophilie dans la mesure où le verbe est excessivement valorisé, mais scriptophobie également en ce sens que l'écriture est considérée comme un danger que les sociétés orales devraient craindre. Une chose est sûre, pourtant : la tradition orale et la tradition écrite ne sont pas superposables. Mais s'il est vain et même inutile de vouloir

---

[232] Lévi-Strauss voit dans l'action systématique des Européens pour l'instruction obligatoire, un souci de renforcer ce contrôle : « La lutte contre l'analphabétisme se confond avec le renforcement du contrôle des citoyens par le pouvoir, car il faut que tous sachent lire pour que ce dernier puisse dire : nul n'est censé ignorer la loi » (Lévi-Strauss, *Ibid*, p. 355).

[233] Lévi-Strauss salue la « clairvoyance » des Indiens Nambikwara qui se sont désolidarisés de leur chef, quand celui-ci a voulu « jouer la carte de la civilisation ». Selon Lévi-Strauss, ils comprirent confusément que « l'écriture et la perfidie pénétraient chez eux de concert ». (Lévi-Strauss, *Ibid.*, p. 360).

[234] On trouve chez d'autres auteurs, non pas forcément des prises de position aussi radicales, mais des interrogations sur l'intérêt réel pour les sociétés orales, d'adopter l'écriture. Claude Hagège écrit dans *L'homme de paroles* : « Mais cette écriture que les hommes ont inventée pour leur plus grand bonheur est-elle assurée d'un avenir si brillant, que ceux qui en sont privés soient fondés à tant la convoiter ? »

[235] Hagège, *L'homme de paroles*, Paris, Fayard, 1985.

substituer l'une à l'autre, il est également injustifié de les tenir pour disjointes, c'est-à-dire rigoureusement fermées l'une à l'autre, sans le moindre passage possible de l'une vers l'autre[236]. Reconnaître les forces et l'originalité de la tradition orale n'interdit pas d'envisager le recours à l'écriture pour gérer et, dans une certaine mesure, traiter les corpus originellement produits et transmis dans l'élément de l'oralité. Vouloir préserver à tout prix le domaine de la tradition orale, de la contamination ou de l'impérialisme supposé mutilant de l'écriture, c'est verser dans une fascination exagérée du verbe, qui a tout l'air d'être une vision plutôt romantique et "écologiste".

Deux raisons au moins militent en faveur de l'ouverture à l'écrit. D'un côté, dans une Afrique en pleine mutation, où la relève est de moins en moins assurée de ces gardiens de la tradition orale et des savoirs ancestraux, la tâche de la récupération desdits savoirs apparaît comme un impératif. Ensuite, lorsqu'on considère la science dite moderne ou occidentale, on imagine mal qu'elle puisse se construire et se développer dans l'élément exclusif de l'oralité. Serait-ce vraiment utopique d'espérer que le passage à l'écriture contribuera à faire progresser ces savoirs ancestraux, à les faire gagner en rigueur et performance, à en faire la rampe de lancement d'une pratique scientifique plus ambitieuse ?

3.2 La récupération critique des savoirs

La récupération, puis l'enregistrement, la transcription plus précisément des corpus de connaissances de la tradition orale sont indiscutablement, aujourd'hui, une tâche urgente, au regard de la menace de disparition qui pèse sur lesdits corpus. Plusieurs auteurs ont affirmé cette nécessité[237]. Cette œuvre de collecte et de

---

[236] Le linguiste béninois Bienvenu Akoha écrit : « Il faudrait commencer par éviter le piège qui consiste à opposer oralité et écriture comme deux réalités qui s'excluent réciproquement…Ecriture et oralité sont deux réalités qui se complètent au niveau de la langue. Du reste, dans aucun pays, chez aucun peuple, la pratique de l'écriture n'a jamais empêché la "langue parlée" et la tradition orale de survivre et de se développer. » (« Oralité et écriture. Pourquoi et comment transcrire la tradition orale ? », in *Langage et devenir*, n°s 4 & 5, Cotonou, Octobre 1988, p. 68).

[237] Au nombre de ceux-ci, sinon au premier rang, Paulin Hountondji, qu'une lecture curieusement réductrice et même à la limite mutilante a cru devoir ranger dans la catégorie des pourfendeurs de la tradition orale africaine.

récupération devra être la moins sélective possible[238], pour la simple raison que derrière le corpus le plus anodin en apparence, peut se cacher le savoir le plus pointu et le plus complexe. Les mythes du *fa* en sont un exemple, tout comme les noms qu'on donne aux plantes dans bien d'autres sociétés africaines. Des expériences de transcription, et plus globalement d'ouverture à l'écriture existent à propos de ces deux corpus. L'analyse de celles-ci nous permettra de repréciser l'enjeu même du passage à l'écriture et quelques-uns des défis nouveaux qui en résultent.

3.2.1 Le fa à l'école de la tradition écrite

L'introduction du *fa* dans les pays tels que les Etats-Unis, le Brésil, et Cuba s'est accompagnée de réformes dont la plus visible et la plus significative concerne le recours à l'écriture. L'intégration du système *fa* à la tradition écrite est l'œuvre des *babalao* afro-cubains. Cela ne signifie pas que les *bokonon* ou *babalawo* africains ne recourent pas du tout à l'écriture. Mais dans sa mouture originelle africaine, le *fa reste un corpus de tradition orale*, même si sa pratique implique parfois, pour la notation des signes, le recours à un système graphique.

L'une des innovations majeures à Cuba, c'est la constitution d'une littérature spécifique du *fa*, littérature qui a ceci de particulier qu'elle est l'œuvre des acteurs directs du système *fa*, précisément des *babalao*, ceux-là qui, du fait de leurs formation et statut, en sont les dépositaires "terrestres". Il ne s'agirait donc pas d'une littérature *sur* le *fa*, mais plutôt d'une littérature du *fa* ; c'est du moins l'ambition et la prétention de ceux qui l'ont mise en place. Dianteill a identifié une bonne douzaine de livres édités dans ce registre. Tous ne sont pas signés de leurs auteurs. Certains auteurs portent des noms empruntés

---

[238] C'est un peu une inversion de la posture cartésienne du doute hyperbolique que nous suggérons ici. Parce que son projet était de parvenir à des vérités apodictiques, Descartes a cru prudent de procéder à une mise à sac de toutes les idées qu'il a reçues ou qu'il s'est faites jusqu'alors, entendu que même les plus vraisemblables pouvaient être fausses. Le doute radical mais provisoire vise justement à s'assurer qu'on ne court pas le risque de prendre pour vrai ce qui est plutôt faux (*Méditations métaphysiques*). La récupération des corpus de la tradition orale ne saurait s'accommoder d'une telle posture. Tout au contraire, le risque de perdre des corpus pertinents impose de commencer par récupérer tout ce qui est susceptible de l'être. L'épreuve du doute devra donc s'exercer après, non pas avant.

à des signes du *fa*[239]. Les ouvrages sont classés en deux catégories. La première regroupe les "manuels de divination", la seconde, les "manuels spécifiques du culte d'*Ifa*". Au nombre de six au total, ces derniers décrivent soit l'initiation, soit la composition des offrandes. Nous évoquerons ici, à titre indicatif, quatre titres, soit deux par catégorie.

- Manuels de divination

- Marcos Antonio Gonzalez, *Tratado encyclopédico de Baba Ejiogbe (tomo 1)* : Volumineux de 488 pages, ce livre est exclusivement consacré au premier signe de *fa* (*Ejiogbe* ou *Jogbe*). "Compilation de toutes les sources disponibles", on y retrouve, entre autres, la traduction espagnole de *Ifism : the complete work of Orunmila*, un livre du Nigérian Cromwell Osamaro Ibie[240].

- Ochundei, *Tratado de Odduns de Ifa*. Plus volumineux encore que le précédent, cet ouvrage est aussi plus ambitieux. Il présente en effet tous les signes du *fa* ainsi que leur signification.

- Manuels spécifiques de culte *d'Ifa*

- Marco Antonio Gonzalez, *Tratado encyclopedico de los orichas-ala mito Ifa gualorun*. On y trouve des informations sur quatorze orishas. Les rites qui y sont présentés se rapportent tous au culte d'*Ifa*, étant donné qu'ils nécessitent l'inscription du signe d'*Ifa*.

- Ojuani Oche, *Religion yoruba-Ifa. Manual para ebos*. On y trouve notamment des informations relatives à la préparation des offrandes.

Un détail important : Les manuels de *fa* ne sont pas des ouvrages de vulgarisation, mais des outils de travail exclusivement destinés aux initiés ainsi qu'aux apprenants. Quelle en est alors la fonction ? La rédaction et la publication de manuels du *fa* - dont certains portent le titre suffisamment évocateur de "Traité" (*Tratado* en espagnol)-,

---

[239] S'agit-il d'une manœuvre destinée à voiler le vrai nom ? Il serait imprudent de l'affirmer. Il est plus probable que ce soit les noms de baptême des personnes concernées. La pratique est en effet courante chez les *babalao*, soit de faire accompagner leurs anciens noms par celui que leur confère l'initiation, soit d'adopter carrément ce dernier. Une chose est certaine, le fait de signer un ouvrage d'un nom d'initié valorise ledit ouvrage aux yeux du lecteur averti.

[240] Osamaro Ibie, *Ifism : the complete work of Orunmila*, Lagos, Efehi Ltd, 1986.

répondent à deux motivations complémentaires. Il s'agit d'une part, de fixer les règles de fonctionnement du système, et d'autre part, d'éviter aux *babalao* d'être dépendants d'une mémoire qu'on sait faillible. La fonction mnémotechnique de ces textes est solidaire de celle de la fixation des repères. La lutte contre l'oubli est en même temps la lutte contre la distorsion ou la déformation des règles et pratiques. En offrant aux initiés la possibilité de consulter à loisir les règles alors soigneusement fixées, les textes écrits libèrent ces derniers du fastidieux exercice de la mémoire, en même temps qu'ils les préservent de la tentation de "tricher", recours à la fois facile et indécelable dans un contexte purement oral et caractérisé par la confiance accordée aux devins.

L'inexistence d'une tradition écrite a sans doute favorisé en Afrique, la multiplication des écoles, de telle sorte que, malgré le substrat commun qui est censé les lier, les pratiques diffèrent parfois sur des points importants. Un des effets de la transcription du corpus, c'est l'uniformisation ou l'universalisation des repères. Dianteill fait cette remarque pertinente : « L'absence de variante dans l'ordre des odus à Cuba peut être rapportée au fait que l'écriture et la diffusion des documents favorisent l'unification religieuse. La diffusion des manuels a su imposer un ordre légitime aux dépens des autres[241] ». D'avoir ainsi contribué à limiter les variations[242], l'écriture a rendu possible à Cuba, l'émergence d'une tendance "orthodoxe", d'une pratique légitime. Ceci confirme la fonction stabilisatrice et universalisante que l'écriture assure à propos des pratiques religieuses. Jack Goody notait déjà dans *La logique de l'écriture*, que la tradition écrite confère aux religions qui s'y sont inscrites, un haut degré d'universalité en même temps qu'elle constitue un antidote relativement efficace contre déviations et schismes.

Les premières vertus que gagne le système *fa* dans son nouveau rapport à l'écriture sont donc, retenons-le, la *stabilité* et la *durabilité*, auxquelles nous devons ajouter un degré plus prononcé de

---

[241] Dianteill, *Ibid.*, p. 280
[242] Dianteill, *Ibid.*, p. 208.

systématicité[243]. Mais le mode de formation et d'apprentissage s'en est trouvé également transformé. On sait que dans le contexte africain traditionnel, la transmission et l'apprentissage des connaissances du *fa* se déroulent dans l'élément de l'oralité. L'élève, tout autant que le maître formateur d'ailleurs, n'a d'autres supports que le discours oral et la mémoire. De la vivacité de la mémoire, aussi bien de l'initiateur[244] que de l'initié, dépend la réussite de la formation. A Cuba, et en raison de l'introduction de l'écriture, la situation n'est plus la même. Même si l'oralité n'a pas disparu du système de formation, sa fonction s'y trouve sensiblement réduite, du fait même qu'elle est accompagnée et renforcée par l'écriture, et ceci à deux niveaux.

Tout d'abord, l'apprenant dispose d'un "cahier d'initiation" où sont notés, outre les trois signes le concernant ainsi que la prière du premier signe, la liste des 16 premiers *fadu* que le postulant devra apprendre dans l'ordre. La possibilité de consulter son cahier, de réviser ou revisiter l'enseignement reçu, la possibilité finalement de procéder à un réinvestissement, tout cela favorise l'assimilation des leçons apprises. Conséquence logique, la réduction considérable de la durée de formation : au lieu de dix ans ou même vingt, à en croire Osamaro Ibie[245], une semaine suffit[246] pour initier et préparer le futur *babalao*. En dehors des notes consignées dans son cahier, le *babalao* pourra compter, après sa formation, sur des manuels dont la validité et la fiabilité sont attestées par la qualité même de leurs auteurs, et dans lesquels se trouve cristallisé le savoir qu'il recherche. C'est à propos des mythes du *fa* et des offrandes ou sacrifices liés à chaque *fadu*, que l'incidence de l'écriture se révèle plus bénéfique. De n'avoir pas à apprendre par cœur des centaines de mythes ainsi que la composition des offrandes, allège considérablement la tâche du *babalao* en formation. Avec l'introduction de l'écriture, on peut comparer l'apprenti *babalao* à l'élève moderne, dont la formation combine l'enseignement du maître et l'usage de manuels.

---

[243] Par exemple, la mise en forme écrite des informations relatives aux *fadu* ou *odus*, telle qu'elle se présente dans les traités, permet une meilleure lisibilité desdites informations (Dianteill, *Ibid.*, p. 282).

[244] Son pouvoir de transmission dépend de sa capacité à conserver et à évoquer les souvenirs.

[245] Ibie, *Ibid.*, p. 1.

[246] Dianteill, *Ibid.*, p. 255.

Mais l'expérience afro-cubaine de la tradition écrite du *fa* n'est pas vraiment isolée. Le mouvement d'orthodoxisation qu'elle a généré a son pendant en Afrique : le *Ifa church*. Ce que les habitants de Porto-Novo connaissent sous le nom déformé de *Fachochi* et que l'on traduira en français par « Eglise de *Fa* », a son origine au Nigéria. La tradition écrite n'y a cependant pas la même envergure qu'à Cuba, loin s'en faut, encore qu'elle n'obéit pas à la même vocation. Il n'y a pas de manuel de divination, ce qui signifie que la tradition orale relative à l'apprentissage et la mémorisation des connaissances n'est pas remise en cause. Mais la pratique religieuse hebdomadaire qui a cours dans cette église repose sur le recours à des textes rédigés en yoruba, et publiés au Nigéria, et que les adeptes considèrent, sans doute en référence aux églises chrétiennes, comme une bible, précisément la "bible de *fa*"[247]. En voici les titres, sans nom d'auteur :

- *Adjibo t'ifa*, édité en 1937 à Lagos ;

- *Iwe adura ati orin mimo ti Ijo orumila Adulawo, ni Ohun orin ede ile Yoruba*[248].

On le voit, pas plus que la tradition écrite de Cuba, la rédaction et l'édition de textes dans le cadre de l'Eglise de *fa* n'obéissent à un projet scientifique. Mais si les textes du "*Ifa church*" semblent avoir une vocation essentiellement religieuse ou liturgique, la littérature de *fa* à Cuba est le fruit d'une transcription plus systématique du corpus *fa*. Cette dernière semble avoir été commandée par le souci d'adapter le système *fa* au contexte social de La Havane. L'adoption d'un système aussi complexe que le *fa*, dans son état originel, n'est pas évidente pour une société fondée sur une tradition plutôt écrite qu'orale. En d'autres termes, la pratique du *fa* pouvait difficilement se maintenir et se développer dans sa pureté originelle, dans un environnement social déterminé par la tradition écrite.

Quelle que soit la conjoncture qui explique sa constitution, il faut prendre acte de ce que cette littérature existe et constitue un point positif dans le projet de sauvegarde des corpus oraux aujourd'hui

---

[247] Au *fagbasa* (chambre ou se déroule la consultation) de notre informateur Ifakoya, on trouve, au milieu des objets divers, une image du Sacré-Cœur de Jésus !

[248] Selon notre informateur, Ifakoya, ce deuxième livre est précisément la bible des adeptes de *Fa*. Le titre en yoruba précise qu'il s'agit du livre qui contient les prières à faire le "jour d'Orunmila".

menacés de disparition. Malheureusement, d'avoir été transcrits ne rend pas ces connaissances disponibles, accessibles. La loi du secret reste de mise, et l'on peut dire que la tradition écrite du *fa* à Cuba laisse entier le problème de la diffusion et de l'appropriation collective et démocratique du savoir. Bien plus, l'usage qui en est fait remet au goût du jour, la question même de l'utilité réelle de l'écriture dans la récupération et le développement du patrimoine oral.

3.2.2 *Ecriture et « orthodoxisation »*

L'écriture a un réel pouvoir de séduction. Une source écrite est considérée comme étant plus fiable qu'un rapport oral. Ce pouvoir vient surtout de sa capacité à stabiliser le savoir ou la pratique, à les rendre disponibles, et à constituer une référence invariable consultable à loisir. Ce pouvoir de séduction et de légitimation présente cependant un risque. Dans le cas particulier du *fa*, le risque est précisément de canoniser une des nombreuses variantes qui existent, et dont rien n'atteste de façon indubitable qu'elle est plus pertinente ou plus authentique que les versions concurrentes ou simplement différentes. En d'autres termes, la pratique transcrite, et qui tient par là, son titre de légitimité et de référence, n'est pas forcément le corpus authentique. Au nom de cette "authenticité" de fait cependant, pourront être écartées, parce qu'étiquetées comme contraires à l'orthodoxie, des postures potentiellement valables.

Dans le cadre de la pratique strictement religieuse, ce genre d'uniformisation ne pose pas problème. Elle est même un gage de l'unité sans laquelle aucune religion ne peut survivre à elle-même. Encore que la fixité des normes religieuses n'est jamais absolue, même avec le secours de l'écriture "sainte"[249]. Mais au regard de la dimension intellectuelle du *fa*, des savoirs et représentations, la légitimation de la tradition transcrite peut conduire à un appauvrissement et à une mutilation du système. Le risque est d'autant plus grand que la tradition afro-cubaine qui est consignée et

---

[249] Les textes ont beau être fixes, les interprétations peuvent être variées et même contradictoires. Tant et si bien qu'il y a toujours place à l'ouverture, ce qui n'est pas en soi suicidaire pour la religion. Cette ouverture potentielle est en quelque sorte une certaine garantie d'adaptabilité de la religion à des conjonctures diverses. Il faut donc relativiser l'analyse qui fait de la fixité des textes écrits, le meilleur moyen de pérennisation et d'expansion de la religion (Goody, *La logique de l'écriture*)

stabilisée par l'écriture, est loin d'être une référence. Au regard du corpus originel nigérian dont elle est issue, on pourrait affirmer que la pratique afro-cubaine est une version plutôt défigurée et dénaturée d'*Ifa*. Si plusieurs éléments indiquent la filiation indiscutable entre le *Ifa* afro-cubain et le *Ifa* yoruba, on note aussi sur bien des points, des écarts significatifs, résultats d'une refonte importante du système originel, et surtout, d'un syncrétisme prononcé. Au nombre des transformations ou déformations les plus visibles, celle-ci : *Orunmila*, la divinité tutélaire de la divination *fa*, est identifié à Saint François d'Assise[250].

Est tout aussi critiquable, et d'ailleurs réellement critiquée, la tradition en cours à Porto-Novo sous le nom d' « *Ifa* church ». Les tenants de l'orthodoxie[251] et de l'authenticité y voient une dénaturation d'autant plus inacceptable qu'elle semble influencée par le christianisme considéré comme une religion étrangère à la tradition léguée par les ancêtres.

Mais revenons à la tradition écrite de Cuba qui est, nous l'avons dit, plus systématique. L'illusion de fixité et d'unité qu'elle dégage peut faire oublier à terme, qu'elle est une image fragmentaire d'un corpus plus étendu et plus complexe. En sanctifiant et en légitimant l'écrit, on sanctifierait aussi une version du *fa* contre d'autres, et plus

---

[250] Dianteill, *Des dieux et des signes*, p. 243. Voir aussi William Bascom, "Two forms of afro-cuban divination": "Orumila or *Ifa* is identified with St. Francis of Assisi…" (p. 170).

Au fond, ce genre d'identification n'est pas nouveau, ni caractéristique de la seule tradition afro-cubaine. Nous avons posé plus haut l'hypothèse qu'une pratique exogène a besoin de telles analogies pour s'implanter sur un terrain d'adoption. Nous avons ajouté que le syncrétisme est un moyen d'endogénéisation. L'implantation du christianisme en Afrique s'est accompagnée d'identifications qui paraissent aller de soi, mais qui ne sont pas plus pertinentes que celle de *Orumila* à St François d'Assisse. Même en restant dans le cadre strict du *fa*, l'adoption du *fa* dans les sociétés du Sud-Bénin et du Littoral du Togo s'est accompagnée d'une adaptation au panthéon local. Pourtant, les analogies entre les divinités des peuples yoruba, fon, et évhé sont plus faciles à justifier, en tout cas moins heurtées que celles qui impliquent les dieux ou "Esprits" du panthéon européen. Quoi qu'il en soit, si l'on doit considérer les différentes traditions du *fa*, celle de Cuba est loin d'être la plus proche de la tradition originelle.

[251] Au rang des défenseurs de la tradition originelle, Rémy Hounwanou, un intellectuel béninois initié au *fa*, auteur par ailleurs de *Le Fa : une géomancie divinatoire du golfe du Bénin*.

gravement une partie du *fa* contre une autre, désormais rangée au statut d'allogène, d'illégitime et donc d'inconsistant.

Cette fétichisation *de* l'écrit ou, si l'on veut, cette fétichisation *par* l'écriture[252] trahirait la véritable vocation que devait avoir l'écriture dans le traitement des corpus. L'écriture devrait contribuer non à la *momification*, mais plutôt à la *dynamisation* des corpus oraux. Il est relativement aisé de se représenter l'inconvénient potentiel de cette momification sélective quand on considère les récits mythiques du *fa*. Par exemple, les mythes du *fa* recueillis et transcrits dans les traités et autres manuels à Cuba ne sont qu'une petite partie du corpus oral existant ; ils se réduisent au répertoire connu des auteurs. Le *babalawo* qui s'en tiendrait aux manuels édités se priverait du coup de l'important répertoire oral non répertorié, c'est-à-dire non consigné, et disponible sous d'autres cieux. Encore que le répertoire des mythes du *fa* n'est pas figé. De nouveaux mythes surgissent plus ou moins régulièrement en effet. Ce dynamisme interne donne aux *bokonon* les armes officielles pour faire face à des situations nouvelles que les anciens mythes ne couvrent pas. Les livres et la manie de l'écrit pourraient donc avoir, si l'on n'y prend garde, l'inconvénient de fermer un univers de connaissances ou de représentation essentiellement ouvert et dynamique.

Sans doute que tous les "nouveaux" mythes ne sont pas si nouveaux que cela, certains pouvant provenir d'une adaptation des anciens à des situations nouvelles ou spécifiques à un milieu donné[253]. Ceux qui seraient réellement nouveaux proviendraient, selon les *babalawo*, d'*Orunmila* en personne ; c'est cette divinité tutélaire qui se chargerait de les transmettre à qui il veut, soit par les songes, soit même comme un don accordé au *babalawo* dès la naissance[254].

---

[252] Ce n'est pas l'écriture en tant que système qui est fétichisée, mais ce qui est écrit.

[253] On se doute bien que le mythe sur l'avènement de la locomotive ne peut avoir été mis en place au moment où la locomotive n'était pas connue des *bokonon* ou *babalawo* africains. (Julien Alakpini, *Les noix sacrées. Etude complète de Fa ayidégoun, génie de la sagesse et de la divination au Dahomey et en Afrique*).

[254] "New verses are learned when one dreams that he is divining; when one awakes in the morning, he repeat what he did in his dream...Also, some individuals are born with *Ifa* verses "inside them", so that as soon as they are taught the figures and a few verses of *Ifa*, they introduce new verses" (William Bascom, *Ifa divination: communication between gods and men in West Africa*, p. 137).

La réflexion de Lévi-Strauss dans la "Finale" de *L'homme nu*, à propos des mythes précisément, s'avère ici intéressante. Elle tente d'établir, entre autres choses, que l'écriture serait une entrave à la dynamique essentielle des mythes. Les mythes sont, selon Lévi-Strauss, des créations d'abord individuelles et ne deviennent véritablement mythes qu'au terme d'une opération collective de toilettage et d'épuration. Se réalise, grâce à cette opération, l'« érosion » des touches personnelles du créateur, ne laissant subsister alors qu'un substrat exprimant des besoins collectifs, donc partagés. Pour Lévi-Strauss, le mode oral sous lequel sont transmis ces mythes est le garant même de l'esprit critique qui en assure le toilettage. C'est précisément l'absence d'une transcription (qui aurait eu l'inconvénient de consacrer une version supposée originale et authentique) qui assure au mythe la flexibilité, la possibilité de se transformer[255].

Appliquée au *fa*, cette réflexion de Lévi-Strauss montre les limites d'une transcription qui pourrait entraver le procès de production et même de reproduction des mythes. Au fond, elle ne remet pas en cause de façon absolue le principe de la transcription ; elle montre plutôt, à notre avis, la nécessité de tenir le procès de récupération et de transcription des mythes du *fa*, comme un procès ouvert, et jamais clos. L'ouverture prônée ici au nom de la récupération critique d'un patrimoine intellectuel, et non de façon restreinte, au nom de la constitution d'une religion, implique la prise en compte des recueils de mythes réalisés à titre profane ou plutôt laïc, tels celui de Bascom[256] et celui, plus récent, de Basile Adjou-Moumouni[257]. Constituent des matériaux tout aussi précieux, les recueils de plantes publiés par Verger[258] et Lydia Cabrera.

L'origine onirique des nouveaux mythes de *fa* a été "confirmée" par Ifakoya, un prêtre du *fa*, rattaché à l'église de *Fa* ou « Ifa church » de Porto-Novo.

[255] Lévi-Strauss, *L'homme nu*, Paris, Plon, 1971, p. 160.

[256] Bascom, *Ibid*.

[257] Adjou-Moumouni, *Le code de vie du primitif : Sagesse africaine selon Ifà*, Cotonou, Ed. Ruisseaux d'Afrique, 2007.

[258] Pierre Fatumbi Verger, *Ewe : le verbe et le pouvoir des plantes chez les Yoruba*, Paris, Maisonneuve & Larose, 1997.

3.2.3 Le défi de l'exotérisme

« Pour l'Africain, toute science véritable est secrète », écrit Laye Camara[259]. Dans un livre de Djibril Tamsir Niane, le griot, critiquant l'utilisation de l'écriture par « certains peuples », affirme, lui aussi : « …Le savoir doit être secret[260] ». Ces propos n'étonnent pas vraiment, tant il paraît établi et donc évident que l'ésotérisme est caractéristique des savoirs en Afrique.

Mais si la loi du secret représente indiscutablement un défi pour la récupération et la transcription des corpus oraux, il faut éviter d'en exagérer la portée ou l'étendue. Il est faux par exemple de croire que tous les savoirs traditionnels ou locaux sont frappés du sceau du secret. Le secret ne frappe en réalité qu'une certaine catégorie de savoirs et de savoir-faire. Un examen attentif du domaine des savoirs et techniques endogènes révèle plutôt des niveaux différents d'accessibilité, que définissent aussi bien la nature des savoirs en question, que le statut particulier de chaque membre du corps social. Entre autres travaux, qui apportent des précisions à ce sujet, nous citerons ceux de Jack Goody sur la société des *Loo Dagaa*, et ceux plus récents de Luis Mallart Guimera sur les *Evuzok* du Cameroun. Les stratifications que les deux anthropologues on cru identifier sont, sur bien des points, analogues. Considérant le patrimoine intellectuel des *Loo Dagaa*, Goody distingue, selon la nature des savoirs, trois niveaux d'accessibilité[261] :

- les savoirs populaires, dont on ne fait pas mystère, et dont les hommes et les femmes ont besoin pour accomplir la routine quotidienne ;
- le savoir sous une forme plus ou moins spécialisée ;
- enfin, le savoir qui "vient directement des puissances, des forces spirituelles"[262].

---

[259] Laye Camara, *Le maître de la parole*, p. 21.
[260] D. T. Niane, cité par Mamoussé Diagne, *Critique de la raison orale*, p. 40.
[261] Jack Goody, *Entre l'oralité et l'écriture*, trad. Denise Paulme, Paris, PUF, 1993, p. 167.
[262] Considérant le savoir médical chez les *Evuzok* du Cameroun, Guimera fait une distinction analogue. Il y aurait, selon lui, trois niveaux de connaissance ou de compétence:
  - une médecine domestique faite de recettes populaires dont il n'est pas fait mystère et que l'on apprend dans le cadre familial et social ;

Le principe du secret frappe la dernière catégorie de savoirs. Logiquement, ne peuvent avoir accès à ce genre de connaissances que ceux qui y sont initiés. Il nous faut donc admettre qu'il y a un seuil de complexité, mais aussi de gravité à partir duquel le savoir n'est plus transmissible à n'importe qui. Les capacités purement intellectuelles, telles la mémoire et l'intelligence ne suffisent pas pour mériter d'accéder à ce genre de savoir. L'initiation par laquelle on y accède revient à mettre le candidat « au contact d'un univers de réalité et de signes dont la signification n'est pas immédiatement décelable et demeure dérobée au profane[263] ». Mais l'initiation ne se réduit pas à l'instruction même portant sur des savoirs d'un niveau de complexité élevé ; elle éduque le caractère, forme l'esprit à la sagesse et à la retenue nécessaires pour gérer au mieux des connaissances qui sont aussi potentiellement dangereuses, pour autant qu'elles peuvent nuire à l'individu et au groupe. Par l'initiation, c'est le rapport au monde qui est redéfini pour l'individu, de même que les responsabilités qu'implique ce nouveau statut. Avec l'initié s'opère une rupture qualitative qui déborde le champ du pur savoir. Selon Mamoussé Diagne, « le changement le plus important s'opère non au niveau cognitif ou intellectuel, mais au niveau existentiel : l'initié touche aux rapports qu'il entretient désormais avec le monde[264] ».

Théoriquement, l'initiation est ouverte à tout le monde, c'est-à-dire même à des personnes venant de milieux culturels étrangers[265]. Il suffirait d'en accepter les exigences, les contraintes, la discipline : Bastide, Verger et Dianteill se sont fait initier au *fa*, et Eric de Rosny, s'est fait « ouvrir les yeux » au savoir des *nganga* duala du Cameroun. Pour affirmer cette ouverture, Bastide écrit :

- un savoir médical plus spécialisé, qui renvoie à des compétences plus pointues, et dont l'apprentissage est évidemment plus exigeant ;
- puis, à la fin, une médecine "nocturne", détenue par un petit groupe d'hommes ayant des dons particuliers, et par surcroît, initiés à la connaissance du monde des puissances invisibles : ce sont les Ngengan. (Guimera, *La forêt de nos ancêtres*, pp. 93, 97 et 151).

[263] Mamoussé Diagne, *Ibid.*, p. 525.
[264] Mamoussé Diagne, *Ibid.*, p. 525.
[265] Roger Bastide, *Le candomblé de Bahia (rite nagô)*, Paris, Mouton &Co, La Haye, 1958, p. 11.

> « La religion africaine n'est pas parce qu'africaine, une religion de Noirs…L'entrée dans le monde des candomblés se fait par toute une série d'initiations progressives, de cérémonies spécialisées, qui sont ouvertes à tous ceux que les dieux appellent, quelle que soit leur origine ethnique…[266] ».

On sent le discours de l'initié, du croyant si l'on veut. En parlant de "ceux que les dieux appellent", Bastide révèle cependant que l'initiation exige sinon des dons, du moins des dispositions particulières. Au nombre des qualités requises en général pour l'initiation, il y a la patience, la persévérance et la discrétion. En pratique donc, tout le monde ne peut se faire initier. La question du secret des savoirs africains est cependant un peu plus complexe, car même des connaissances qui n'ont en principe rien à voir avec les puissances spirituelles réelles ou supposées, sont parfois jalousement conservées par ceux qui les détiennent. Plusieurs hypothèses pourraient expliquer la fonction du secret. Nous en explorerons juste deux ou trois.

Secret et protection : La notion de protection doit être perçue ici sous deux angles. D'abord la protection du savoir : il s'agit d'en empêcher la diffusion hors du cercle plus ou moins réduit des personnes qui sont supposées concernées. Mais la protection du savoir peut viser deux objectifs différents. Le premier, le plus officiel, est la préservation des hommes et de la société contre un mauvais usage éventuel, par une personne mal préparée ou simplement immature, de connaissances qui ne sont pas sans dangers. Si tout ne doit pas être connu de tous, c'est précisément parce que le savoir peut faire mal. Nous l'avons vu plus haut, en filtrant le message destiné aux profanes, le griot préserve le tissu social d'une déstructuration que pourrait engendrer l'étalage sur la place publique d'informations trop sensibles[267]. La protection des savoirs viserait alors la protection de la société.

---

[266] Bastide, *Ibid.*, p. 11. Voir aussi Dominique Zahan, *Religion, spiritualité et pensée africaines*, Paris, Petite Bibliothèque Payot, 1970, p. 94.
[267] Dah-Lokonon confirme cette fonction du secret. Selon lui, la manipulation de certains savoirs et savoir-faire exige un sens élevé de discernement et de prudence, qui n'est pas le lot de tout le monde. Il est donc sage de ne pas les mettre à la portée de tout le monde. (Dah Lokonon, « Les "faiseurs de pluie" : mythe et

Mais d'un autre côté, le secret fonctionne comme un moyen destiné à protéger un savoir afin de s'assurer le monopole du pouvoir qu'il confère. On le sait depuis Bacon : qui détient le savoir, détient aussi le pouvoir. La divulgation d'un savoir déposséderait du coup le petit nombre de ceux qui le détenaient, du pouvoir qui leur était conféré par cette possession. Dans un cas comme dans l'autre, la loi du secret paraît bien légitime. D'ailleurs, contrairement à ce qu'on croit, la loi du secret n'est pas l'apanage des sociétés orales africaines, mais elle frappe aussi certains savoirs précieux, certaines découvertes des grandes institutions de recherche en Occident. Ici, la raison est à la fois stratégique et économique. L'idée de la neutralité et du caractère désintéressé de la recherche scientifique n'est probablement qu'un mythe. De même, l'esprit d'équipe et de collaboration qui est censé la caractériser, ne fonctionne généralement que dans les limites de groupes toujours restreints, formés et travaillant sur la base de contrats et donc d'intérêts partagés[268]. Il serait tout de même étonnant que les firmes de laboratoires pharmaceutiques - pour ne prendre que cet exemple - mettent à la portée de tout le monde, la formule et les conditions de préparation d'un médicament dont la découverte a coûté des devises colossales. De même, il doit être dangereux que des technologies et savoirs délicats, comme ceux concernant l'arme nucléaire, soient à la portée de tous. C'est clair, le projet de démocratisation du savoir ne peut pas ne pas tenir compte de ces limites. Ceci est vrai du contexte occidental[269], et plus encore en ce qui concerne le contexte oral africain où aucun brevet d'invention ne garantit la moindre compensation à celui dont le savoir serait vulgarisé.

---

savoir dans les procédés traditionnels de gestion de l'atmosphère » in Hountondji (dir.), *Les savoirs endogènes : pistes pour une recherche*, pp. 77-105.

[268] Au regard des enjeux économiques des recherches effectuées pour le compte des grandes industries pharmaceutiques par exemple, les savants qui sont impliqués dans ces recherches sont plus des fonctionnaires que des savants, donc des ouvriers recrutés sur la base de contrats bien définis, et payés pour faire un travail dont l'industriel attend qu'il génère un profit.

[269] Paulin Hountondji fait remarquer que dans les pays industrialisés, tous les secteurs de la recherche scientifique liés à la défense nationale sont protégés. La protection du savoir dans les cultures orales obéit selon lui à la même logique : « éviter que le savoir et du même coup, le pouvoir qu'il confère, ne tombe les mains de l'adversaire » (*Les savoirs endogènes : pistes pour une recherche*, p. 94.).

Pour ces raisons, la loi du secret qui n'est qu'un moyen de contrôler l'accès au savoir, ne peut être considérée comme une faiblesse du système de production et de transmission des connaissances en Afrique, pas plus qu'en Europe d'ailleurs. Albert de Surgy écrit à ce sujet :

> « En matière de spiritualité ou de magie, il n'y a pas plus de secret qu'en science ou en technique. La connaissance est communiquée normalement, sans réserve et avec plaisir, à toute personne préparée à la recevoir. N'en sont, par prudence écartés, que les indiscrets, les mal intentionnés ou les maniaques de la détraction… Qui irait mettre entre les mains de n'importe qui, ou même d'un diplômé uniquement instruit sur les bancs de l'école, un produit dangereux ou un avion ?[270] »

La fonction psychologique du secret : Il semble que le secret valorise le savoir (aux yeux de l'ignorant ou du non-initié bien entendu), en tant que signe de profondeur et de complexité. Ce qui est connu, populaire ou divulgué, n'a plus l'air de rien ; il devient banal. Une fois maîtrisé, un savoir ou un savoir-faire perd le charme qui l'entourait, le pouvoir de séduction et d'interrogation qu'il pouvait exercer sur l'esprit, le sentiment de complexité qu'il dégageait et qui lui conférait une sorte de prestige. Peut-être bien est-ce là, la vocation dernière du voile dont certains corpus de connaissances et pratiques sont entourés. S'il en était ainsi, le voile du secret ne serait qu'un masque pour tenir caché au profane le savoir fondamental le plus ordinaire, mais dont l'ignorance explique la vénération. C'est sans doute à cette fonction psychologique que Dominique Zahan fait allusion lorsqu'il écrit, pour justifier la loi du secret : « En Afrique, ce qui est caché est plus profond que ce qui est visible. »[271]

La transcription du corpus *Ifa* à Cuba n'a pas conduit à en rendre les connaissances disponibles pour tous. Le secret qui couvre les

---

[270] Albert de Surgy, *La voie des fétiches. Essai sur le fondement théorique et la perspective mystique des pratiques des féticheurs*, Paris, L'harmattan, 1995, pp. 16-17.
[271] Zahan, *Ibid.*, p. 88. Il faut dire que d'un point de vue plus général, les hommes sont plutôt portés à valoriser l'inconnu, le mystérieux, contre le banal ou ce qui apparaît comme tel. Qu'un patient ait plus foi en un traitement complexe, mystérieux qu'en une potion faite à base de simples connus de lui, et donc à ses yeux banals, n'est pas en soi une tendance d'Africain.

savoirs précieux et importants du système reste de mise. Cette survivance confirme l'idée que nous avons émise *supra* : ce n'est pas à des fins de popularisation mais pour des besoins internes locaux, qu'*Ifa* a été transcrit à Cuba. Résultat : les livres édités, les manuels de divination ou de réalisation des offrandes et sacrifices, ne sont accessibles qu'aux *babalawo*, aux initiés. Preuve que l'écriture ne suffit pas à "démocratiser le savoir", preuve que l'obstacle qui a freiné ou bloqué la diffusion des savoirs oraux ne se trouvait pas dans l'oralité en tant que telle, et que l'ésotérisme a toujours participé d'un projet conscient de contrôler plus précisément le processus de transmission. La tradition orale a été sans doute un *facteur favorable* au fonctionnement de la loi du secret, mais elle ne peut en être tenue pour la *cause*[272].

3.3 Que peut l'écriture ?

Quand on considère les difficultés et les limites révélées par les essais plus ou moins prononcés du passage à l'écriture dans le *fa*, quand on considère notamment les défis de la récupération et de la transcription de savoirs non destinés au public, les risques de momification des corpus écrits et autres dangers plus ou moins amplifiés et forcés par un Lévi-Strauss, on se demande si le projet d'un passage à l'écriture n'est pas, pour les savoirs traditionnels africains, un luxe et même une gageure. Pourtant rien ne justifie aujourd'hui la peur ou le mépris pour l'écriture. Tout au plus doit-on prendre acte des nouveaux défis qu'impliquent l'exigence et l'urgence du passage à l'écriture. Cela signifie simplement qu'il faut se garder de vouer un culte à l'écriture, de la valoriser au détriment de l'oralité, en même temps qu'il faut éviter d'en développer une peur ou une méfiance exagérée comme si elle était nécessairement source de problèmes. Il n'y a pas plus de "scriptophobie" à faire valoir, qu'il n'y a de "scriptophilie" à défendre. De même qu'on n'a pas besoin, pour

---

[272] Encore que pour des auteurs, l'oralité paraît moins apte que l'écriture à conserver le secret. François Dossou écrit à ce propos : « L'écriture favorise énormément la conservation du secret... Léonard de Vinci consignait ses notes dans des carnets secrets protégés par une écriture inversée parce qu'il refusait que d'autres prennent connaissance de ses travaux. » (F. Dossou, *Ibid.*, p. 272.)

reconnaître et valoriser les vertus propres de l'oralité, de verser dans cette célébration sans bornes de la parole vivante que Claude Hagège nomme la "verbophilie".

Renvoyant dos à dos ces deux tendances extrêmes que sont la "scriptophilie" et la "verbophilie", mettant aussi la "scriptophobie" à sa place après en avoir compris l'enjeu et les limites, il faut cependant rappeler deux choses. La première est que la civilisation orale ne signifie pas négation de l'écriture, pas plus d'ailleurs que la civilisation de l'écriture n'a jamais signifié ni absence ni mise entre parenthèses de l'oralité. La deuxième, sur laquelle nous insisterons particulièrement, est qu'il est pertinent de parler d'une « logique de l'écriture » (Goody) autant qu'on est fondé, comme le montre bien Mamoussé Diagne, à parler de « raison orale », ou même de « logique de l'oralité ». Sans chercher à opposer systématiquement écriture et oralité comme si elles se rapportaient à deux domaines complètement hétérogènes et antithétiques, on doit dire qu'il est imprudent de faire dépendre l'une de l'autre, de situer l'une par rapport à l'autre, dans un rapport de préséance.

Pour voir, avec tout le détachement et la lucidité nécessaires, l'importance de l'écriture dans la production scientifique, et par là, ce que cette écriture peut apporter aux savoirs locaux initialement conçus dans l'élément de l'oralité, il faut garder présent à la mémoire, comme un élément fondamental, que l'écriture est un genre propre, et qu'en tant que tel, il y a un certain nombre d'opérations qui correspondent sinon exclusivement, du moins essentiellement et prioritairement, à la "logique de l'écriture". Il faut donc nécessairement abandonner l'idée selon laquelle l'écriture ne serait qu'un auxiliaire de la parole.

La définition de l'écriture comme un enregistrement phonographique de la parole a justement l'inconvénient de réduire indûment celle-là au statut d'adjuvant ou de complément de celle-ci. Cette thèse développée par Rousseau semble confiner l'écriture dans un rapport de dépendance vis-à-vis de la parole, comme si elle en était le prolongement ; elle ne permet pas de comprendre les caractéristiques spécifiques de l'écriture. Or, il se trouve justement que quelques-unes de ces caractéristiques propres, pouvant être inscrites au compte de la "logique de l'écriture", sont fondamentales dans la pratique de ce qu'on appelle la science. C'est en analysant quelques-uns de ces aspects que nous tenterons de montrer en quoi la valorisation des savoirs locaux ne pourra pas se fermer à l'écriture.

On s'est rendu compte que les transcriptions de corpus oraux, qu'il s'agisse de celles réalisées par les acteurs directs desdits corpus, ou de celles qu'on retrouve dans les œuvres des anthropologues, ne se ramènent pas à de simples copies ou reproductions de textes oraux. Dans *La raison graphique*, Jack Goody montrait que l'écriture a la vertu de rendre plus manifestes les cohérences d'un texte oral dont le flux s'écoule dans le temps. Non pas que de telles opérations sont absolument impossibles dans le contexte de la communication orale, mais le texte étalé sur support matériel rend compte, plus visiblement qu'un texte oral, des connexions qui existent entre ses différentes parties. Le texte écrit est en lui-même, un élément d'organisation des données, à telle enseigne que le processus même de la récupération et de la transcription des textes oraux constitue le lieu d'une mise en ordre, d'une organisation d'éléments qui étaient dans leur forme ou élément originels, plutôt disparates. Ce n'est pas forcément ou exclusivement la volonté du transcripteur qui génère cet ordre, mais la nature même de l'écriture qui semble l'imposer. Comme le note Erwan Dianteill, « l'écriture permet de mettre côte à côte, d'unifier des éléments à l'origine disparates, pour en faire un tout cohérent ».[273]

D'ailleurs, même quand les anthropologues prétendent restituer les faits observés avec objectivité, il ne s'agit que d'un idéal, dans la mesure où la transcription des données ou informations leur impose une organisation que ne dégagent pas forcément lesdites informations dans leur version orale originelle. Non pas que les anthropologues inventent un ordre là où il n'y aurait que confusion ; mais obéissant à la logique de l'écriture, c'est tout naturel que leurs restitutions ou descriptions soient *déjà* une organisation, un traitement.

Un exemple : A la fin de *La forêt de nos ancêtres*[274], ouvrage consacré à l'art médical des *Evuzok* du Cameroun, Luis Mallart Guimera fait une « présentation des documents ethnobotaniques ». Il s'agit en fait de 468 végétaux recensés auprès des guérisseurs *Evuzok*. Pour

---

[273] Dianteill, *Ibid.*, p. 286.
[274] *La forêt de nos ancêtres. Vol. 2 Le savoir botanique des Evuzok*, pp. 321-509.

chacune des plantes concernées, l'auteur donne dans l'*ordre*, le nom local, le nom scientifique, la localisation, la description locale, l'utilisation dans le domaine alimentaire s'il y a lieu, l'utilisation rituelle, l'utilisation thérapeutique, les indications taxonomiques. En dehors du nom scientifique, toutes les informations lui sont fournies oralement par les *Evuzok*. On se doute bien que celles-ci ne lui ont pas été transmises dans l'ordre rigoureux où il les présente. Les croquis qu'il a faits dans son livre, les différents tableaux par lesquels il essaie de rendre compte de la logique des descriptions ou représentations des *Evuzok*, sont des *mises en forme* de corpus oraux. Ces différentes opérations par lesquelles s'organisent les éléments au départ disparates, à savoir la liste, les tableaux, les schémas et autres, sont caractéristiques de l'écriture. La transcription permet, outre la sauvegarde des données, de révéler un ordre et une cohérence interne au corpus oral originaire, mais un ordre souvent implicite et qui ne devient explicite justement que par ce jeu de l'écriture. On se rappelle les derniers mots de *La raison graphique*. Considérant en effet les listes, les tableaux, et autres techniques relatives à l'écriture, Goody écrit : « Si l'on accepte de parler d'une pensée sauvage, voilà ce que furent les instruments de sa domestication »[275].

La démarcation avec Lévi-Strauss est nette. Alors que ce dernier croit pouvoir opposer, de façon radicale et définitive, *pensée sauvage* et *savoir domestiqué* comme deux formes parallèles et disjointes de scientificité, l'une suprêmement concrète, l'autre suprêmement abstraite, entendu qu'il n'y a pas la moindre possibilité de passage de l'une à l'autre, Goody pose l'hypothèse que le savoir dit domestique a dû être une pensée sauvage. L'instrument de sa domestication n'est autre que l'écriture. Le progrès par rapport à Lévi-Strauss est énorme. En effet, l'hypothèse de Goody permet d'envisager la libération de la pensée sauvage et plus précisément la libération de cette science du concret que Lévi-Strauss a cru voir dans les sociétés dites primitives. Dans un autre livre, *L'Orient en Occident*, Goody revient sur l'importance et la vocation de l'écriture dans la constitution du savoir scientifique. Il y affirme justement que ce n'est pas un hasard si la science, telle que nous la connaissons, est née en Occident, ce qui eut

---

[275] Jack Goody, *La raison graphique*, trad. A. Bensa et J. Bazin, Paris, Ed. de Minuit, 1979.

pour effet de bouleverser la hiérarchie, étant entendu qu'à un moment (avant le 16ème siècle), l'Orient était en avance sur l'Occident. Mais pour Goody, ce n'est pas dans les particularités culturelles qu'il faut chercher l'origine de cette conjoncture. Il est faux de croire que la percée de l'Occident est liée à la possession d'une rationalité étrangère aux autres peuples : « La rationalité, au sens large aussi bien que sous son aspect spécialisé (logique), est un attribut de toutes les cultures, en général et en particulier »[276]. Goody voit dans l'écriture précisément, le moyen d'organiser cette rationalité, de la mettre en valeur en quelque sorte.

Ce serait donc avoir une vision trop courte que de réduire le rôle de l'écriture à celui de simple adjuvant pour la parole. L'écriture est censée pouvoir induire des transformations plus significatives et plus décisives des corpus de connaissances oraux ; elle est censée leur permettre d'accéder à un niveau de complexité, de développement et de précision relativement élevé[277].

Quand on voit le genre d'opérations que son usage a rendues possibles dans ce qu'on appelle la science moderne, il doit être légitime d'espérer que l'introduction de l'écriture dans l'organisation et le traitement des savoirs oraux produise, à terme, un résultat tout aussi intéressant. Il faut pourtant éviter de croire que l'écriture suffit à élever les savoirs oraux africains au niveau et à la dignité de savoirs scientifiques. C'eût été trop simple. Si l'on doit cependant envisager un tel passage, l'écriture en est une condition nécessaire mais non suffisante.

Il peut paraître curieux et même tendancieux de faire un lien entre l'écriture et la constitution du savoir scientifique. Les auteurs qui ont cru pouvoir affirmer un tel lien ont essuyé des critiques plutôt virulentes. Pourtant, à y regarder de près, les types d'opération qu'implique ce qu'on appelle couramment la science ne sont

---

[276] Jack Goody, *L'Orient en Occident*, trad. Paris, Seuil, 1999, p. 19.

[277] En tant qu'elle favorise la détection de la contradiction, et donc des incohérences, l'écriture pourrait aider à "purifier" en quelque sorte les savoirs ou représentations. Goody écrit en ce sens : « La contradiction entre ses croyances et ses observations ne devient aveuglante contradiction que lorsque les unes et les autres sont mises côte à côte dans les pages d'un traité ethnographique comme le résultat de notes consignées… Les contradictions de la pensée de l'oracle deviennent alors plus visibles », *Ibid.*, p. 370.

simplement pas possibles sans l'utilisation de l'écriture. Nous voudrions en donner une démonstration simple et courte, à partir des sciences naturelles. On sait que les sciences naturelles sont, à l'image de la physique moderne, d'inspiration galiléenne. C'est en substituant à l'appréciation qualitative héritée d'Aristote, des mesures quantitatives et précises des données physiques, que Galilée inaugura la physique moderne. C'est surtout d'avoir postulé l'unité du mathématique et du physique, c'est d'avoir estimé que les phénomènes obéissent à des principes de nature mathématique, identifiables et vérifiables, que Galilée a fondé la science moderne. Les sciences naturelles, aujourd'hui encore, obéissent à cette logique de la mesure et de l'expérimentation, condition d'une connaissance qui ne se résume pas à l'enregistrement et à l'interprétation de données sensibles lacunaires et peu fiables. Or il est tout simplement impossible de procéder à des mesures fiables, et à des expérimentations telles qu'elles se réalisent en science, avec encore une fois, la mesure précise des données de base et des résultats, sans le recours à la notation graphique.

Il semble, par ailleurs, qu'au regard de leur nature et de leur niveau de complexité, les opérations qui constituent le savoir scientifique en tant que tel, ne sont même pas envisageables en dehors de l'écriture[278]. Même Lévi-Strauss le reconnaîtrait volontiers. La relation canonique du mythe qu'il a établie n'aurait simplement pas été possible dans l'univers exclusif de l'oralité[279] :

$$Fx\ (a) : Fy\ (b) = Fx\ (b) : Fa\text{-}1\ (y).$$

Lévi-Strauss ne pouvait d'ailleurs pas ne pas noter qu'en observant la science et la technologie modernes, il est difficile d'imaginer qu'elles aient pu émerger et se développer sans

---

[278] Marc Chemiller montre que le cerveau humain est naturellement disposé à faire les opérations mathématiques ; ce qui fait des mathématiques une discipline praticable par tous et partout, c'est-à-dire même dans les civilisations orales. Mais n'est possible, dans le contexte oral exclusif, que cette mathématique naturelle et analogique conforme au fonctionnement du cerveau. Les mathématiques formelles, celles qui font recours aux symboles, ne peuvent être pratiquées sans l'écriture (Marc Chemiller, *Les mathématiques naturelles*, Paris, Odile Jacob, 2007).

[279] Lévi-Strauss, *Anthropologie Structurale*, Paris, Pocket, 1974, p. 262.

l'écriture[280]. Tout porte à croire que la péjoration de l'écriture est faite au forceps afin de justifier malgré tout, le mythe du bon sauvage hérité de Rousseau, et qui paraît si central dans l'ethnologie de Lévi-Strauss. Car, de toute évidence, et au regard de l'atout qu'elle constitue dans l'édification d'une science conquérante et performante, on ne peut décemment nier l'intérêt que représente l'écriture pour les savoirs oraux africains, si du moins on nourrit l'ambition de les voir progresser en précision et en rigueur. C'est précisément en ce sens, c'est-à-dire au nom d'une plus grande ambition pour les savoirs endogènes africains, que Paulin Hountondji affirme la nécessité du passage à une civilisation de l'écriture, indiquant par là non seulement les limites du mode exclusivement oral de production et de transmission du savoir, mais aussi et surtout l'option à faire pour sortir de l'impasse[281].

Certains ont pu voir dans cette posture un "fétichisme de l'écriture", oubliant ou ignorant qu'en réalité, chez Hountondji comme d'ailleurs chez Husserl[282] et Derrida dont il s'inspire,

---

[280] « L'épanouissement scientifique des XIXème et XXème siècles est inconcevable sans l'écriture. » (*Tristes tropiques*, Paris, Plon, 1955, p. 353.)

[281] Hountondji, *Les savoirs endogènes*, p. 264.

[282] Lorsque Husserl affirme le caractère incontournable de l'écriture dans la construction du savoir scientifique, c'est d'abord sur le mode du constat : « La science n'a d'existence objective que dans sa littérature, ce n'est que sous la forme d'ouvrages écrits qu'elle a une existence propre... C'est sous cette forme qu'elle se perpétue à travers des millénaires et survit aux générations et aux nations » (Husserl, *Recherches logiques*, trad. H. Elie, tome 1er, Paris, PUF, 1969, p. 13). Considérant les exigences du savoir scientifique et de la pratique scientifique, Husserl fait voir que celles-ci ne peuvent être pleinement satisfaites que dans l'élément de l'écriture. La science en tant qu'elle vise des vérités affranchies des contingences individuelles, culturelles et même spécifiques, n'est la propriété ni d'une époque ni d'une culture. Elle est un ensemble, précisément une unité de vérités ou connaissances qui s'enchaînent, formant ainsi une tradition disponible à perpétuité, une tradition ouverte et qui doit s'enrichir sans cesse de nouveaux acquis. Or pour Husserl, c'est la notation écrite qui assure le stockage et la sédimentation des acquis, les rendant disponibles à perpétuité à travers des « signes bien discernables et univoques ». Par la chaîne invisible qu'elle installe entre chercheurs ou savants d'hier et d'aujourd'hui, d'ici et d'ailleurs, l'écriture favorise la mise en œuvre de l'esprit d'équipe et de l'esprit critique, si fondamentaux pour la science. Husserl écrit précisément : « C'est la fonction décisive de l'expression linguistique écrite, de l'expression qui consigne, que de rendre possibles les communications sans allocution personnelle, médiate ou immédiate, et d'être devenue, pour ainsi dire, communication sur le mode virtuel. » (Husserl, *L'origine de la géométrie*, p. 410.)

l'affirmation du caractère indispensable de l'écriture pour une pratique scientifique vivante et performante, procède d'abord d'un double constat. La science moderne conquérante est une tradition qui se pratique dans l'élément de l'écriture ; et les rapports entre cette science et l'écriture ne sont pas fortuits mais nécessaires, ce qui fait de celle-ci une condition de celle-là. Il faut reconnaître, cependant, que le caractère radical qu'a pris parfois chez Hountondji, l'affirmation répétée des vertus de l'écriture et des insuffisances de l'oralité, dégage une analyse comparative pas forcément fausse, mais manifestement déséquilibrée et sans doute un peu provocatrice. L'écriture a semblé en effet plutôt bénéficier d'un traitement de faveur, au détriment de l'oralité[283]. De ce point de vue, la polémique qu'a engendrée la posture du philosophe béninois était largement prévisible.

Il nous semble par ailleurs que la question ne devrait pas être posée en termes de passage d'une civilisation de l'oralité à une civilisation de l'écriture, mais simplement de passage à une *pratique de l'écriture*. La nuance peut paraître banale. Elle a cependant l'avantage de ne pas faire penser à une péjoration de la civilisation orale. Car, d'un autre côté, l'oralité n'est pas plus absente dans la civilisation occidentale dite de l'écriture, qu'elle n'est marginalisée ou inutile dans le procès de production du savoir scientifique. Les soutenances de thèses ou autres travaux scientifiques, les séances de restitution de résultats de recherches, les discussions sont autant de moments indispensables de l'activité scientifique et qui ne peuvent se réaliser dans l'élément exclusif de l'écriture.

---

[283] Paulin Hountondji reconnaîtra dans *Combats pour le sens*, qu'il « n'avait pas prêté aux corpus oraux toute l'attention qu'ils méritaient » (*Combats pour le sens*, p. 226).

Chapitre 6

Rationalité et validité universelle

1 L'expertise de la science

1.1 L'exigence d'universalité

La question de l'universalité est un dilemme, dans la mesure où l'idée et l'exigence qu'elle exprime paraissent, quoique légitimes, incompatibles avec un fait irrécusable : la diversité culturelle. En raison de cette diversité culturelle, il doit tout de même paraître sinon vain, du moins assez audacieux, d'espérer que les choses apparaissent sous le même moule pour tous les hommes. Il doit être utopique d'attendre que des esprits moulus ou formatés par des repères et valeurs culturellement différents, aient des choses, une même représentation. Et la question est précisément de savoir, en présence de représentations concurrentes, de quel moyen on dispose pour désigner (ou décider !) de façon certaine, sans parti pris ni *a priori*, laquelle est vraie. Ou doit-on, au nom de l'équivalence des cultures, affirmer aussi l'équivalence des valeurs, et dans la même logique, dire par exemple qu'à propos d'une même chose, tous les jugements sont valables et pertinents, fussent-ils absolument contradictoires ? Peut-on décemment souscrire à l'idée qu'il existe autant de vérités que d'hommes, ou de cultures ? Si oui, n'est-ce pas remettre en cause la possibilité même de communication entre les hommes ?

L'universalité est d'abord, sans doute, une exigence de l'esprit humain, une condition de possibilité aussi de toute vie sociale. Les hommes ne peuvent être d'accord sur tout, cela s'entend. Mais toute communication, et à plus forte raison, toute discussion seraient simplement impossibles s'il n'existait pas de repères objectifs, affranchis de toute référence aux sentiments personnels de chaque homme, si les hommes ne pouvaient s'entendre sur un minimum, s'ils n'étaient pas sûrs, jusqu'à un certain point, de référer aux mêmes choses. De ce point de vue, *l'universalité est fondatrice du sens*. Une "représentation", un discours n'aurait pas de sens, s'il ne peut référer à rien de façon précise et certaine, indépendamment de celui qui l'exprime ou le profère, s'il ne peut renvoyer à une chose ou idée identifiable par les autres hommes, interlocuteurs réels ou potentiels, partenaires d'un dialogue possible.

Mais bien plus, l'exigence de la validité universelle est solidaire de la quête de la vérité. Un discours ou jugement qui prétend exprimer la vérité ne peut, sans se renier, se réduire à l'affirmation d'un point de vue, d'une opinion parmi d'autres, renvoyant à des considérations plutôt individuelles ou culturelles, et finalement, variables au gré des conjonctures.

Si, d'un point de vue rigoureux, elle ne constitue pas la *preuve* absolue de la vérité d'un jugement, l'universalité en est un *critère* incompressible. Et c'est en cela qu'elle est solidaire de la fondation de la science. C'est, en un certain sens, toute la leçon que dégage la réfutation du relativisme par Platon. On se rappelle la célèbre formule de Protagoras : « L'homme est la mesure de toute chose ». L'implication de cette affirmation, établie de proche en proche, au détour d'un dialogue entre Socrate et Théétète, en a révélé l'inconsistance théorique. Car le propos de Protagoras revenait à dire ceci, ni plus, ni moins : « A chacun sa vérité ». Une telle conception de la vérité n'est pas seulement inacceptable ; elle est aussi négatrice du projet scientifique en tant que tel. Les différents dialogues de Platon valorisent, *mutatis mutandis*, cette exigence de la validité universelle du discours, validité qui fait à la fois sens et science. Le discours vrai est celui qui saisit de la chose, non pas les caractéristiques instables et fugitives, mais son essence immuable qui constitue en tant qu'invariant, ce qui fait que la chose concernée est ce qu'elle est, et ce, en dépit des différentes configurations qu'elle peut présenter.

Connaître une chose, c'est en saisir l'idée qui demeure telle, dans le temps. Cette vocation, en quelque sorte solidaire de l'exigence de validité universelle, ne pouvait être assurée selon Platon, par les sens, producteurs de sensations auxquelles on ne peut se fier, mais par la raison. On voit donc que le pari de l'universalité est aussi, d'une certaine manière, le pari de la rationalité. Mais on voit également que la quête de l'universel débouche chez Platon, sur un idéalisme qui valorise les essences pures et éternelles. Ce qu'on pourrait retenir de fondamental chez le philosophe grec, c'est la nécessité affirmée d'affranchir la vérité de la tutelle peu crédible de nos sens et de nos opinions.

On retrouve la même exigence d'universalité sous une forme plus argumentée encore sans doute, plus radicale peut-être, chez Husserl. Chez ce philosophe aussi, l'exigence de la validité universelle est établie au détour d'une réfutation du relativisme. Dans les *Recherches logiques*, Husserl tente d'établir les lois universelles et "supra-temporelles" au regard desquelles la science est possible. Tour à tour sont "démontés" et réfutés, le relativisme individuel qui correspond à la thèse de Protagoras rejetée par Platon, le relativisme culturel et le relativisme spécifique. Le relativisme culturel est l'idée selon laquelle la vérité serait fonction de la culture, ce qui équivaut à peu près à ceci : "A chaque culture, sa vérité". Le relativisme spécifique, quant à lui, ne remet pas en cause l'unité de la vérité. A s'y méprendre, on pourrait même dire qu'il ne remet pas en cause l'universalité. C'est pourtant avec la même vigueur que Husserl le combat. Pour Husserl en effet, la vérité ne saurait être fonction de l'espèce humaine. Une vérité resterait une vérité même s'il n'existait personne pour l'énoncer. Husserl écrit : «Toute vérité en soi demeure ce qu'elle est, elle conserve son existence idéale ... Elle est une unité dans l'univers intemporel des idées[284] ».

La vérité ne procède donc ni de l'opinion, ni de l'accord des individus, quelle que soit l'étendue du groupe considéré. En l'affranchissant ainsi de la tutelle de ces trois formes de relativisme, Husserl fonde le principe de l'unité "atemporelle" et "aspatiale" de la vérité, et du même coup, l'universalité de la science. La géométrie constitue aux yeux du philosophe allemand, une illustration de ce principe. A son propos, Husserl affirme :

> « L'existence géométrique n'est pas existence psychique, elle n'est pas existence de quelque chose de personnel de la conscience ; elle est existence d'un être-là, objectivement, pour "tout-le-monde" (pour le géomètre réel et possible ou pour quiconque comprend la géométrie).

---

[284] Edmund Husserl, *Recherches logiques*, Trad. H. Elie, tome 1er, 2ème éd. Paris, PUF, 1969, pp. 143-144.

Bien mieux, elle a depuis sa proto-fondation une existence spécifiquement supra-temporelle[285]. »

On voit à quelle hauteur la philosophie husserlienne porte le projet d'universalité hérité de Platon ; on voit à quel niveau il élève cette exigence, notamment pour les sciences ; on voit surtout que ledit projet suppose l'existence d'« objets idéaux » qui transcendent la réalité et la condition humaines, et en sont, pour ainsi dire, indépendants. Le savoir ne peut donc prétendre à l'universalité que s'il va au-delà de la coque apparente, inconstante et inconsistante des choses, pour saisir cette idéalité fondatrice supra-temporelle qui les définit comme telles, et qui s'impose de ce fait à tout le monde. Une fois encore, l'objet du savoir ne peut être les qualités sensibles, mais plutôt les essences et principes fondamentaux qui régissent le réel. De la même manière, le principe du savoir ne peut être l'opinion, que cette dernière soit individuelle ou qu'elle traduise le point de vue d'un groupe humain plus ou moins étendu.

1.2 La question des normes

La question que l'on ne peut s'empêcher de se poser est de savoir si un tel projet n'est pas au fond une utopie, sauf peut-être pour les mathématiques, en tant que ces dernières portent justement sur des objets idéaux. Comment ce projet se conjugue-t-il dans la pratique "scientifique" quotidienne ? Les savoirs africains obéissent-ils ou peuvent-ils obéir à cette même approche ?

Au fond, sur la base de quels critères doit-on évaluer ces corpus de savoirs ? Une fois reconnus et posés le principe et l'exigence de la rationalité et de la validité universelle, la grande question est de savoir si la science moderne, dans son état actuel, en fournit le modèle achevé et parfait, de telle sorte que son expertise soit à la fois nécessaire et suffisante pour affirmer ou nier la pertinence de tout corpus de connaissances. Cette question peut surprendre. Formatés que sont nos esprits de "modernes" par la science et la technologie dites modernes ou occidentales, nous voyons spontanément et

---

[285] Husserl, « L'origine de la géométrie », trad. J. Derrida, in *La crise des sciences européennes*, Paris, Gallimard, 1976, p. 406.

naturellement dans cette science officielle, aussi bien la référence que la norme de tout ce qui peut être validé ou non. L'expertise de cette science semble s'imposer d'elle-même, et son autorité suffisamment établie pour qu'il ne soit besoin de la justifier ou, au contraire, permis de la discuter. Pourtant, si l'on est bien avisé de se méfier de valoriser les savoirs locaux africains pour eux-mêmes et surtout par eux-mêmes, ne tombe-t-on pas dans un piège symétriquement équivalent, en définissant par avance la pertinence desdits savoirs par leur conformité aux canons de la science moderne officielle ?

Il ne va pas de soi, en effet, de considérer la science moderne comme la référence de la rationalité, et les canons qu'elle définit comme étant les seuls et incontournables auxquels devrait se plier tout savoir pour être validé. En tant que produit d'une culture particulière, elle ne pourrait logiquement être érigée en norme universelle, sauf à violer le principe de la diversité et surtout de l'équivalence des cultures. S'il est entendu que chaque culture est une réponse particulière aux problèmes existentiels[286], et qu'aucune culture ne peut être tenue pour supérieure à une autre, n'est-il pas inconséquent d'ériger un modèle de savoir au rang de norme et de prétendre examiner et évaluer les autres en s'y référant ?

Si sa filiation culturelle ne remet pas en cause la valeur intrinsèque de la science moderne et de ses principes fondamentaux, elle autorise cependant à émettre une réserve sur le pouvoir de ladite science à décider de la pertinence des autres modèles de connaissances ou techniques. La tendance même qui consisterait à vouloir ériger la science moderne occidentale au rang de norme et de référence ne serait rien d'autre qu'un aspect particulier de l'eurocentrisme.

Il semble donc qu'on devrait pouvoir développer et valoriser les productions intellectuelles et technologiques africaines propres, sans exiger qu'elles s'alignent sur ce qui est considéré comme le modèle occidental de la science et plus généralement, de l'*episteme*, et qu'elles se soumettent à ses canons. C'est dans le sillage du rejet de cet "eurocentrisme" qu'on a justifié le projet d'une "philosophie africaine" propre, qui ne soit pas forcément calquée sur le modèle

---

[286] Cette thèse, fondamentale chez Lévi-Strauss, a été reprise par Alban Bensa dans *La fin de l'exotisme. Essai d'anthropologie critique*, Toulouse, Anacharsis Edition, 2006, pp. 16-17.

occidental. L'un des points essentiels de la polémique suscitée par ce projet se rapportait en effet à la validité que pouvait avoir une "philosophie africaine" supposée propre et spécifique, et qui n'obéirait pas aux mêmes normes que la tradition philosophique occidentale. Pour des auteurs comme Placide Tempels, Koffi Niamkey, Alassane N'daw, et Alioune Diop, point n'est besoin de s'enfermer dans les canons étroits de la philosophie européenne pour s'autoriser à développer une philosophie africaine[287].

Mais c'est peut-être chez Alexis Kagame que l'on trouve la justification la plus consistante du développement d'une philosophie africaine qui ne soit pas forcée de se soumettre aux canons prétendument universels de la philosophie occidentale. L'argument principal du philosophe rwandais est justement que la philosophie européenne que l'on tient pour référence n'est pas si universelle qu'on le prétend, mais qu'elle est plutôt, dans une large mesure, l'expression d'une culture particulière. Par exemple, les catégories de l'être identifiées par Aristote, et sur lesquelles repose sa métaphysique, proviennent, selon Kagame, d'une analyse de la syntaxe de la langue grecque ; pour cette raison, elles auraient été inconcevables dans une autre langue que le grec. Pour le philosophe rwandais, il est donc clair que la philosophie occidentale n'est qu'un faux universel, et que par conséquent, on ne saurait interdire ni invalider le développement de pratiques culturelles concurrentes, et en réalité analogues. Kagame se croit donc fondé à développer une philosophie bantu-rwandaise à partir des catégories syntaxiques de sa propre langue, le *kinyarwanda*[288].

On sait quelles critiques ce projet d'identification et de valorisation d'une philosophie africaine propre a suscitées, notamment chez Paulin Hountondji et Marcien Towa[289]. Mais il nous

---

[287] En fait, la publication par Placide Tempels de *La philosophie bantoue*, est déjà une remise en question de l'eurocentrisme. Ceci montre que la réaction à laquelle on doit l'érection et la valorisation d'une philosophie typiquement africaine n'est pas d'abord ou essentiellement une posture d'Africains.

[288] Alexis Kagame, *La philosophie bantu-rwandaise de l'être*, Bruxelles, Académie Royale des Sciences Coloniales, 1956.

[289] Cf. notamment, Paulin Hountondji, *Sur la "philosophie africaine" : critique de l'ethnophilosophie*, Paris, Maspéro, 1977, et Marcien Towa, *Essai sur la problématique philosophique dans l'Afrique actuelle*, Yaoundé, CLE, 1971.

semble utile de rappeler que ce que désignent et dénoncent Hountondji et Towa sous le nom d' « ethnophilosophie »[290], s'inscrit d'abord et avant tout dans la logique d'une réaction contre la péjoration théorique de la culture africaine. Plus généralement, la tendance qui consiste à valoriser la culture africaine, à en faire une valeur propre, et surtout à élever le patrimoine intellectuel africain au rang de pendant de la science et de la technologie européennes, est d'abord une réplique à la péjoration théorique et au dénigrement dont a été victime ladite culture.

L'ethnologie elle-même n'a vu le jour que sous la forme d'une branche des sciences humaines, destinée à l'étude des sociétés exotiques, entendu que ledit exotisme est défini par rapport à la société occidentale arbitrairement érigée en référence. C'est sur la base de cette altérité par exemple, que Lévy-Bruhl a étudié les sociétés primitives - qu'il n'éprouve aucune difficulté à qualifier d' « inférieures »[291] - lesquelles sont frappées d'une tare consubstantielle irrémédiable qui les rend inaptes au raisonnement cohérent : les primitifs ont une *mentalité prélogique*[292]. Mais Lévy-Bruhl n'est que le représentant d'une tendance largement partagée et qui revient à traiter l'Occident comme le "siège de la rationalité et de la science" et à ne voir dans les productions intellectuelles des autres cultures, en particulier celles d'Afrique, que représentations et pensées symboliques. Les différentes postures intellectuelles qui s'inscrivent dans la perspective d'une valorisation du patrimoine intellectuel "philosophique" ou "scientifique" africain, sont donc d'abord, une réplique à cet eurocentrisme. Qu'elle prenne la forme d'un afrocentrisme réel ou supposé[293], lucide ou passablement

---

[290] Précisément, la posture qui consiste à rechercher les éléments de la philosophie africaine dans les contes, les proverbes, les légendes, bref dans les représentations collectives.

[291] Lucien Lévy-Bruhl, *Les fonctions mentales dans les sociétés inférieures*, Paris, PUF, 1910.

[292] Incapables d'avoir une notion précise de quoi que ce soit (c'est-à-dire du monde extérieur ou d'eux-mêmes), incapables aussi de percevoir le monde comme une totalité organisée, l'esprit déterminé par la "catégorie affective du surnaturel" et englué dans la confusion, les primitifs sont aussi, et par voie de conséquence, inaptes à toute production scientifique.

[293] Le terme est d'ailleurs polémique. Ce qu'on appelle couramment afrocentrisme, c'est la tendance attribuée à Cheikh Anta Diop et Théophile

militant, ou d'un nationalisme culturel plus ou moins prononcé, ou encore qu'elle se manifeste sous le couvert de la promotion "hâtive" d'une "philosophie africaine", l'afro-exaltation est indirectement peut-être, mais indiscutablement, une réponse à l'ethnocentrisme européen, à l'eurocentrisme tout court.

Il eût été intéressant cependant qu'une telle entreprise se tienne le plus loin possible du combat idéologique, pour s'occuper, avec tout le discernement nécessaire, de la valorisation lucide et critique des traditions intellectuelles et technologiques locales. S'il est vrai que tant d'années de mensonges historiques et de déformations ethnologiques appelaient une réplique conséquente, il doit être légitime d'attendre que ladite réplique ne tombe pas dans le piège inversement équivalent, et que l'étude des valeurs culturelles africaines ne se transforme, comme par réaction, en une négation de l'héritage dit occidental ou une apologie facile et forcée de ce qui touche de près ou de loin aux cultures africaines. Car au fond, si l'on doit accepter et même encourager la diversité culturelle, peut-on raisonnablement faire l'économie de l'universalité du scientifique? Sans refuser à quelque peuple que ce soit, à quelque homme que ce soit, la capacité de produire des connaissances philosophiques et scientifiques valides, doit-on accepter le principe de savoirs qui n'auraient de valeur qu'au regard des particuliers culturels à l'intérieur desquels ils ont pris corps ?

On pourrait choisir de régler la question de l'universalité, plutôt de dissoudre la polémique qu'elle suscite, en valorisant, contre la tendance à l'exacerbation des identités culturelles supposées irréductibles, l'idée d'une unité culturelle des sociétés humaines, qui

---

Obenga, et qui revient à mettre l'Egypte pharaonique au centre du monde ou plus simplement de la civilisation. Mais quand Obenga défend l'afrocentrisme, le sens qu'il lui donne n'est pas celui-là. Il s'agit plutôt de « la mise des idéaux et idées-forces propres aux sociétés africaines au centre de toute étude historique et culturelle concernant l'Afrique ». (Théophile Obenga, "Les derniers remparts de l'africanisme", in *Présence africaine*, n° 157, 1998, p. 53). L'objectif de cet afrocentrisme : corriger les théories fausses et ethnocentristes que l'africanisme a développées et propagées sur l'Afrique. L'afrocentrisme est donc prioritairement dirigée contre l'africanisme. On dira ce qu'on voudra sur l'afrocentrisme défini par les critiques de Diop et d'Obenga, ou sur celui dont se réclame Obenga. Mais la dénonciation de l'eurocentrisme ne saurait, sans se renier, valider les mêmes erreurs et postures qu'elle critique.

renverrait par exemple à un brassage originaire. C'est en faisant le pari de ce "Babel", de cette confusion originaire qui, sans dissoudre les cultures particulières, interdit cependant de les considérer comme des entités discrètes isolables, que Jean-Loup Amselle en arrive à affirmer l'inconsistance théorique aussi bien de l'eurocentrisme que de l'afrocentrisme : « Pas plus l'Afrique que l'Europe n'existe si ce n'est dans l'imaginaire tant des afrocentristes que des eurocentristes ou bien encore de ceux qui maladroitement s'efforcent de contrer les thèses afrocentristes[294] ». Du même coup, l'universalité peut cesser d'être pensée comme la dissolution ou la dilution des particularismes ; elle devient au contraire l'instrument privilégié de leur épiphanie : « Loin de contrarier la manifestation des différences, elle est le moyen privilégié de leur expression ».

Outre le fait de renvoyer dos à dos l'eurocentrisme et l'afrocentrisme, l'un n'étant que la figure inversée de l'autre, le propos d'Amselle a le mérite de relativiser les craintes d'une dissolution ou d'une mise à mort des particuliers culturels, craintes exprimées sur des modes différents par des auteurs comme Claude Lévi-Strauss[295], Aimé Césaire[296] et Paul Feyerabend[297]. Il reste que dans la réalité de cette "culture mondialisée" dont parle Amselle, certains particuliers sont plus visibles que d'autres, et fonctionnent même comme des "universaux", sans que soit interrogée la manière dont s'est fait le tour de force qui leur a permis d'accéder à ce statut.

Cette image "mondialisée" ou métissée de la culture ou des cultures, ne suffit donc pas à dissoudre la question des tensions, des rapports de force, de l'opposition ou tout au moins de la distinction des modèles. Par exemple, que la science moderne soit - et Amselle a raison de le préciser - un lieu d'expression ou de lecture possible de l'autre-que-l'Europe, de l'Egypte ou de l'Afrique en particulier, cela laisse entière la question de son universalité, ou en tout cas de la non-universalité d'autres formes de savoirs. On n'établit pas le caractère universel de la science moderne en la posant simplement comme lieu

---

[294] Jean-Loup Amselle, *Branchements. Anthropologie de l'universalité des cultures*, Paris, Flammarion, 2001, p. 104.
[295] Voir notamment, *Race et histoire* et *Tristes tropiques*.
[296] Dans sa *Lettre à Maurice Thorez*, il écrit : « Il y a deux manières de se perdre : par ségrégation murée dans le particulier, ou par dilution dans l'universel ».
[297] Paul Feyerabend, *Adieu la raison*.

de partage, réalité *interculturelle*. Il faut encore montrer qu'elle est *extraculturelle*[298]. Il faut en arriver à démontrer que, dans son projet, tout autant que dans sa démarche, dans la nature des questions qu'elle pose, cette science ne doit rien à quelque tendance culturelle ou religieuse que ce soit.

1.3 La science moderne : modèle de rationalité et d'universalité

Quoi qu'on dise, il serait difficile et même impossible d'évaluer les corpus de savoirs endogènes africains, en contournant la confrontation avec la science moderne, sous prétexte de l'occidentalité de celle-ci.

Tout d'abord, l'attitude qui consisterait à valoriser les savoirs africains, en tournant dos aux canons de la science moderne, serait en un certain sens, inconséquente. Car elle reviendrait, ni plus ni moins, à affirmer la scientificité de ces savoirs africains - ce qui traduit une référence à ce qu'on appelle la science et à ses principes et normes - et à estimer dans le même temps que lesdits savoirs n'ont pas besoin d'être conformes aux principes et normes de la science. Se référer à la science pour affirmer la valeur des savoirs locaux, en d'autres termes, considérer ces derniers comme le pendant local de la science moderne occidentale et, dans le même temps, rechercher le titre de validité desdits savoirs, en tournant dos à cette science en référence de laquelle ils ont été élevés à cette considération, n'est rien d'autre qu'un déni de soi[299]. On ne peut le nier, l'afro-exaltation, l'apologie et la célébration militantes des valeurs culturelles ou intellectuelles africaines partent sinon toujours, du moins très souvent, d'une comparaison avec les valeurs occidentales consciemment ou inconsciemment érigées en termes de référence, pour finir, miraculeusement, par la valorisation des premières sur la

---

[298] C'est une exigence formulée par Husserl.
[299] Cette réflexion est valable pour la philosophie africaine. Un des reproches fondamentaux que Hountondji fait à l'ethnophilosophie est précisément d'élever des corpus et représentations particuliers à la dignité de philosophie et de prétendre, dans le même temps, soustraire cette "philosophie" au traitement auquel sont habituellement soumis les textes qui s'inscrivent dans cette tradition.

base de leur spécificité, de leur altérité, sur la base de la mise entre parenthèses du modèle admis comme référence.

Dans le fond en effet, la valorisation du patrimoine culturel ou intellectuel de l'Afrique s'affranchit rarement de la tutelle du modèle occidental. C'est généralement au regard de ce dernier que l'on valide ce qu'on considère comme une valeur propre de la tradition africaine. Ainsi par exemple, lorsque sur la base de la syntaxe du *kinyarwanda*, Alexis Kagame établit une philosophie bantu-rwandaise de l'être[300], il ne fait que reproduire une posture occidentale (celle d'Aristote précisément), ce qui signifie qu'il la valide, et surtout qu'il s'y soumet. Finalement, même les postures qui visent à valoriser le patrimoine culturel authentique de l'Afrique ne sont pas pour autant affranchies de l'eurocentrisme qu'elles prétendent combattre[301].

---

[300] Alexis Kagame, *La philosophie bantu-rwandaise de l'être*, Bruxelles, Académie Royale des Sciences Coloniales, 1956.

[301] Dans un autre registre, nous pouvons mentionner le nom de Laye Camara. On trouve en effet chez l'auteur guinéen, une forme plutôt curieuse d'eurocentrisme, un eurocentrisme déguisé, voilé, un eurocentrisme qui semble obéir à une nécessité incontournable en même temps qu'il voudrait se refuser à sa propre réalité. Il peut paraître curieux et même à la limite, absolument contradictoire, de classer Laye Camara dans la catégorie des eurocentristes. L'exaltation des valeurs africaines traditionnelles, telle qu'elle se révèle dans *L'enfant noir* puis dans *Le maître de la parole*, tend à dire en effet tout autre chose qu'une valorisation de la culture occidentale. Mais au fond, Camara n'échappe pas à l'eurocentrisme, car la valorisation qu'il fait de la culture africaine, loin de mettre entre parenthèses le modèle occidental, s'y appuie au contraire comme sur un point d'ancrage et une référence finalement incontournables. C'est d'une *certaine* lecture de cette civilisation européenne que Camara déduit la valeur et la "profondeur" de la culture africaine. Dans *Le maître de la parole* en effet, précisément au chapitre intitulé « L'Afrique et l'appel des profondeurs », l'auteur guinéen valorise la civilisation africaine par le biais de ce qui constitue à ses yeux la marque essentielle de la civilisation européenne. Selon Camara, c'est en raison d'une "connaissance insuffisante", superficielle, et plutôt "périphérique" de l'Occident, qu'on en est arrivé à confondre sa *civilisation* avec la *mécanisation* ou l'industrialisation. Un examen rigoureux et bien exercé donne de cet Occident une tout autre image, que Camara croit pouvoir résumer ainsi : « Lorsque nous levons les yeux sur cette France, sur ce qu'elle a de plus authentique, ce ne sont pas les machines que nous voyons briller au sommet, mais des livres, mais des peintures, mais des architectures. Et ce n'est pas non plus le ronflement des machines que notre oreille perçoit, mais l'harmonie des orchestres ». Ce n'est donc pas dans la science et la technologie, mais dans l'art (ici compris et défini comme l'expression de l'âme), que Camara voit l'essentiel de la civilisation occidentale. Et justement, si par ses diverses expressions, l'art fait la valeur de la civilisation occidentale, il est aussi, par voie de conséquence, le signe de la "profondeur" et de la valeur de la civilisation africaine. On sait à quelles

D'un autre côté, le statut de référence qu'a la science moderne ou occidentale peut se justifier. Revenons au mot d'Isabelle Stengers déjà cité dans l'introduction : « Depuis qu'existe ce qu'on appelle les sciences modernes, chaque savoir, chaque pratique qui se veut rationnelle doit se situer par rapport à cette référence[302] ». Par ce propos, Stengers fait un constat plus qu'elle n'énonce et valide une posture. On peut se demander comment la science en est arrivée à occuper cette position qui paraît aujourd'hui, et pour la grande majorité, aller de soi.

C'est un fait : la science séduit l'humanité tout entière, sans doute d'abord en raison de ses performances dans le domaine de la technologie, c'est-à-dire des applications heureuses de ses théories, mais aussi, et pour une bonne part, de la fiabilité de ses résultats, de l'objectivité et de l'universalité des lois et vérités qu'elle établit[303]. Et ce qui légitime la science moderne dans ce statut de référence est qu'elle est fondée à établir des lois qui tiennent leur pertinence de preuves et expérimentations répétables *partout* et *par tous*, au lieu d'être l'opinion d'une seule personne, ou l'expression d'une entente entre personnes partageant les mêmes convictions ou croyances.

On fait remonter à Galilée la fondation de cette science moderne conquérante. Les principes fondamentaux qui la gouvernent sont précisément ceux par lesquels Galilée fonda au XVIème siècle, et dans les conditions qu'on sait, la physique moderne. La pierre angulaire de cette physique "nouvelle" qui allait devenir, du coup, le modèle de toutes les sciences naturelles, est précisément le principe de l'explication du physique par le mathématique. Le génie du physicien italien fut de poser que les phénomènes physiques devaient obéir à des lois mathématiques, et que de cette façon, l'univers n'est

---

critiques ce genre de "valorisation au rabais" a donné lieu chez d'autres auteurs (Marcien Towa et Paulin Hountondji par exemple).

[302] Isabelle Stenghers, « Le médecin et le charlatan », in Tobie Nathan (dir.), *Médecins et sorciers*, Paris, Seuil, Coll. Les empêcheurs de penser en rond, 1995, p. 128.

[303] Il est même vain, semble-t-il, de séparer ici l'efficacité pratique de la fiabilité des lois. Les succès technologiques sont aussi et peut-être d'abord, la preuve de la fiabilité des théories scientifiques, et indirectement, de la solidité de l'architecture théorique, c'est-à-dire de l'ensemble des principes qui gouvernent l'activité scientifique en tant que telle (notamment les méthodes d'exploration du réel et les techniques de vérification et de validation des lois scientifiques).

finalement qu'un livre. Ecrit en mathématique, il ne peut être lu et compris qu'au moyen de ce langage mathématique. Cette unité fondatrice du concret et de l'abstrait, du physique et du mathématique, du sensible et de l'intelligible, cette "nouvelle alliance", comme l'appellent Prigogine et Stengers[304], a l'avantage de valider le projet et l'exigence de la validité universelle, lui donnant des contours précis, montrant surtout que le projet platonicien n'était pas forcément la rêverie d'un idéaliste fantaisiste.

Car justement, en établissant le lien entre le physique et le mathématique, en branchant le monde physique sur la prise des principes mathématiques, Galilée affranchit la physique de la dépendance des données sensibles fragmentaires, instables et peu fiables, mais aussi et en même temps, de la tutelle des croyances particulières (aux dieux et esprits). La mathématisation de la physique est d'abord, en effet, une rupture épistémologique avec la physique qualitative héritée d'Aristote et fondée sur des catégories aussi peu fiables et peu précises que celles du "haut", du "bas", du "grave", du "léger". En introduisant la mesure dans l'appréhension des données physiques, Galilée apportait précisément l'instrument de la précision qui devait suppléer aux limites de la sensibilité déjà identifiées par Platon, et affranchir la science de la tutelle des dieux et autres entités "imaginaires". Joseph Needham fait remarquer : « Les sciences du monde médiéval étaient étroitement liées aux environnements ethniques dans lesquels elles étaient nées, et il était très difficile, sinon impossible, aux peuples de ces cultures différentes, de trouver un *langage commun*[305] ». On peut considérer qu'avec l'avènement de la physique galiléenne, les hommes ont trouvé dans les mathématiques,

---

[304] Illya Prigogine et Isabelle Stengers, *La nouvelle alliance. Métamorphoses de la science*, Paris, Gallimard, 1979.

[305] Joseph Needham, *La science chinoise et l'Occident*, trad. E. Simion, Paris, Seuil, 1976, p. 10. Needham insiste particulièrement sur la compréhension mutuelle et la *diffusion* que la mathématisation eut l'heur de rendre possibles : « L'incompréhension mutuelle des systèmes conceptuels limités à une aire ethnique restreignait les possibilités de contacts et de communications dans le domaine des idées scientifiques. » L'idée que nous développons ici va un peu au-delà. Ce que rendirent possible les mathématiques essentiellement, ce n'est pas l'intercompréhension, mais la *validité* hors frontières. C'est précisément ce qui permit à la nouvelle science de s'imposer partout.

ce *langage commun*, pas simplement "fédérateur", mais véritablement universel, indépendant de toute croyance particulière.

Les succès foudroyants que connurent cette physique mathématique et ses premières applications, entre autres, le calcul juste et précis de la trajectoire des planètes, la prévision tout aussi juste de leur mouvement à partir des lois de Newton, finirent par l'imposer comme le modèle raisonnable et fiable de la connaissance et de l'explication des phénomènes. Ce qu'on a appelé le déterminisme, ce que Popper appelle plus précisément le déterminisme scientifique[306] et qu'il oppose justement aux déterminismes métaphysique et religieux, a pris corps de cette façon. Les autres sciences naturelles se sont développées dans le même esprit. Sans qu'elle soit un savoir achevé, on a pu penser que la science moderne dispose, depuis Galilée, des armes théoriques nécessaires à la mise en formule progressive du monde.

On devrait donc reconnaître que la science moderne n'a pas usurpé son statut de référence. La confiance qu'on lui voue, la tendance quasi naturelle qui consiste à s'en remettre à son expertise, n'est pas un acte gratuit d'allégeance à une institution indûment érigée en autorité, ni un simple effet de séduction. Ce n'est sans doute pas un hasard si Lévi-Strauss, pourtant connu comme un ardent défenseur de la valeur des formes extra-européennes du savoir, en arrive, malgré tout, à reconnaître et affirmer "l'absolue supériorité" du savoir scientifique[307]. Ce ne peut être un hasard non plus, si Cheikh Anta Diop, connu pour ses travaux sur la valorisation du patrimoine intellectuel de l'ancienne Egypte, n'a jamais remis en cause l'expertise de la science moderne. Pour Diop en effet, les savoirs africains ont indiscutablement une valeur, mais ce n'est pas en tournant dos aux normes scientifiques internationales qu'on peut l'établir de façon convaincante ; c'est plutôt en s'y soumettant. Au

---

[306] Karl Popper, *L'univers irrésolu : plaidoyer pour un indéterminisme*.

[307] Claude Lévi-Strauss, *L'homme nu*, Paris, Plon, 1971, p. 569. Il est sans doute légitime de douter, sur cette question précise, de l'unité de la pensée de Lévi-Strauss. Il y a en effet, indiscutablement, un contraste saisissant entre l'équivalence des formes de savoirs, longuement développée dans *Anthropologie structurale*, *Tristes tropiques*, et surtout dans *La pensée sauvage*, et cette "supériorité absolue" de la science moderne proclamée avec assurance dans *L'homme nu*.

cours d'une intervention à un colloque qui eut lieu au Caire sur la polémique de l'antériorité de la civilisation égyptienne, il affirmait :

> « Sur le plan méthodologique, il faut être sévère avec soi-même. Si nous critiquons la partialité des autres pour tomber dans le même travers, ce n'est plus la peine. A ce moment aussi, nos œuvres seraient frappées de la même caducité. Je crois que sur le plan de la rigueur scientifique, il n'y a pas de concession à faire. Il faut être sévère avec soi-même.[308] »

Même lorsqu'il défend l'antériorité et l'importance du patrimoine intellectuel de l'Egypte ancienne par rapport à la science occidentale, quand il affirme que cette dernière n'est *que* le développement du premier, Diop n'en arrive jamais à établir une égalité de valeur entre les deux systèmes. Tout au contraire, il situe clairement le point de rupture qui finit par signer l'envol de la science "occidentale" : « Les Grecs n'ont fait *que*[309] reprendre et développer dans une certaine mesure, parfois, les inventions égyptiennes, tout en les dépouillant, en vertu de leurs tendances matérialistes, de la carapace religieuse idéaliste qui les entourait[310] ». Si donc on consentait à admettre avec Diop, la source égyptienne de la science occidentale, on devrait retenir ceci d'essentiel que cette dernière est le résultat d'un déicide, d'une laïcisation, d'un audacieux toilettage qui, libérant les savoirs égyptiens de leur gangue magico-religieuse, purifia pour ainsi dire ces derniers, et les rendit au dynamisme que nous connaissons[311].

Au regard de ce qui précède, la leçon est claire : les savoirs endogènes des sociétés africaines constituent un trésor immense mais

---

[308] Document sonore.
[309] Il faut dire que l'objectif de Diop était de valoriser l'apport égyptien. C'est dans cette logique qu'il faut comprendre la banalisation de la révolution grecque.
[310] Cheikh Anta Diop, *Nations nègres et culture*, Paris, Présence africaine, 1955, p. 395.
[311] Diop précise : « Le génie profane des Grecs dû à l'influence des steppes eurasiatiques, leur faible tempérament religieux a rendu possible chez eux, dès qu'ils ont emprunté les valeurs égyptiennes, l'existence d'une science laïque, profane, enseignée publiquement par des philosophes également profanes, au lieu que cette science soit l'apanage d'un corps sacerdotal qui la gardera jalousement, sans la répandre dans le peuple, pour la laisser se perdre avec les bouleversements sociaux » (*Ibid*. p. 397).

dont la valorisation effective passe par une certaine épuration au contact des normes scientifiques les plus éprouvées, celles-là mêmes à l'intérieur desquelles ont pu émerger une science grecque ou occidentale si performante et pointue qu'on en oublie l'origine africaine[312]. Le pari pour la rationalité sur lequel Paulin Hountondji insiste à plusieurs reprises[313] ne veut pas dire autre chose. Les savoir-faire et pratiques efficaces peuvent être améliorés, par la mise en évidence des principes rationnels et objectifs sur lesquels ils reposent. Par la même occasion, les représentations et croyances erronées pourraient être écartées, et l'espace intellectuel débarrassé des "erreurs" des mythes et autres produits de l'imagination vagabonde par lesquels l'esprit humain compense généralement son incapacité à expliquer positivement les choses.

Il n'y a donc visiblement rien de tel, que la confrontation des savoirs endogènes avec les principes et normes de cette science moderne ou occidentale, pour purifier ces savoirs et pratiques, identifier la substance pertinente qu'ils renferment et la rendre performante. Pourtant, le procès d' « occidentalisation » a ses limites. La volonté de tout faire entrer dans les cadres prédéfinis de la rationalité mathématique peut se révéler comme un "acharnement scientifique", une obsession mathématique, et donc l'allégeance à un principe théorique d'explication qui, pour s'être révélé fécond, ne reste pas moins un postulat, non une certitude absolue.

---

[312] Il faut, malgré tout, éviter d'exagérer l'importance ou la portée de ce que la science européenne doit à l'Egypte ancienne. Même à considérer que le génie de la civilisation occidentale fut essentiellement d'organiser des corpus et matériaux divers empruntés à d'autres peuples, on ne peut réduire l'origine des emprunts en question à la seule Egypte. Des travaux montrent ce que cette science occidentale doit à d'autres civilisations, la Chine par exemple (Voir entre autres, Joseph Needham, *La science chinoise et l'Occident*, trad. E. Simion, Paris, Seuil, 1976). Encore que l'origine première ou la paternité d'un savoir ou d'une technologie n'est jamais aisée à établir.

[313] Cf. notamment *Les savoirs endogènes : pistes pour une recherche* et *Combats pour le sens : un itinéraire africain.*

2. Savoirs africains et contre-expertise

2.1 Déicide et "mythocide"

La fécondité du déicide est donc attestée par l'histoire de la science et même précisément, par son acte de naissance. C'est d'avoir affranchi du recours aux dieux, le procès d'explication des phénomènes, et d'avoir substitué à ces dieux, des causes naturelles et objectives, que la science est née. Plus précisément encore, c'est d'avoir pu lier les phénomènes aux conditions objectives de leur manifestation et production, que la science a vu le jour. La connaissance des lois, c'est-à-dire des relations mathématiques qui lient les phénomènes les uns aux autres, n'a pas seulement rendu inutile le recours aux dieux ou autres forces de la nature. Il en a révélé la facticité. Le parallèle que fait Popper entre le déterminisme scientifique et le déterminisme religieux permet de rendre compte, dans une perspective synchronique, de la distinction que fait Comte entre une explication théologique dont on pourrait dire qu'elle est préscientifique, et une explication positive, rationnelle. La leçon, visiblement, s'entend. Tout invite à faire subir aux savoirs et représentations africains qui reposent encore sur une explication théologique et qui valorisent ainsi l'intervention des dieux, le déicide même qui permit l'avènement de la science moderne.

Le déicide va avec le "mythocide". En un certain sens, le déicide est déjà un mythocide. Les dieux sont niés et écartés parce que ce ne sont pas des réalités, parce qu'ils ne sont qu'imaginations ou mythes. Et l'explication qui se base sur des entités divines ou autres forces imaginaires relève également du mythe. La confrontation avec la science moderne, la soumission aux normes fiables et universellement valides de cette science, doit conduire à opérer la rupture décisive qui, en même temps qu'elle écarte les faux savoirs et les pratiques irrationnelles, libère le savoir consistant et les pratiques fondées, pour ensuite les développer. Le recours aux dieux, les mythes, de même que les pratiques rituelles, constituent une gangue dont la mise à l'écart conditionne l'émancipation des savoirs africains.

Quand on considère la divination *fa*, il est aisé d'imaginer l'intérêt d'une telle mise à mort des dieux et des mythes. L'analyse du mathématicien béninois Houndonougbo, déjà exposée dans la première partie, est un exemple de ce déicide. En écartant ce qu'il considère comme la gangue mythico-religieuse et donc inconsistante de ce système divinatoire, Houndonougbo ne conclut pas à la vacuité du système. Il découvre au contraire, par le jeu de cette mise à mort, une mathématique implicite : la divination *fa* lui apparaît comme un jeu de calcul des probabilités, jeu que les devins *bokonon* ou *babalawo* maîtrisent parfaitement. Des *bokonon* ou *babalawo* mathématiciens, quoiqu'illettrés, quoique n'ayant jamais étudié les mathématiques. Au regard de cette conclusion de Houndonougbo, on peut affirmer que les préoccupations intellectuelles dans l'« Afrique traditionnelle » ne se limitent pas à l'effort de connaissance du monde physique. Houndonougbo n'est d'ailleurs pas le seul à l'avoir montré. Plusieurs travaux ont révélé ce qu'on peut appeler une mathématique implicite au cœur même des activités et pratiques quotidiennes des populations africaines. Voici, à titre d'illustration, quelques articles et ouvrages :

- Souleymane Niang, « Négritude et mathématiques »[314] ;

- Abdoulaye Elimane Kane, « Mathématiques sauvages et rationalité »[315] ;

- Toussaint Tchitchi, « Numérations traditionnelles et arithmétique moderne »[316] ;

- Paulus Gerdes, *Recréations géométriques en Afrique,* et, du même auteur,

Femmes et géométrie ;

- Marc Chemiller, *Les mathématiques naturelles* (Paris, Odile Jacob, 2007).

Les approches ne sont pas les mêmes. Mais ces différents essais tendent à montrer que les mathématiques ne sont pas une science ou une préoccupation étrangère aux sociétés traditionnelles africaines ou aux cultures africaines. Derrière les activités les plus routinières (travaux de construction, commerce, jeux, arts décoratifs, consultations divinatoires) se trouve une mathématique implicite, parfois d'un niveau de complexité insoupçonnable, et à laquelle

---

[314] In *Présence Africaine*, n° 78, 1971.
[315] In Houtondji (dir.), *La rationalité, une ou plurielle ?*, Dakar, Codesria, 2007,
[316] in Paulin Houtondji (dir.), *Les savoirs endogènes : pistes pour une recherche*, Dakar, Codesria, 1994, pp. 109-138.

s'exercent les populations sans toujours s'en rendre compte, ce qui fait d'elles des mathématiciens qui s'ignorent, des "Messieurs Jourdain" des mathématiques.

Passablement militant (le titre en donne la mesure), l'article de Souleymane Niang semble vouloir dire, tout simplement, que les nègres sont par nature aptes à faire les mathématiques. La démonstration se résume pour l'essentiel au syllogisme suivant : L'intuition est une méthode caractéristique du raisonnement mathématique ; or l'intuition est la faculté majeure des Nègres ; donc les Nègres sont disposés à faire les mathématiques. Les autres essais ne se contentent pas de postuler ou de déduire le potentiel mathématique attaché à une faculté considérée comme caractéristique de l'Africain ou du Noir.

L'article d'Abdoulaye Elimane Kane est consacré à une comparaison des énoncés mathématiques dans deux langues africaines parlées au Sénégal, le *Pulaar* et le *Wolof*. Il essaie de montrer trois choses :

- l'expression des nombres est solidaire de la culture qui les élabore ;
- la structure de la langue influe sur les énoncés pour nommer les nombres ;
- la numération parlée obéit aux mêmes règles que la numération écrite.

Cette dernière proposition signifie que les numérations parlées ne manquent pas d'ordre ou d'organisation. Elle signifie surtout que l'oralité n'est pas, loin s'en faut, un obstacle à l'élaboration d'une numération performante et bien ordonnée. L'examen des deux numérations parlées (*Pulaar* et *Wolof*) permet à Kane de le montrer[317].

Dans son livre, Marc Chemiller écarte, lui aussi, l'hypothèse selon laquelle les mathématiques ne sauraient exister dans une civilisation orale. Dessins sur sable, jeux de stratégie, musique, art divinatoire (le *sikidy* du Madagascar par exemple), voilà les terrains sur lesquels s'exerce cette "mathématique naturelle" qui fait l'objet de son livre. Mais si, à partir de là, on est fondé à dire que les mathématiques ne sont pas l'apanage des civilisations de l'écriture, il serait imprudent de

---

[317] Kane, *Ibid.*

confondre la mathématique naturelle et les mathématiques formelles spécialisées. Pour Chemiller, il convient de distinguer deux formes de mathématiques, l'une analytique, caractéristique de la mathématique formalisée et qui repose sur la manipulation des symboles, et l'autre "analogique-expérimentale" plus proche de l'intuition. Si dans l'activité du mathématicien professionnel, on retrouve les deux formes, seule la forme analogique-expérimentale peut être observée dans les activités ou pratiques quotidiennes des non-professionnels, de telle sorte que « lorsqu'on parle de mathématiques dans les sociétés orales, c'est de cette forme qu'il s'agit[318] ».

S'inscrivent dans le même esprit, les recherches "ethnomathématiques" de Paulus Gerdes. Les dessins sur le sable - les *sona* - ainsi que les figures géométriques tracées sur les poteries à des fins décoratives sont, selon Gerdes, le lieu d'une production mathématique remarquable[319]. L'enjeu de l'identification et de la valorisation de cette mathématique implicite est, pour Gerdes, essentiellement *pédagogique*. Il ne s'agit pas de proclamer et de célébrer des dessins et autres motifs hâtivement élevés à la dignité de productions mathématiques ; il s'agit plutôt de démystifier les mathématiques, de montrer *preuves* à l'appui, que cette science réputée difficile, *est largement à la portée de l'Africain*. En révélant la dimension mathématique de ces dessins et figures qui, pour les artisans eux-mêmes, n'ont l'air de rien, Gerdes entend d'abord détruire chez eux, mais plus généralement chez l'Africain, l'idée que les mathématiques sont étrangères à notre culture et qu'elles exigent des aptitudes intellectuelles particulières réservées aux Occidentaux ou à quelques élus : « Quand les enfants et les adultes regarderont les mathématiques comme quelque chose d'appartenant à la culture africaine, ils seront plus sûrs d'eux et apprendront plus facilement les mathématiques dont l'Afrique a un besoin urgent pour son développement[320] ».

Dans tous les cas, on retiendra qu'il existe en Afrique une somme de mathématiques implicites, repérables derrière les activités et

---

[318] Marc Chemiller, *Les mathématiques naturelles*, Paris, Odile Jacob, 2007, p. 8.
[319] Paulus Gerdes, *Femmes et géométrie en Afrique australe*, p. 7.
[320] Paulus Gerdes, *Récréations géométriques d'Afrique*, Paris, L'Harmattan, 1997, p. 8

pratiques auxquelles se consacrent les hommes et les femmes, des mathématiques parfois très élaborées, mais dont les auteurs ou les acteurs ne perçoivent pas toujours la profondeur. Les activités de commerce, la divination, les arts décoratifs, les patrons que réalise l'habilleur, voilà quelques-uns des terrains sur lesquels se déploie cette mathématique. Encore une fois, la découverte de ce genre d'héritage intellectuel commande qu'on questionne nos savoirs, même ceux qui paraissent les plus ridicules ou anodins, mais qu'on les questionne sans complaisance, en écartant justement les représentations mythologiques qui les couvrent souvent. Les traditions médicales africaines devraient être soumises au même traitement. On gagnerait, sans aucun doute, à leur faire subir le déicide et le mythocide qui ont permis à Houndonougbo de mettre au jour une mathématique implicite dans le *fa*. Cette audace permettrait d'écarter une bonne partie des représentations infondées ; subsisteraient à ce jeu, des connaissances théoriques pertinentes, notamment dans le domaine botanique, mais aussi sur le corps humain et, point d'intersection de ces deux dimensions, sur les propriétés pharmacologiques des simples. Subsisteraient, au terme du déicide et du mythocide, en même temps que des savoirs importants, des pratiques avérées, qu'une évaluation scientifique permettrait d'informer et d'affiner[321]. Des analyses réalisées dans les laboratoires spécialisés permettraient de connaître avec la précision requise la composition chimique des potions utilisées par les thérapeutes, d'isoler au besoin le principe actif, de mettre au point, à partir de là, un produit rigoureusement dosé, etc.

Des expériences du genre ont cours depuis, on le sait, dans nombre de pays africains, généralement avec l'appui de l'Organisation Mondiale de la Santé[322]. Nous avons cité plus haut, la recherche effectuée par le biochimiste béninois Jérôme Medegan

---

[321] « Il faut aller au-delà de l'efficacité attestée de la recette ou du savoir, à la découverte du mécanisme qui la rend possible, des lois objectives qui la fondent. » (Désiré Médégnon, « Démarginaliser les savoirs endogènes : un antidote à l'extraversion technologique », in Revue Dézan, n° 007, Décembre 2012, Abomey-Calavi, p. 283).

[322] Didier Fassin, "Maladie et médecines", in Fassin et Jaffré (dir.), *Sociétés, santé et développement*, Paris, Ellipses, 1990, p. 45.

Fagla, et qui lui permit de mettre au point, contre l'anémie falciforme un médicament efficace, le VK 500.

Outre ce type d'expérimentations qui confirment les propriétés soupçonnées, il en est qui, sans remettre en cause l'efficacité du produit évalué, permettent cependant de mieux spécifier leur vertu, opération qui eût été impossible dans le cadre d'une médecine strictement empirique, ne pouvant compter sur d'autre moyen d'évaluation que l'expérience sensible. Meinrad Hebga rapporte un cas précis : l'examen de végétaux utilisés comme vermifuges a montré que ces derniers avaient plutôt, précisément, des propriétés purgatives. Leur efficacité dans le traitement des parasitoses était en quelque sorte une conséquence heureuse de la violence de leur action purgative[323]. De même, des analyses ont semblé révéler le caractère factice ou passablement fantaisiste de certaines croyances relatives au pouvoir de plantes déterminées. Par exemple, selon les Duala, le *ngopange* est une plante dont la consommation confère à l'homme, le pouvoir de voir au-delà du monde sensible. La consommation du *ngopange* est censée donner à l'homme la "double vue", la vision des réalités qui, d'ordinaire, nous échappent: vision des réalités profondes et secrètes du monde, vision du monde des morts et de la sorcellerie, accès au monde du *ndimsi*, c'est-à-dire au monde de la nuit, tout simplement. Or, à l'examen, cette plante a révélé des propriétés hallucinogènes[324] ! Les expériences qui viennent d'être mentionnées montrent fondamentalement une seule et même chose : la nécessité d'une mise en perspective critique des connaissances et pratiques endogènes et des représentations qui les accompagnent.

Revenons au *fa*. A vrai dire, un examen critique, même passablement exercé, révèle des raisons objectives de douter de la consistance même de la divination *fa*. Il est d'ailleurs un peu curieux que Houndonougbo ne déclare pas cette inconsistance. Car, en principe, il ne reste plus rien ou grand-chose de cette divination et du projet qui la fonde, lorsqu'on supprime, comme l'a fait Houndonougbo, le système de croyances sur lequel il repose. Si l'on écarte les divinités ou esprits qui sont censés guider de façon secrète la manifestation d'un signe oraculaire, cela signifie indiscutablement

---

[323] R. Bureau, cité par Meinrad Hebga, *Sorcellerie, chimère dangereuse ?*, p. 196.
[324] Eric de Rosny, *Les yeux de ma chèvre*, pp. 338-339.

qu'un signe ou *fadu* n'a pas plus de chance (ou de raison) qu'un autre d'apparaître. Cela signifie simplement que pour une situation déterminée qui fait l'objet d'un procès divinatoire, une pluralité de résultats, ou de diagnostics ou encore de "vérités" est possible. Cela signifie que l'obtention d'un verdict oraculaire fiable ou vrai n'est jamais assurée à l'avance, et qu'au cas où il surviendrait, il ne serait que l'œuvre du hasard ; le risque d'aboutir à un verdict faux est d'ailleurs théoriquement bien plus grand que la chance d'avoir le contraire.

Logiquement donc, on ne devrait pas se fier à la divination *fa*. En tant que procès aléatoire, elle serait nécessairement une pratique illusoire. Dans le même sens, il est difficile pour tout homme qui consent à exercer son esprit critique, d'accorder du crédit à un verdict oraculaire qui tient sa validité d'un récit mythique, c'est-à-dire d'un discours qui relate des événements qui ne se sont jamais produits nulle part. Il est sans doute intéressant et valorisant d'avoir pu mettre au jour une dimension mathématique du *fa*, une mathématique implicite pour ainsi dire. Mais cette valorisation comporte un revers : ramener la divination *fa* à un jeu de calcul de probabilité, c'est logiquement affirmer qu'elle est une supercherie : on n'établit pas la vérité par tirage au sort.

En voilà assez pour définir et valider le type de traitement qu'il faut appliquer, non seulement au *fa*, mais aussi, d'une manière générale, à tous les systèmes de connaissances et pratiques endogènes. Pourtant, si en raison de sa fécondité, la négation volontaire des dieux et des mythes apparaît comme un excellent moyen d'identification, de libération et de valorisation du savoir pertinent, la complexité et la spécificité de certaines représentations et pratiques commandent une attitude plus équilibrée que la péjoration commode et simpliste du religieux ou du mythologique. Au fait, ce sont les équations du genre *mythe = illusion*, *mythe = irrationalité* ou même *science = rationalité*, qu'il convient de mettre en perspective.

La distinction entre savoir avéré et représentation mythologique en vue d'une démythologisation dont on attend qu'elle assainisse et "libère" les corpus endogènes, ne va pas de soi, d'abord au regard desdits corpus considérés dans leur complexité, ni même au regard de la science et de la technologie modernes prises comme référence. D'une part, les mythes qui font corps avec les systèmes de savoirs considérés ne sont pas simplement, ni toujours, l'expression de l'ignorance ou la négation de la rationalité. De l'autre, la pratique et le discours scientifiques, à raison ou à tort érigés en référence, ne sont pas, contrairement à ce qu'il est commode de croire, absolument affranchis de tout rapport avec les mythes. Bien plus, l'idée même selon laquelle la science moderne érigée en norme de validité universelle fournirait des connaissances absolument affranchies de mythes et de partis pris, n'est qu'un mythe. Comme le dit Michel Serres, il n'y a pas de plus grand mythe qu'une science débarrassée de tout mythe. Le procès qui consiste à examiner les savoirs africains au regard de la loupe de la science occidentale est donc largement tronqué en lui-même, et terriblement réducteur de la complexité des savoirs concernés. Dans un certain sens, il revient à une mutilation officielle desdits corpus aux fins de ne retenir et d'élever à la dignité de corpus valide, que le dénominateur commun que partagent ces savoirs avec le référentiel moderne posé comme étalon et norme. C'est comme si l'examen des corpus endogènes ne pouvait avoir que deux fins :

- établir la crédibilité desdits savoirs par la mise au jour d'un substrat conforme aux savoirs déjà validés par la science moderne ;

- confirmer ou réaffirmer par la pertinence de ce substrat, la validité universelle de la science moderne.

Un tel procédé reviendrait à une double mutilation. Mutilation de l'univers des savoirs endogènes africains, par une réduction à l'avance du champ possible de leur pertinence, d'une part. Mutilation d'autre part, de l'horizon de la science elle-même. Or, précisément, l'examen des savoirs endogènes, pris dans le sens d'une véritable confrontation, et non d'une hiérarchisation des systèmes, devrait rendre possible l'émergence d'une science plus ambitieuse. Et c'est bien cette possibilité que compromet ce qu'on pourrait appeler l'« acharnement scientifique », cette obsession qui tend à ériger en absolu, les normes scientifiques établies, et à écarter comme n'ayant aucune valeur, tout corpus qui n'entrerait pas dans cet étau prédéfini. A tout prendre, cette option équivaut à un militantisme de la même veine indigente et dogmatique que celui qui consiste à célébrer et exalter la pertinence et la valeur de tout ce qui touche aux savoirs et pratiques africains. Le meilleur traitement à faire des savoirs endogènes africains n'est pas, on en convient, leur célébration militante, leur promotion hâtive et imprudente au rang d'équivalent du savoir scientifique moderne. Mais il ne peut se résumer non plus à la recherche de ce petit dénominateur commun que ses savoirs ont avec la science moderne, de ce substrat compatible avec les formes de savoirs et de techniques scientifiques connues, de ce substrat conforme aux normes provisoirement établies.

Ce que l'on pourrait juger comme mythique et infondé, en considération des savoirs ou types de savoirs validés par la science, peut ne pas être forcément un îlot d'illusions ou d'irrationalité. Il est donc loin d'être établi que les aspects du *fa* que l'on rangerait commodément dans la catégorie non valorisée des mythes, soient forcément des représentations ou pratiques inconsistantes. La réflexion est valable pour d'autres corpus de connaissances africains. Revenons, pour être plus concret, à la réflexion de Houndonougbo.

L'analyse de Houndonougbo qui ramène le *fa* à un habile jeu de calcul des probabilités est bien séduisante. Mais on ne doit pas négliger le fait qu'elle part de présupposés plutôt postulés que démontrés, certains de ces présupposés étant même en contradiction flagrante avec la réalité[325]. Derrière ce qui apparaît comme une démonstration « chiffres à l'appui », se cachent des prises de position qui sont loin d'être objectives ou tout au moins neutres. Par exemple, pas plus qu'on ne peut prouver l'existence des forces invisibles auxquelles est censé obéir le chapelet divinatoire, on ne peut non plus en démontrer la non-existence. Pourtant, le mathématicien n'éprouve aucun scrupule à rejeter ce support invisible dont les devins affirment l'existence, pour finalement lui substituer un autre, un ensemble d'hypothèses plutôt compatibles avec le raisonnement mathématique tenu comme modèle. Ce faisant, il est loin de se douter qu'il ne fait

---

[325] Les conditions dont Houndonougbo fait la base de sa démonstration mathématique (surface du sol - ou du plateau divinatoire - sans aspérité, équilibre parfait des demi-noix qui forment le chapelet divinatoire…) n'existent que dans l'imagination. Elles ne sont pas plus réelles ou plus sûres que celles des divinités défendues par les *bokonon*.

que remplacer un mythe (celui des dieux) par un autre (celui des conditions idéales).

Malheureusement, et on devait s'y attendre, cette épuration commode du système *fa*, ce déicide volontaire accompli par Houndonougbo ne permet pas de rendre compte des succès de certains *bokonon* dans l'établissement de verdicts oraculaires parfois si fiables et si précis, qu'on est obligé de convenir que cela ne relève pas du hasard.

Concernant les systèmes thérapeutiques africains, il est également commode, en s'appuyant sur les principes de la science, de nier l'existence des esprits malins ou des sorciers que la croyance populaire rend responsables de certaines maladies. Mais sans vouloir affirmer la consistance des croyances à la sorcellerie et des pratiques anti-sorcellerie, il nous semble que nous sommes, ici également, en face de situations problèmes, de situations limites, que le savoir scientifique *disponible* ne valide pas, mais dont la facticité ou l'irrationalité n'est pas vraiment prouvée. La découverte ou l'identification de causes naturelles pour certaines maladies que l'ignorance a rangées dans le domaine de la sorcellerie ne suffit pas, en toute rigueur, à affirmer que l'idée de sorcellerie est nécessairement fadaise ou égarement. Tout au plus montre-t-elle qu'il faut se méfier de la tentation facile à référer les maladies à des causes "surnaturelles".

2.2 Un obstacle épistémologique

Les pratiques ou représentations qui, dans les corpus africains, ne concordent pas avec les normes connues de la science, ne sont pas toutes des affabulations d'hommes égarés ou ignorants. Leur incompatibilité présumée avec les normes dites scientifiques et rationnelles interpelle précisément la science et les savants. Elles constituent par leur existence ou persistance, une occasion et une invitation à la mise en perspective de ces normes scientifiques et rationnelles, même celles qui peuvent être considérées comme les plus solidement établies. Soit dit en passant, que ces pratiques et représentations endogènes heurtent parfois le sens commun, ne doit pas être considéré comme une preuve de leur inconsistance. Par exemple, ce n'est pas parce qu'on ne voit pas un esprit ou une force qu'il n'existe pas. Robin Horton écrit à ce sujet :

> « Dire que le penseur traditionnel s'intéresse plus aux causes surnaturelles qu'aux causes naturelles n'a pas plus de sens que de dire que le physicien s'intéresse davantage aux causes nucléaires qu'aux causes naturelles. En effet, tous deux utilisent la théorie de la même façon pour surmonter la vision limitée des causes visibles et tangibles fournies par le sens commun.[326] »

Pour Isabelle Stengers aussi, on ne saurait décemment disqualifier une explication du seul fait que cette dernière s'appuie sur des entités invisibles. L'attraction newtonienne, remarque-t-elle, est bien invisible, ce qui n'empêche pas d'en admettre l'existence ; ses effets sont considérés comme une preuve suffisante de cette existence[327].

La découverte de faits ou pratiques qui remettent en cause ou défient les lois et principes rationnels et scientifiquement établis, doit conduire à revisiter ces lois et principes aux fins d'en découvrir les limites ou insuffisances éventuelles, et le cas échéant, les réajustements qu'il pourrait être nécessaire de faire pour les rendre plus opérationnels. Or malheureusement, face aux phénomènes inhabituels et bizarres comme ceux qu'on rencontre parfois dans les systèmes endogènes, l'attitude des savants consiste généralement à rechercher avec acharnement, une explication compatible avec les lois scientifiques connues, et en cas d'échec, à ranger les faits ou pratiques dans la catégorie des illusions ou des systèmes de croyances.

Cet acharnement scientifique est d'abord, il faut bien le dire, un combat pour la vérité et la rationalité, un combat contre le mythe et l'ignorance. Il est aussi un antidote contre le défaitisme et la tentation facile du surnaturel et du mystique, recours habituel de l'esprit

---

[326] Robin Horton, « La pensée traditionnelle africaine et la science occidentale », in Collectif, *La pensée métisse : croyances africaines et rationalité occidentale en questions*, Paris, PUF, 1990, p. 48.

[327] Stengers, « Le médecin et le charlatan », in Tobie Nathan et Isabelle Stengers, *Médecins et sorciers*, Paris, Synthélabo, Coll. Les empêcheurs de penser en rond, 2004, p. 131.

humain[328] quand s'épuisent les arguments scientifiques ou rationnels. La voix de l'orthodoxie scientifique rappelle que les phénomènes sont régis par des lois objectives, et que l'ignorance de l'explication scientifique d'une réalité ne justifie pas le recours au surnaturel[329]. Cette ignorance est provisoire et tient du niveau des moyens techniques et théoriques (l'outil mathématique par exemple) dont disposent les savants à un moment donné pour interroger les faits. Ignorance provisoire donc, et dont on est en droit d'espérer qu'elle sera comblée quand on aura découvert les ressorts cachés du phénomène momentanément inexplicable.

Il y a parfois un contraste saisissant entre l'attitude des savants et les principes de la science proclamés et reconnus par ces mêmes savants. Tous sont d'accord par exemple que la science n'est pas un ensemble de vérités achevées, momifiées, définitivement établies, et donc soustraites au progrès. Toute théorie scientifique reste, en dépit de son élégance et de sa fiabilité, un niveau provisoirement satisfaisant de vérité, donc en puissance, un tissu d'erreurs à rectifier. A en croire Gaston Bachelard et Karl Popper, pour ne citer que ces deux auteurs, ce qui caractérise essentiellement la théorie scientifique, c'est d'être toujours en attente d'être amendée et modifiée. L'ennemi premier de la vérité scientifique, c'est l'illusion de plénitude qu'elle peut dégager, et donc la séduction qu'elle peut induire chez le savant. Pour Karl Popper, on le sait, ce n'est pas dans la *vérifiabilité* que se trouve la caractéristique essentielle de la théorie scientifique, mais précisément dans sa *falsifiabilité*. On ne peut prouver qu'une théorie est vraie ; on peut par contre prouver qu'elle est fausse. La falsification représente, non pas une *preuve* mais une *épreuve* à laquelle la théorie doit se mesurer sans cesse pour amendements et modifications nécessaires. Le problème est que, si cette exigence est reconnue par les savants, l'attitude de ces derniers ne suit pas

---

[328] Nous précisons « l'esprit humain », car il ne s'agit pas d'une tare spécifique des Africains ou de quelque groupe particulier, mais d'une tendance quasi naturelle chez l'homme qui consiste à devoir trouver une explication à tout.

[329] C'est cette idée que martèlent et défendent Georges Charpak et Henri Broch, avec un acharnement à la mesure du danger que représente, selon eux, la montée en puissance des croyances irrationnelles. Il se fait que pour ces deux savants, la lutte contre l'« obscurantisme moderne » est solidaire de la valorisation du savoir et de la pratique scientifiques.

toujours. Celle-ci tend au contraire à la sauvegarde de la théorie établie, consciemment ou inconsciemment érigée en idole. C'est ce dogmatisme subtil que rejette avec force Paul Feyerabend dans *Contre la méthode*. Pour Feyerabend, la science ne peut, au risque de se contredire et de s'invalider, considérer les normes ou principes, même les plus solidement établis, comme des absolus inviolables. L'épistémologue américain écrit : « La science est une entreprise essentiellement anarchiste : l'anarchisme théorique est plus propre à encourager le progrès que les doctrines fondées sur la loi et l'ordre[330] ».

Qu'on ne s'y méprenne pas : Feyerabend ne fait pas l'apologie du désordre, pas plus qu'il ne cherche à nier la validité de la science moderne et des normes et théories sur la base desquelles elle fonctionne. Il essaie, au contraire, de valoriser cet esprit critique qu'il considère comme le noyau essentiel de la science, mais que la pratique ne respecte pas toujours. Si "rien n'est établi", comme le dit Feyerabend, cela signifie que même les principes scientifiques sont susceptibles d'être remis en question : « Toutes les méthodologies ont leurs limites », affirme-t-il. Mais Feyerabend ne s'arrête pas là. Il fait une affirmation qui apparaît comme une extrapolation abusive, une dilatation inacceptable, si ce n'est une dénaturation ou un travestissement de l'esprit critique : « La seule règle qui survit c'est "tout est bon" »[331]. Cette proposition ne pouvait évidemment manquer de susciter de vives critiques. L'une d'entre elles a été formulée par Alan Sokal et Jean Bricmont dans *Impostures intellectuelles*[332]. Ces deux auteurs admettent volontiers que toutes les méthodes ont leurs limites. Mais l'imposture commence, selon eux, lorsque l'on croit pouvoir en déduire que *toutes les méthodologies sont bonnes*. La première proposition est un constat irrécusable, la seconde est plutôt une affirmation irrecevable, celle du relativisme : « On assiste ici à une inférence erronée, mais typique de l'attitude relativiste : partant d'une constatation correcte, « toutes les méthodologies ont leurs limites », on saute à une conclusion

---

[330] Paul Feyerabend, *Contre la méthode. Esquisse d'une théorie anarchiste de la connaissance*, trad. B. Jurdant et A. Schlumberger, Paris, Seuil, 1979.
[331] Paul Feyerabend, *Ibid.*, p. 333.
[332] Sokal et Bricmont, *Impostures intellectuelles*, Paris, Odile Jacob, 1997.

complètement fausse : "tout est bon" »³³³. Tout n'est sans doute pas bon, comme le croit Feyerabend. Et Georges Charpak et Henri Broch ont eu raison de le rappeler, à la suite de Sokal et de Bricmont. Mais une fois cette exagération mise à nu, il faut se reprendre, et saisir la leçon de Feyerabend : ce qui fait fondamentalement la valeur d'une théorie ou d'une méthodologie, c'est son efficacité, ou si l'on veut, son caractère opératoire. Et c'est bien pour cette raison qu'il n'y a pas de méthodologie ou de théorie sacrées. Contre l'enfermement dans les canons provisoires des théories scientifiques officielles ou orthodoxes, il faut donc prôner et encourager d'audacieuses ouvertures ; des ouvertures à ce qui est provisoirement (c'est-à-dire en attendant qu'il soit compris et intégré) *l'autre-que-le-scientifique*.

Précisons une chose. Ce qui est mis en cause, dans notre critique, ce n'est pas la science en tant que telle, mais précisément l'attitude qui consiste à n'envisager aucune alternative possible pour les normes ou savoirs pourtant connus pour être provisoires. Quand on tient compte de certains types de phénomènes ou de faits, il y a visiblement de la place pour d'autres genres de discours ou d'approche que ceux auxquels les théories scientifiques nous ont habitués. A phénomène inhabituel ou particulier, explication particulière, pourrait-on dire. L'option qui consiste à forcer une explication "scientifique" ou "rationnelle" pour ces faits manifestement décalés par rapport à ceux auxquels les lois scientifiques établies sont destinées, a ses limites. Considérons la sorcellerie. Les croyances qui s'y rapportent sont loin d'être toutes vraies ou fondées. Mais la sorcellerie n'est pas que croyances ou constructions fantaisistes. En éliminant celles-ci, il resterait un résidu plus ou moins consistant de faits, qu'il serait difficile de nier -sauf évidemment à faire le choix de la malhonnêteté ou de la myopie intellectuelles - et dont les modèles scientifiques consacrés ne peuvent rendre compte, pour la simple raison qu'ils n'auront pas été conçus pour ce genre de "données"³³⁴. Ce sont des

---

³³³ Sokal et Bricmont, *Ibid.*, p. 79

³³⁴ Un chirurgien béninois s'est interrogé sur des situations d'exception que l'exercice de son métier lui a fait connaître. Comment ont pu pénétrer dans l'organisme, ce savon que le chirurgien a dû retirer, après incision, du corps d'un patient, cette pelote de fils tressés que le même chirurgien extrait de l'estomac d'un autre patient ? Comment ont pu pénétrer dans l'organisme, ces tessons de bouteille, ces morceaux de chair, ce cram-cram que les spécialistes de la tradition réussissent

situations de ce genre qui justifient précisément le recours à d'autres modèles d'explication que ceux qui sont validés par la pratique scientifique officielle. Il y a, semble-t-il, un choix à faire : soit on ignore ces situations rebelles, en s'accrochant aux modèles d'explication scientifique consacrés, soit on envisage l'ouverture de la science à d'autres modèles susceptibles de rendre compte des situations concernées.

Ce ne serait d'ailleurs pas la première fois que s'imposerait ce genre d'ouverture, et même pour tout dire, de révolution. La physique quantique est sans doute un des exemples les plus intéressants. On doit la naissance de cette vision nouvelle[335] de la physique à l'audace d'un homme, Max Planck. C'est ce dernier qui, en 1900, osa la rupture avec les principes de la physique newtonienne, jusqu'alors tenus pour inviolables. On sait la polémique qu'a suscitée cette audace. La mise entre parenthèses des principes hérités de la physique classique d'inspiration galiléo-newtonienne était presque une hérésie. Et le premier à s'en trouver gêné n'était autre que Max Planck en personne ! Ceci témoigne de l'ampleur de l'influence qu'exerce sur les esprits, un modèle scientifique qui fonctionne. Mais les tentatives avortées de forcer une explication des phénomènes microphysiques[336], à partir de la physique classique, et la fécondité attestée de la nouvelle théorie, durent amener plus d'un physicien à accepter la rupture.

Toutefois, au regard de ce que nous tentons de démontrer, la physique quantique est à la fois un bon et un mauvais exemple. Elle est un bon exemple dans la mesure où elle donne la mesure de la révolution qu'il pourrait être nécessaire d'accomplir, pour espérer rendre compte de certains phénomènes qui nous déroutent. Elle est

---

à extraire par la "passe magnétique" ? (Valère Kiniffo, « Corps étrangers dans l'organisme humain : témoignage d'un chirurgien et essai d'interprétation », in Hountondji (dir), *Les savoirs endogènes : pistes pour une recherche*, pp. 233-234

[335] Elle n'est plus si nouvelle que cela !

[336] La mise en place par Werner Heisenberg en 1927, des "relations d'incertitude", a établi l'impossibilité de rendre compte du "comportement" des particules quantiques, en respectant le schéma classique de la physique newtonienne. Pour faire court, ces relations d'incertitude disent globalement ceci : On ne peut déterminer avec précision, à la fois la position d'une particule quantique et la vitesse à laquelle elle se déplace. Plus la mesure de la position est précise, plus grande est la marge d'incertitude sur la vitesse, et vice versa.

un mauvais exemple parce qu'elle peut donner à croire que certains aspects ou principes de la science sont, malgré tout, intouchables et sacrés. En effet, la rupture engendrée par la physique quantique n'a pas mis en cause le fondement mathématique du savoir "scientifique", un noyau dur en quelque sorte. C'est comme si on peut céder sur tout sauf sur cette dimension mathématique du savoir. Le mot suivant de John Von Neumann indique clairement que la mise en perspective des prétentions ou du pouvoir de la science ne saurait remettre en cause l'esprit galiléo-newtonien de la mathématisation des phénomènes :

> «Les sciences n'essaient pas d'expliquer ; c'est tout juste si elles tentent d'interpréter : elles font essentiellement des modèles qui, à l'aide de certaines interprétations verbales, décrivent les phénomènes observés. La justification d'une telle construction mathématique réside *uniquement* et précisément dans le fait qu'elle est censée *fonctionner* »[337].

Il pourrait s'avérer nécessaire d'aller plus loin que ne l'a fait la révolution quantique. Il pourrait être nécessaire de pousser plus loin le sacrilège, de s'interroger par exemple sur les limites du principe d'explication mathématique des phénomènes. La science est certes un ensemble de connaissances universelles, basées sur des lois vérifiables. Mais elle n'est sans doute pas si neutre qu'on le croit. Les connaissances qui s'y produisent, les principes auxquels obéissent ces connaissances, ainsi que les moyens et méthodes par lesquels elles sont établies et validées, sont fonction d'une certaine idée ou vision de l'univers. Cette vision est que l'univers et les phénomènes qui s'y produisent obéissent à des lois de nature mathématique. Tout en reconnaissant la fécondité de cette vision, il doit être permis de douter qu'elle épuise la réalité du monde. Portée par cette vision, et entièrement informée par elle, la pratique scientifique est donc, malgré son incontestable fécondité, l'expression d'une mutilation ou en tout cas d'une limitation volontaire de l'univers, d'une réduction de cet univers à ce qui est mathématique ou mathématisable.

---

[337] John Von Neumann, cité par James Gleick, *La théorie du chaos*, trad. J. Mougin, Ed. Albin Michel, 1989, p. 343.

Voilà probablement qui limite la portée des lois scientifiques, voilà qui réduit également l'univers que les principes et méthodes de la science peuvent permettre d'explorer. Si donc on admettait que le monde ne se réduit pas aux réalités mathématiques ou mathématisables, si l'on admettait que la réalité ne s'épuise pas dans sa dimension mathématique, on est condamné à reconnaître, du même coup, que l'univers de la validité des normes et principes de la science n'est pas extensible à l'infini, mais plutôt limité. Dans un certain sens, ce dégrossissement du monde ou du réel, et la définition restrictive du domaine du savoir valide, ont l'avantage de préserver contre la confusion et l'étouffement, la science et les savants se bornant à résoudre des problèmes d'un certain ordre. Mais, à accepter le principe dudit dégrossissement, on ne peut plus reconnaître à la science le pouvoir d'offrir une représentation unifiée du monde, de l'univers, des différents types de réalités qui s'y déploient.

2.3 Une science plus ambitieuse

On devrait, au regard de cette limitation ou restriction de l'univers de la science moderne, revisiter la question de l'universalité et de la rationalité des savoirs. Il ne s'agit pas de remettre en cause l'exigence d'universalité et de rationalité, pas plus qu'il n'est question de dénier ces attributs aux méthodes de la science moderne et aux savoirs qu'elle établit. Tant que l'on reste dans le cadre défini par la pratique de la science, les savoirs et théories éprouvés par les méthodes d'investigation et de validation appropriées sont valables pour tout le monde. Certes, le savoir et les méthodes scientifiques ne sont pas totalement, et en dépit de l'apparence, affranchis d'une certaine vision du monde. Certes, la vérité scientifique, même établie au détour du protocole expérimental le plus pointu, n'est jamais totalement neutre, et ce pour la simple raison que l'expérimentation scientifique est toujours, dans une certaine mesure, une mise en scène active[338]. On ne démontre au fond que ce que l'on veut ; on définit le

---

[338] Stengers, « Le médecin et le charlatan », in Tobie Nathan et Isabelle Stengers, *Médecins et sorciers*, Paris, Synthélabo, Coll. Les empêcheurs de penser en rond, 2004, p. 141.

protocole expérimental en fonction de ce que l'on projette de démontrer. Prigogine et Stengers ont raison d'écrire :

> « Le dialogue expérimental constitue une démarche fort particulière. L'expérimentation interroge la nature, mais à la manière d'un juge, au nom de principes postulés. La réponse de la nature est enregistrée avec la plus grande précision, mais sa pertinence est évaluée en référence à l'idéalisation hypothétique qui guide l'expérience : tout le reste est bavardage, effets secondaires négligeables.[339] »

Conséquence : le fait scientifique n'est pas une réalité en tous points objective ; il est *fabriqué* par l'expérimentation. Et la répétabilité des résultats scientifiques ne suffit pas à effacer ce lien de dépendance vis-à-vis du projet conscient auquel cette expérimentation répond malgré tout. Mais une fois encore, rien de cela ne remet en cause la validité universelle des résultats qui en découlent[340].

Seulement, cette universalité reconnue au savoir scientifique et aux méthodes par lesquelles elle est établie, ne saurait exclure absolument d'autres lectures de la réalité. En d'autres termes, la validité universelle des vérités scientifiques n'en fait pas l'expression unique, exclusive et achevée de la rationalité. Des formes alternatives de lecture et de décodage du réel sont possibles. Si la science moderne, dans son projet et dans ses méthodes, n'épuise pas la réalité, si la vérité de cette réalité ne s'épuise pas dans les formules mathématiques que ladite science en donne, cela signifie qu'il y a de la place pour d'autres formes d'explication qui, sans être conçues sur le modèle validé par la science moderne, ne sont pas moins valables ou crédibles. Elles devraient leur crédibilité précisément à la dimension particulière de la réalité à laquelle elles s'intéressent.

Une telle réflexion et conclusion suggère l'ouverture de l'espace du savoir à d'autres formes de représentation que la science moderne, et, conséquence logique, à l'acceptation du principe d'une pluralité de

---

[339] Prigogine et Stengers, *La nouvelle alliance : la métamorphose de la science*, Paris, Gallimard, 1979, p. 49.
[340] En effet, dans les mêmes conditions, et à partir des mêmes appareils d'investigation et de validation, des hommes différents obtiendraient un même résultat.

rationalités. C'est cette option que valorisent en général les théories dites postmodernes. *La condition postmoderne*, livre déjà ancien publié par Jean-François Lyotard, posait clairement, et avec une audace à la limite de la provocation, les jalons d'une révision des rapports entre la science et les « savoirs traditionnels ». Nulle part, dans cet ouvrage, la validité de la science n'a été rejetée ou remise en cause. Ce qui est affirmé précisément, c'est la nécessité de reconnaître les limites de l'exercice, puis de la validité du discours et du savoir scientifiques. La science ne couvre pas tout le domaine du savoir ; elle le partage avec un autre type de savoir que Lyotard appelle indifféremment "savoir narratif" et "savoir traditionnel" : « Le savoir scientifique n'est pas tout le savoir, il a toujours été en compétition, en conflit avec une autre sorte de savoir que nous appellerons pour simplifier, le savoir narratif »[341]. Il est intéressant de constater que la territorialité définie par le philosophe français n'est pas d'ordre géographique ni culturel; elle renvoie plutôt à la nature particulière, à l'objet et à la méthode qui définissent chaque savoir respectif. Les savoirs dits traditionnels ne désignent pas les savoirs africains ; c'est d'abord au cœur de la société européenne avancée que Lyotard découvre les deux savoirs en "compétition"[342].

Cette distinction ne consacre pas seulement la partition du domaine du savoir ; elle légitime aussi le savoir traditionnel comme valeur propre, ayant un titre de validité que nul ne saurait lui dénier

---

[341] Lyotard, *La condition postmoderne*, p. 18.

[342] La position de Lyotard se démarque ainsi de celle que défend Feyerabend dans *Adieu la raison*. En fait, Feyerabend s'en prend à l'expansion de la civilisation occidentale, de la civilisation technologique et technicienne, dans laquelle il voit un obstacle au rayonnement des cultures différentes et concurrentes. Or pour lui, c'est sous le signe et le sceau de la raison que se réalise cette expansion ou, si l'on veut, cette occidentalisation. C'est à croire que la civilisation occidentale dans son ensemble et dans ses moindres aspects est l'expression exclusive de la rationalité et de l'objectivité. C'est à croire que les autres cultures sont nécessairement des îlots d'irrationalité, et que le triomphe de la raison passe par l'occidentalisation, ou si l'on veut, par le triomphe et l'expansion de l' "occidentalité". Et de fait, la raison à laquelle le philosophe américain dit "adieu !", c'est cette raison réduite à son expression occidentale, c'est cette raison mutilée, limitée à l'horizon étroit et faussement universel dont rend compte la civilisation scientifique et technique de l'Occident. La raison que critique Feyerabend, c'est cette Raison avec une majuscule, qui a été « souvent utilisée pour rendre intellectuellement respectable l'expansion occidentale » (Feyerabend, *Adieu la raison*, Paris, Seuil, p. 11).

au nom de la science. Il faut donc le considérer, non comme l'enfance de la science, c'est-à-dire une science en puissance, encore moins une survivance de représentations ou croyances dépassées ou fausses, mais comme un autre-que-la-science[343]. Entre les deux formes de savoirs, il y a donc un parallélisme qui n'autorise pas la moindre confusion, pas plus qu'il ne permet d'envisager un passage entre les deux : « La mise en parallèle de la science avec le savoir non scientifique (narratif) fait comprendre, du moins, fait sentir que l'existence de la première n'a pas plus de nécessité que celle du second, et pas moins ». En termes clairs, cela signifie que la science ne peut servir d'étalon pour évaluer et, suivant le résultat, valider ou écarter le savoir narratif.

Or, que constate Lyotard ? Au lieu de s'en tenir à son domaine de compétence, la science croit pouvoir et devoir évaluer les savoirs traditionnels. Etant donné que les critères de cette évaluation sont ceux de la science, étalon autoproclamé, on se doute bien du résultat : « Le scientifique interroge sur la validité des énoncés narratifs et constate qu'ils ne sont jamais soumis à l'argumentation et la preuve. Dès lors, il les classe dans une autre mentalité : sauvage, primitive, sous-développée, arriérée… »[344].

C'est cette tendance du savoir scientifique qui croit pouvoir servir de norme de validation non seulement pour lui-même, mais aussi pour le savoir traditionnel, c'est cette confusion des frontières par le savoir scientifique que dénonce Lyotard. L'essentiel de la problématique du discours postmoderne sur les rapports entre science et autres savoirs se trouve là. Le postmodernisme, du moins dans son volet relatif au savoir ou à la science, pourrait être vu comme une réaction contre cet *impérialisme* intellectuel et technologique par lequel la science, s'érigeant en norme universelle et unique, croit pouvoir s'imposer comme *seul savoir crédible*, et par la même occasion, occuper tout l'espace du savoir après en avoir délogé le "savoir traditionnel".

On dira que l'approche de Lyotard sacrifie le principe de l'unité du savoir, et même qu'il laisse la porte ouverte au relativisme.

---

[343] C'est pour le distinguer de la science, et non par péjoration, que Lyotard l'appelle le « savoir non scientifique ».
[344] Lyotard, *La condition postmoderne*, pp. 47-48.

Remarque pertinente, sans doute. Mais on devrait se demander aussi s'il est pertinent de forcer l'unité du savoir contre la diversité originaire du réel. Encore que le principe d'unité du savoir, solidaire du projet scientifique d'une représentation unifiée de l'univers, n'est probablement qu'une utopie. Il n'a jamais empêché, en effet, que des démarches différentes et même contradictoires parfois, soient adoptées pour traiter des objets par nature différents[345].

Reste la question du relativisme. Il faut également éviter de l'amplifier exagérément ; il faut prendre garde, en effet, à voir le relativisme partout. L'*obsession de l'universalité* ne doit pas se muer en une *phobie du relativisme*, pas plus qu'elle ne doit pousser à construire laborieusement ce dernier, à l'inventer là où il n'est pas. L'ouverture à des modèles alternatifs de savoir ou de représentation n'est pas forcément du relativisme. Pour Richard Rorty par exemple, le relativisme apparaît comme un danger plutôt fictif, plus largement imaginaire que réel. Pour le montrer, Rorty commence par définir cette notion, telle que la conçoivent ceux qui prétendent combattre l'attitude qu'elle désigne: « Le "relativisme" est la conception selon laquelle, toute croyance, pour une question donnée, voire pour quelque question que ce soit, est aussi bonne que n'importe quelle autre »[346]. Aux yeux du philosophe américain, il n'y a rien de plus ridicule. Et personne n'est aussi bête pour croire à pareille ineptie : « A l'exception de l'éventuel débutant de service, on ne trouvera personne qui accepte, sur une question importante, de tenir pour également bonnes deux opinions incompatibles »[347]. L'accusation de relativisme serait donc une accusation imaginaire, et sa réfutation, une débauche d'énergie qu'on aurait gagné à consacrer à autre chose, tant il paraît certain que la chose combattue n'existe que dans la tête des combattants. Le relativisme, vu sous cet angle, n'est rien d'autre qu'une invention des platoniciens et des kantiens,

---

[345] Jacques Monod montre, dans *Le hasard et la nécessité*, que la nature particulière du vivant (être doué de projet) impose au biologiste de mettre entre parenthèses le postulat d'objectivité de la nature, pourtant cardinal et même irréductible au regard de l'orthodoxie scientifique.

[346] Rorty, *Conséquences du pragmatisme*, trad. Jean-Pierre Commeti, Paris, Seuil, 1993, p. 309

[347] Rorty, *Ibid.*, p. 309

destinée à "marquer des points philosophiques[348]", un jeu qui consiste à jouer avec des adversaires imaginaires plutôt qu'avec des interlocuteurs de travail réels :

> « Le relativiste qui prétend que seules des considérations "non rationnelles" ou "non cognitives" permettent de départager des candidats à la fois sérieux et incompatibles à la croyance n'est jamais qu'un de ces petits copains imaginés par les platoniciens et les kantiens, qui partagent le même univers de fantasmes que le solipsiste, le sceptique et le nihiliste moral. »

Selon Rorty, il faudrait bien se résoudre à redimensionner la prétention du discours humain, que l'objet dudit discours soit la connaissance ou les normes morales. Quel que soit le domaine par rapport auquel l'on se situe, les discours alternatifs doivent être considérés, non pas comme des niveaux de vérité différents, mais des hypothèses. Et la seule question qui vaut la peine d'être posée est de savoir laquelle des deux est intéressante, au regard des *avantages* et des *désavantages* que présente chacune d'elles. Cessent alors d'être des préoccupations véritables, les questions de l'« objectivité des valeurs » ou de la « rationalité de la science ». Nous sommes en plein dans le pragmatisme, doctrine qui, selon Rorty, n'a rien à voir justement avec le relativisme.

Au regard de ce qui précède, l'objectivité, telle qu'elle est habituellement envisagée, serait une utopie. Ceci amène Rorty à redéfinir le but du savoir et de la recherche, à le ramener tout simplement à des proportions raisonnables, réalistes : « Le but de la recherche, c'est la possibilité de parvenir à une combinaison opportune, faite d'accord sans contrainte et de désaccord tolérant où ce qui est opportun est déterminé à coup d'essais et d'erreurs »[349]. Ramenée à l'univers de la science, cette conception signifie au moins deux choses. Tout d'abord, on ne saurait exiger d'une théorie scientifique qu'elle mette d'accord tout le monde, ce qui signifie que l'existence de désaccords ne saurait suffire à l'invalider. Deuxième

---

[348] Rorty, *Ibid.*, p. 310
[349] Rorty, *Science et solidarité. La vérité sans le pouvoir*, trad. J.-P. Cometti, Paris, Editions de l'Eclat, p. 58.

chose : contrairement à ce qu'on croit, c'est plutôt l'*opportunité* qui définit la théorie scientifique. Le mode de détermination même de cette opportunité (à "coups d'essais et d'erreurs") indique clairement que le repère qui valide la théorie ne saurait être un quelconque principe extra-humain, soustrait à la fragilité et la fugacité de nos conditions et de notre monde, mais plutôt l'efficacité, l'utilité.

Ce qui précède ne remet certainement pas en cause l'idée d'un pont entre science moderne et savoirs parallèles. Mais il indique clairement que l'ouverture à l'« autre-que-la-science », à « l'autre-que-le-scientifique » est nécessaire pour comprendre et décrypter l'univers dans sa complexité. La thèse que sous-entend cette idée est un peu plus audacieuse que cela ne paraisse à première vue. Si la science moderne paraît inapte à expliquer certains phénomènes, ce n'est pas seulement ou toujours à cause de ses limites provisoires, mais aussi et parfois en raison du choix raisonnable peut-être, mais volontaire et partagé par la communauté scientifique, d'interroger le réel d'une manière donnée, de le décrypter sous un angle donné, mettant ainsi entre parenthèses des aspects ou des faits qui sont alors ignorés, comme sont rangées dans le lot des croyances irrationnelles et primitives, les représentations qu'ils suggèrent. C'est ce qui explique l'ambiguïté de certains hommes de science africains, lorsqu'ils sont confrontés à des situations réelles qui les amènent à constater les limites de leur science et, duplicité ou "pragmatisme", à adopter ou même à proposer des postures et pratiques qui ne sont fondées que sur des "systèmes de croyances". C'est le cas du médecin qui, en face de cas défiant la logique et la science médicale, se voit dans l'obligation de proposer à son patient de recourir à une thérapie anti-sorcellerie, et même parfois, de lui indiquer un « désensorceleur » dont il aurait personnellement expérimenté l'efficacité. On peut donc certes envisager l'érection d'une *Science* plus vaste que ne l'est la science moderne, et qui proviendrait de l'intégration d'autres approches du réel que celle qui est consacrée à ce jour, à moins qu'on estime que la connaissance de certains phénomènes n'est pas du ressort de la science, ce qui serait un aveu des limites de la science, mais non de l'irrationalité ou de l'irrecevabilité des croyances parallèles.

Conclusion

La réflexion sur les savoirs endogènes africains reste un chantier largement ouvert dont on n'est d'ailleurs pas sûr d'avoir achevé la fondation. Le chantier est encore évidemment plus vaste de l'identification et de la mise au jour desdits savoirs. Le *fa* ne fait pas exception à la règle. En dépit de l'abondante littérature scientifique à laquelle il a donné lieu, ce système est loin d'avoir livré tous ses secrets. Tout d'abord, certains savoirs qui le constituent restent, dans une large mesure, frappés de secret, et donc inaccessibles aux non-initiés. Ensuite, le contexte oral de son exercice ainsi que de la conservation et de la transmission du patrimoine intellectuel qu'il constitue, n'en favorise pas vraiment l'identification ou la reconstitution. Enfin, ce qui n'est pas en soi un défaut, le *fa* n'est pas en lui-même un système achevé, mais plutôt un système en construction et en déconstruction permanentes, et ce, malgré une fondation présumée sacrée et inviolable, malgré la dimension extra-temporelle et extra-humaine des divinités dont il est censé avoir émané et par laquelle il aurait dû ou pu être préservé de toute distorsion ou recomposition. Les réajustements qu'il a connus depuis sa constitution, aussi bien à l'intérieur de la communauté yoruba que dans les cultures et pays d'adoption (réajustements qui sont dans une certaine mesure le résultat de son adaptation à des contextes pas toujours analogues à celui de son origine) ne sont pas terminés. Pour tout dire, et même si l'introduction de l'écriture dans ce système tend à favoriser une forme particulière de stabilisation et d' « orthodoxisation », à relever le degré de fixité dudit système, le procès de constitution du *fa* est loin d'être bouclé, si tant est qu'il soit permis de penser qu'il le sera un jour.

Si la présente étude reste une approche modeste qui laisse largement la place à d'autres lectures, ce n'est pas seulement pour les raisons que nous venons d'évoquer. D'avoir volontairement réduit le champ de notre analyse à la dimension oraculaire du *fa* impliquait, de *facto*, la mise entre parenthèses d'autres aspects auxquels il faudra bien que des études soient consacrées. Encore que, sur le seul aspect de la divination *fa*, notre travail ne saurait prétendre avoir exploré et examiné ce qui doit l'être, ni épuisé les interrogations sur ce qui a été étudié. Des orientations différentes sont donc parfaitement possibles et devraient être encouragées, pour favoriser la confrontation des idées, et pour accroître les chances d'un meilleur décryptage de la divination *fa*, et bien plus, de tout le système *fa*.

Il faut le reconnaître, et nous l'avons dit au début de cet ouvrage, le système *fa* est loin d'être représentatif des savoirs ou systèmes de savoirs endogènes des sociétés "traditionnelles africaines". Il en dessine cependant quelques-uns des traits majeurs, tant et si bien qu'on peut, jusqu'à un certain point en tout cas, et en prenant la précaution d'éviter les généralisations hâtives et forcées, esquisser, à partir de là, une « épistémologie des savoirs africains ».

La première chose qui semble se dégager très clairement, c'est une constante fondamentale et visiblement universelle qui constitue en quelque sorte un trait d'union entre le *fa* et les autres formes de savoirs, y compris le savoir scientifique. Derrière les différentes formes de rapport au monde (ou comme on voudra, de rapport au réel) que peuvent traduire les différents systèmes de savoirs ou de représentations ainsi que les différents savoir-faire et techniques (qu'ils soient africains ou occidentaux, qu'ils soient scientifiques ou non), se cache sans doute une même logique, un même esprit, en tout cas une même ambition et un même souci : *la représentation cohérente et unifiée de l'univers, condition nécessaire pour le soumettre et l'adapter à nos besoins*[350].

L'examen du *fa* confirme cette double exigence de la *cohérence* de nos représentations et de l'*efficacité* de leurs applications. D'avoir réduit volontairement le *fa* à sa dimension oraculaire, mettant ainsi entre parenthèses l'importante réserve de savoirs qu'il constitue sur les végétaux et dans le domaine thérapeutique, n'a pas suffi en effet à conclure à son inconsistance. La divination *fa* est un système complexe mais très cohérent, exigeant des acteurs que sont les *babalawo* ou *bokonon*, une parfaite maîtrise de mécanismes rigoureux de constructions logiques, de combinaisons, de déductions,

---

[350] François Jacob valorise cette idée lorsqu'il fait un trait d'union entre la pensée mythique et la pensée scientifique. Cf. Entretien avec François Jacob, « L'évolution sans projet », in *Le darwinisme aujourd'hui*, Paris, Seuil, 1979, pp.145-147.

condition nécessaire pour la lecture et l'interprétation correcte du verdict oraculaire. On ne s'étonnera donc pas que derrière cette pratique, des spécialistes de la science moderne aient pu découvrir une mathématique implicite, ce qui semble vouloir dire que les devins *bokonon*, outre le fait d'être les dépositaires d'un savoir important sur les végétaux et dans le domaine de la santé notamment, outre le fait d'être les gardiens de ce que Wande Abimbola appelle le grenier de l'histoire et de la culture de leur société, sont aussi, et d'une certaine façon, des logiciens et des mathématiciens. La cohérence organique du système, la dimension analytique de cette divination, le souci d'objectivité quasi obsessionnel que cultivent et valorisent les *bokonon*, l'humilité de ces derniers, l'idée précisément d'un domaine de savoirs trop vaste pour être maîtrisé par quelque homme que ce soit, l'exigence pour le *bokonon* de toujours se remettre en cause, de soumettre ses verdicts au regard critique du consultant et, en cas de doute, à la contre-expertise d'autres *bokonon*, le fait pour le même *bokonon* de se considérer comme un éternel élève, voilà des éléments qui font du *fa*, indiscutablement, un système admirable et respectable, une tradition fondée sur des valeurs et un esprit scientifiques qu'il est bon de reconnaître, de préserver et de développer.

Ce n'est pas tout. Le *fa* rejette comme la science moderne, toute idée de hasard : tout phénomène ou événement résulte d'une cause ou d'une conjonction de causes. Mais le déterminisme du *fa* semble bien plus ouvert, en tout cas moins restrictif que le déterminisme scientifique. Dans l'économie du *fa*, et sans doute dans nombre d'autres systèmes de savoirs africains, l'univers ne se réduit pas aux données naturelles ou physiques. Derrière la partie physique accessible à nos sens, ou plus exactement au sens commun, il y aurait ce que nous pouvons appeler un "métamonde", un monde auquel n'auraient accès que des personnes initiées. Le *fa* valide l'idée de l'existence d'agents ou de forces inaccessibles à la vue ou à la connaissance ordinaires. C'est l'ignorance de cette réalité (essentielle selon les acteurs du *fa*) qui conduirait à réduire l'univers à la dimension plutôt étriquée dont rendent compte nos sens. Il suffirait d'en avoir la connaissance requise et la maîtrise nécessaire pour prévenir efficacement les influences qui peuvent en découler. Lorsque le devin *bokonon* établit un pronostic, il ne s'agit pas d'une prophétie, mais d'une prédiction fondée sur la situation actuelle du consultant, c'est-à-dire des différentes forces ou influences qui déterminent ce dernier, et des résultats ou développements susceptibles d'en découler à plus ou moins longue échéance : c'est du *diagnostic* de la situation actuelle que le *bokonon* déduit un *pronostic*. Et c'est précisément sur la base de la nature des forces ou influences identifiées, que le *bokonon* définit les moyens susceptibles de résoudre le problème éventuel de son consultant, c'est-à-dire de modifier le pronostic à son profit.

Tout ceci montre que l'esprit scientifique, de même que les exigences qu'il implique, n'est pas vraiment étranger au *fa* ou, plus généralement, aux traditions intellectuelles et technologiques endogènes africaines. Par conséquent, envisager le passage à une tradition scientifique ne saurait être interprété comme une trahison ou une négation de ce qui fait l'essence (ou la tradition) des savoirs endogènes. Ce serait plutôt le moyen de les rendre à leur propre et véritable nature, de procéder, pour ainsi dire, à leur épiphanie, de réaliser leur vocation. En termes clairs, le terrain des savoirs endogènes africains présente des repères et données consistants sur lesquels on peut ériger ou fonder une tradition scientifique vivante et performante. Sur ce point, il faut être à la fois lucide et clair : affirmer que le *fa*, et à l'instar du *fa*, les systèmes de savoirs et représentations endogènes des sociétés orales africaines portent des germes d'une tradition scientifique, plus précisément, qu'ils présentent un terreau favorable à l'érection d'une tradition scientifique, signifie qu'ils ne sont pas, en l'état, des systèmes scientifiques.

De ce point de vue, on doit tirer leçon de la réflexion de Cheikh Anta Diop à propos de l'origine égyptienne de la science occidentale. La reconnaissance de la consistance et de la valeur du patrimoine intellectuel et technologique de l'Egypte ancienne n'a pas conduit les Grecs à le reproduire, à le répéter et à le contempler, mais plutôt à le toiletter, à le nettoyer, plus précisément à le débarrasser de sa coque magico-religieuse pour, enfin, retenir et développer le substrat scientifique qu'il contenait.

La mise en évidence et la mise en valeur des savoirs et savoir-faire africains, aujourd'hui, passe par la reproduction et l'actualisation de cette audacieuse et féconde mise en perspective. Celles-ci peuvent se décliner en deux mouvements ou démarches complémentaires : d'un côté, un effort de théorisation dont le but est la mise au jour des principes qui expliquent le fonctionnement et le succès à divers degrés de ce qu'on appelle les savoir-faire et techniques endogènes ; de l'autre, l'expérimentation rigoureuse des savoirs ou représentations afin d'en déterminer la consistance et la pertinence. Ces deux mouvements ou actions s'inscrivent parfaitement dans la logique de ce que Paulin Hountondji appelle le pari pour la rationalité[351], un pari dont on ne peut raisonnablement faire l'économie, un passage obligé donc, mais aussi, il faut en prendre conscience, un passage délicat et dont la négociation demande, entre autres précautions, qu'on évite de ramener le projet de l'appropriation critique des savoirs africains et la quête de l'universel qui l'accompagne, à une validation des normes occidentales ou officielles.

Autant les recherches sur les corpus de connaissances africains doivent éviter la tentation de la valorisation tous azimuts des particularismes locaux, autant elles doivent s'écarter du piège inverse qui consiste à ne valider que ce qui est strictement conforme à des normes et repères scientifiques certes respectables, mais dont on semble parfois oublier qu'ils sont provisoires par nature et qu'ils traduisent une certaine façon de lire et d'interpréter le réel, en d'autres termes, un paradigme. Avec le *fa* en effet, on voit à quel point l'examen des savoirs africains, et même plus généralement des savoirs parallèles à partir du moule prédéfini de la science moderne, peut se révéler réducteur. A partir de l'examen du *fa*, on comprend, on perçoit clairement que l'expertise de la science, plus exactement la confrontation présumée des deux traditions intellectuelles ci-dessus mentionnées, ne peut renvoyer mécaniquement à la distinction entre *croyance* et *réalité*, entre *mythe* et *savoir valide*.

Par exemple, la mise au jour d'une mathématique implicite qui serait le substrat consistant et "scientifique" de la divination *fa* a conduit Victor Houndonougbo à écarter la réalité et l'influence des dieux, et ainsi, à supprimer la base mythologique sur laquelle les *bokonon* font reposer l'art oraculaire. Posture scientifique, raisonnable

---

[351]*Combats pour le sens : un itinéraire africain*, p. 258.

et même rationnelle, dira-t-on. Mais le mathématicien béninois ne s'est probablement pas rendu compte qu'alors même qu'il écartait les mythes qui fondent la divination *fa*, il en installait d'autres : l'idée (ou pour reprendre les termes utilisé par Houndonougbo lui-même), l'hypothèse d'un plateau divinatoire dont la surface serait parfaitement plane et sans aspérité, l'idée aussi d'un chapelet divinatoire fait de huit demi-noix parfaitement identiques. Quand on sait que le plateau et le chapelet divinatoires sont fabriqués de manière artisanale, on se doute bien qu'ils ne correspondent en rien à l'hypothèse que pose le mathématicien, hypothèse dont il a besoin pour les constructions mathématiques et les calculs de probabilité qu'il élabore. En un mot, et pour faire court, les savantes hypothèses qui fondent les calculs tout aussi savants ne sont pas plus vrais ou plus certains que les mythes et divinités dont le mathématicien débarrasse le système. Ce n'est pas tout : certaines déductions faites sur la base de ces "hypothèses" ont tout l'air d'être, ni plus ni moins, de purs artifices. Après avoir cédé à l'effet de séduction qu'elles engendrent, on se rend compte qu'elles ne signifient absolument rien. C'est le cas de l'espérance mathématique d'un *fadu* que Houndonougbo détermine par la formule suivante : $E = Sacrifice / 256$!

Une dernière limite de cette posture commode qui consiste à épurer la divination *fa* de sa coque mythologique est qu'elle ne permet pas de rendre compte de verdicts vrais et précis, et parfois jusque dans le détail, verdicts obtenus par des *bokonon* de réputation avérée, tel le célèbre Gèdègbé[352]. Au regard des faits de ce genre, il doit être permis de douter que la définition de l'univers de validité est une affaire définitivement réglée par la science moderne dans son état actuel, et que l'examen critique des savoirs endogènes ne pourrait signifier qu'une chose : mettre au jour et valoriser ce qui, dans lesdits savoirs, est strictement conforme aux savoirs ou normes scientifiques connus.

Or, précisément, si l'on refusait de passer sous silence ce genre de "bizarreries", ou plus précisément ces faits qui constituent un défi pour les normes scientifiques connues, si l'on faisait l'option

---

[352] Cf. Maupoil, *Ibid*.

courageuse de ne pas les référer paresseusement au hasard, c'est clair qu'il y aurait de la place pour une mise en perspective des "certitudes scientifiques" ; il y aurait largement de la place pour un anarchisme lucide, une contre-expertise des normes scientifiques, contre-expertise pour laquelle les savoirs africains, et plus généralement les savoirs parallèles, pourraient servir de repères. De ce point de vue, les pratiques les plus déraisonnables ou irrationnelles au regard de l'orthodoxie scientifique, les représentations les plus mythologiques en apparence, devraient susciter ou induire une réaction plus équilibrée et plus neutre, en tout cas moins mécanique et moins sûre d'elle-même que le rejet systématique et l'indifférence.

Encore une fois, l'objectif d'une confrontation des systèmes de savoirs endogènes africains et de la science moderne ne devrait pas se réduire à la mise en perspective critique de ceux-là en vue de leur émancipation au contact de celui-ci. A nos yeux, et au regard de ce qui précède, un tel schéma paraît étriqué, en même temps qu'il manque d'ambition. L'idée même de la *confrontation* des deux systèmes, telle qu'elle est envisagée ici, repose sur l'hypothèse fondamentale suivante : si les savoirs africains ainsi que les pratiques qu'ils impliquent ont à gagner en rigueur, précision et finesse dans ce commerce avec la science officielle, s'il y a un intérêt majeur à éprouver ces savoirs et pratiques sur la base des normes scientifiques établies, ils constituent une raison en même temps qu'une occasion d'évaluer lesdites normes, d'apprécier leurs limites éventuelles, et surtout d'identifier quelques-uns des réaménagements qu'il peut être nécessaire d'opérer pour rendre la science plus apte qu'elle ne l'est à ce jour, à décrypter et à maîtriser le réel.

Le pari ici fait, on le voit, est celui d'une science plus vaste, plus ambitieuse qui, sans être la somme algébrique du savoir scientifique moderne officiel et des savoirs endogènes d'Afrique ou d'ailleurs, offrirait aux hommes qui s'y consacrent, et plus largement à l'humanité, les moyens de mieux connaître un univers dont on se rend compte qu'il est plus complexe qu'il n'apparaît. Ce pari implique un préalable : le rejet de la tentation (une tentation bien compréhensible) de postuler soit la supériorité absolue de l'un ou l'autre des modèles en confrontation, soit à défaut, une équivalence qui supposerait le caractère disjoint desdits modèles. Pour tout dire, ce pari commande que soit écartée toute tendance à l'enfermement, que celui-ci se traduise par un nationalisme culturel forcené et mutilant ou qu'il se manifeste par un ostracisme subtil à l'égard de l' « autre-que-le-scientifique ».

Références bibliographiques

ABIMBOLA, Wande, 1983, *"Ifa as a body of knowledge and as an academic discipline"*, in *J.C.I.*, vol. 1, n° 1, pp. 1-11.

ABIMBOLA, Wande, 1977, *Ifa divination poetry*, New York, London, Lagos.

ABIMBOLA, Wande, 1975, *Sixteen great poems of Ifa*, Niamey, Celtho.

ADANDE, Alexis, 1994, « La métallurgie "traditionnelle" du fer en Afrique occidentale », in Paulin HOUNTONDJI (dir.), *Les savoirs endogènes : pistes pour une recherche*, Dakar, Codesria, pp. 37-71.

ADEKAMBI, Moïse, 2002, *Le fa en perspective de réappropriation*, Inédit, Cotonou.

ADLER, Alfred et ZEMPLENI, Andras, 1972, *Le bâton de l'aveugle : divination, maladie et pouvoir chez les Moundang du Tchad*, Paris, Hermann.

ADJIDO Comlan Th., 1994, « La médecine psychosomatique dans ses rapports avec la sorcellerie », in Paulin HOUNTONDJI (dir.), *Les savoirs endogènes : pistes pour une recherche*, Codesria, pp. 243-254.

ADJOTIN, Pierre, 1992, *Essai d'épistémologie et d'esthétique de Fa : éléments pour le développement*, Mémoire de maîtrise, U.N.B, Abomey-Calavi.

ADJOU-MOUMOUNI, Basile, 2007, *Le code de vie du primitif : sagesse africaine selon Ifa, tome 1*, Cotonou, Ed. Ruisseaux d'Afrique.

ADJOU-MOUMOUNI, Basile, 2007, *Le code de vie du primitif : sagesse africaine selon Ifa, tome 2*, Cotonou, Ed. Ruisseaux d'Afrique.

AGUESSY, Honorat, 1973, *Le mythe de Legba*, Thèse de Doctorat es Lettres et sciences humaines, Paris, Sorbonne.

AJAYI, Bade, 1996, *Ifa divination: its practice among the Yoruba of Nigeria*, Ilorin, Unilorin Press.

AKOHA, Bienvenu, 1994, « Les systèmes graphiques de l'Afrique précoloniale », in HOUNTONDJI (dir.), *Les savoirs endogènes : pistes pour une recherche*, Dakar, Codesria, pp 283-312.

AKOHA, Bienvenu, 1988, « Oralité et écriture. Pourquoi et comment transcrire la tradition orale ? », in *Langage et devenir*, N°s 4 & 5, Cotonou, pp. 62-74.

ALAKPINI, Julien, 1950, *Les noix sacrées : Etude complète de fa ahidégoun, génie de la sagesse et de la divination au Dahomey et en Afrique*, Cotonou.

AMSELLE, Jean-Loup, 2001, *Branchements : Anthropologie de l'universalité des cultures*, Paris, Flammarion.

AMSELLE, Jean-Loup, 1990, *Logiques métisses : Anthropologie de l'identité en Afrique et ailleurs*, Paris, Payot.

AUGE, Marc, 1975, *Théorie des pouvoirs et idéologie. Etude de cas en Côte d'Ivoire*, Paris, Hermann.

AUGE, Marc et Claudine HERZLICH, 1984, *Le sens du mal : anthropologie, histoire sociologie de la maladie*, Paris, Editions des archives contemporaines.

AUGE, Marc et Françoise HERITIER, 1982, « La génétique sauvage », in *Le genre humain*, n° 3, pp. 127-135.

BACHELARD, Gaston, 1993, *La philosophie du non*, Paris, PUF.

BASCOM, William, 1969a, *Ifa divination: communication between gods and men in West Africa*, Bloomington, Indiana University Press.

BASCOM, William, 1969 b, *Sixteen cowries: Yoruba divination from Africa*, Bloomington, Indiana University Press.

BASTIDE, Roger, 1998, *Anthropologie appliquée*, Paris, Stock.

BASTIDE, Roger, 1968, "La divination chez les Afro-Américains", in A. Cacquot et M. Leibovic (dir. pub.), *La divination*, Paris, PUF, Vol. 2, pp. 393-427.

BASTIDE, Roger, 1958, *Le candomblé de Bahia (rite nago)*, Paris, Mouton & Co.

BASTIDE, Roger, 1995, *Les religions africaines du Brésil : vers une sociologie des interprétations de civilisation*, Paris, PUF.

BASTIEN, Christine, 1988, *Folies, mythes et magies d'Afrique noire : propos de guérisseurs maliens*, Paris, L'Harmattan.

BENSA, Alban, 2006, *La fin de l'exotisme : essai d'anthropologie critique*, Toulouse, Anacharsis.

BERNARD, Claude, 1966, *Introduction à l'étude de la médecine expérimentale*, Paris, Garnier Flammarion.

BLOCH, Raymond, 1991, *La divination : essai sur l'avenir et son imaginaire*, Paris, Fayard.

CABRERA, Lydia, 2003, *La forêt et les dieux. Religions afro-cubaines et médecine sacrée à Cuba*, trad. B. Chavagnac, Paris, Ed. Jean-Michel Place.

CAMARA, Laye, 1978, *Le maître de la parole*, Paris, Plon.

CANGUILHEM, Georges, 1972, *La mathématisation des doctrines informes*, Paris, Hermann.

CANGUILHEM, Georges, 1988, *Idéologie et rationalité dans l'histoire des sciences*, Paris, Vrin.

CARTRY, M., 1963, « Notes sur les signes graphiques du géomancien gourmantchè », in *Journal de la Société des Africanistes*, Paris, vol. 33 pp. 275-306.

CHARPAK, Georges et BROCH, Henri, 2002, *Devenez sorciers, devenez savants*, Paris, Ed. Odile Jacob.

CHEMILLER, Marc, 2007, *Les mathématiques naturelles*, Paris, Odile Jacob.

COHEN, Marcel, 1958, *La grande aventure de l'écriture et son évolution*, Paris, Librairie nationale.

DADIE, Bernard, 1955, *Le pagne noir*, Paris, Présence africaine.

DAH-LOKONON, Gbènoukpo, 1994, « Les faiseurs de pluie : mythe et savoir dans les procédés traditionnels de gestion de l'atmosphère », in Paulin HOUNTONDJI (dir.), *Les savoirs endogènes, pistes pour une recherche*, Dakar, Codesria, pp 77-105.

DERRIDA, Jacques, 1967, *De la grammatologie*, Paris, Ed. de Minuit.

DERRIDA, Jacques, 1984, in *Entretiens avec "Le monde", tome 1, Philosophie*, Paris, La découverte.

DETIENNE, 1967, *Les maîtres de la vérité dans la Grèce archaïque*, Paris, PUF.

DIAGNE, Mamoussé, 2007, *Critique de la raison orale : les pratiques discursives en Afrique noire*, Paris, Karthala.

DIANTEILL, Erwan, 2000, *Des dieux et des signes : Initiation, écriture et divination dans les religions afro-cubaines*, Paris, Ed. de l'E.H.E.S.S.

DIOP, Cheikh Anta, 1955, *Nations nègres et culture*, Paris, Présence africaine.

DOSSOU, François C., 1994, « Ecriture et oralité dans la transmission des savoirs », in Paulin HOUNTONDJI (dir.), *Les savoirs endogènes : pistes pour une recherche*, Dakar, Codesria, pp. 257-282.

DOZON, Jean-Pierre, 1987, « Ce que valoriser la médecine traditionnelle veut dire », in *Politique africaine*, n° 28, pp. 9-20.

DOZON, Jean-Pierre, 1995, *La cause des prophètes : politique et religion en Afrique contemporaine*, Paris, Seuil.

DURKHEIM, Emile, 1912, *Les formes élémentaires de la vie religieuse : le système totémique en Australie*, Paris, PUF.

EVANS-PRITCHARD, 1972, *Sorcellerie, oracles et magie chez les Azande*, trad. Louis Evrard, Paris, Gallimard.

FAVRET-SAADA, Jeanne, 1977, *Les mots, la mort, les sorts*, Paris, Gallimard.

FEYERABEND, Paul, 1989, *Adieu la raison*, trad. B. Jurdant, Paris, Seuil.

FEYERABEND, Paul, 1979, *Contre la méthode : esquisse d'une théorie anarchiste de la connaissance*, trad. B. Jurdant et A. Schlumberger, Paris, Seuil.

GELB, Ignace J., 1973, *Pour une théorie de l'écriture*, Paris, Flammarion.

GERDES, Paulus, 1993, *L'ethnomathématique comme nouveau domaine de recherche en Afrique : quelques réflexions et expériences du Mozambique*, Maputo, Institut Supérieur de pédagogie.

GERDES, Paulus, 1995, *Une tradition géométrique en Afrique. Les dessins sur le sable, tome 1 : Analyse et reconstruction*, Paris, L'Harmattan.

GERDES, Paulus, 1995, *Une tradition géométrique en Afrique. Les dessins sur le sable, tome 2 : exploration éducative*, Paris, L'Harmattan.

GERDES, Paulus, 1995, *Une tradition géométrique en Afrique. Les dessins sur le sable, tome 3 : Analyse comparative*, Paris, L'Harmattan.

GLEASON, Judith, 1973, *A recitation of Ifa, the oracle of the Yoruba*, New-York, Grossman Publishers.

GLEICK, James, 1989, *La théorie du chaos*, trad. J. Mougin, Ed. Albin Michel.

GOODY, Jack, 1993, *Entre l'oralité et l'écriture*, trad. Denise Paulme, Paris PUF.

GOODY, Jack, 1986, *La logique de l'écriture : aux origines des sociétés humaines*, Paris, Armand Colin.

GOODY, Jack, 1979, *La raison graphique : la domestication de la pensée sauvage*, trad. A. Bensa et J. Bazin, Paris, Ed. de Minuit.

GOODY, Jack, 1989, *L'Orient en Occident*, Paris, Seuil.

GUITTON, Jean, 1991, *Dieu et la science*, Paris, Grasset et Fasquelle.

HABERMAS, Jürgen, 2001, *Vérité et justification*, trad. Rainer Rachlitz, Paris, Gallimard.

HAGEGE, Claude, 1985, *L'homme de paroles*, Paris, Fayard.

HEBGA, Meinrad, 1979, *Sorcellerie : chimère dangereuse ?*, Abidjan, Inades Editions.

HEBGA, Meinrad, 2007, « Pour une rationalité ouverte : universalisation de particuliers locaux » in Paulin HOUNTONDJI (dir.), *La rationalité, une ou plurielle ?*, Dakar, Codesria, pp. 31-44.

HORTON, Robin, 1990a, « La pensée traditionnelle africaine et la science occidentale », in Collectif, *La pensée métisse : croyances africaines et rationalité occidentale en questions*, Paris, PUF, pp. 45-64.

HORTON, Robin, 1990b, « La tradition et la modernité revisitées », in Collectif, *La pensée métisse : croyances africaines et rationalité occidentale en questions*, Paris, PUF, pp. 69-115.

HOUNDONOUGBO, Victor, 1994, « Processus stochastique du *fa* : une approche mathématique de la géomancie des côtes du Bénin », in Paulin HOUNTONDJI (dir.), *Les savoirs endogènes, pistes pour une recherche*, Dakar, Codesria, pp. 139-157

HOUNTONDJI, Paulin, 1997, *Combats pour le sens : un itinéraire africain*, Cotonou, Flamboyant.

HOUNTONDJI, Paulin, 1994, « Démarginaliser », in Paulin HOUNTONDJI (dir.), *Les savoirs endogènes : pistes pour une recherche*, Dakar, Codesria, pp 1-34.

HOUNTONDJI, Paulin (dir.), 2007, *La rationalité, une ou plurielle ?*, Dakar, Codesria.

HOUNTONDJI, Paulin (dir.), 1994, *Les savoirs endogènes : pistes pour une recherche*, Dakar, Codesria.

HOUNTONDJI, Paulin, 1997, *Sur la "philosophie africaine" : critique de l'ethnophilosophie*, Paris, Maspéro.

HOUNWANOU, Rémy T., 1984, *Le fa : une géomancie divinatoire du golfe de Guinée (pratique et technique)*, Lomé, Nouvelles Editions Africaines.

HUSSERL, Edmund, 1976, « L'origine de la géométrie », trad. J. Derrida, in *La crise des sciences européennes*, Paris, Gallimard.

HUSSERL, Edmund, 1969, *Recherches logiques*, Trad. H. Elie, tome 1er, 2ème éd. Paris, PUF.

IBIE, Cromwell Osamaro, 1986, *Ifism: the complete work of Orunmila*, Lagos, Efechi Ltd.

JAMIN, Jean, 1977, *Les lois du silence : essai sur la fonction sociale du secret*, Paris, Ed. François Maspéro.

JAULIN, Robert, 1996, *La géomancie : analyse formelle*, Paris, Paris, Mouton.

JOSSE, Léon, 2002, *Géomancie et calcul des probabilités : le problème des savoirs implicites*, Université d'Abomey-Calavi.

KAKPO, Mahougnon, 2006, *Introduction à une poétique du Fa*, Cotonou, Ed. Diaspora et Flamboyant.

KALIS, Simone, 1997, *Médecine traditionnelle, religion et divination chez les Seereer Sin du Sénégal*, Paris, L'harmattan.

KANE, Abdoulaye Elimane, 2007, « Mathématiques sauvages et rationalité », in Paulin Hountondji (dir.), *La rationalité, une ou plurielle ?*, Dakar, Codesria.

KASSIBO, Brehima, 1992, "La géomancie ouest-africaine : Formes endogènes et emprunts extérieurs", in *Cahiers d'Etudes Africaines*, n° 128, vol 32.

KUHN, Thomas, 1970, *La structure des révolutions scientifiques*, Paris, Flammarion.

KINIFFO, Valère, 1994, « Corps étrangers dans l'organisme humain : témoignage d'un chirurgien et essai d'interprétation », in Paulin HOUNTONDJI (dir.), *Les savoirs endogènes : pistes pour une recherche*, Dakar, Codesria, pp. 227-238.

LABURTHE-TOLRA, Philippe, 1985, *Initiation et sociétés secrètes au Cameroun : essai sur la religion béti*, Paris, Karthala.

LACOURSE, José, 1994, « Les coquillages du destin : une approche classificatoire de la divination dans le candomblé de Bahia », in *L'Homme*, Paris, vol. 34, n°131, pp. 77-92.

LAPLACE, Pierre Simon de, 1921, *Essai philosophique sur les probabilités*, Paris, Gaulthier-Villars et Cie.

LATOUR, Bruno, 1989, *Nous n'avons jamais été modernes*, Paris, La Découverte.

LATOUR, Bruno, 1990, « Sommes-nous postmodernes ? Non, amodernes ! Etapes vers une anthropologie de la science », in Collectif, *La pensée métisse : croyances africaines et rationalité occidentale en questions*, Paris, PUF, pp. 127-155.

LATOUR, Bruno, 1996, *Petite réflexion sur le culte moderne des dieux faitiches* (sic), Paris, Synthelabo.

LARA, Philippe, 2005, *Le rite et la raison : Wittgenstein, anthropologue*, Paris, Ellipses.
LYOTARD, Jean François, 1979, *La condition postmoderne*, Paris, Ed. de Minuit.
LEVI-STRAUSS, Claude, 1974, *Anthropologie structurale*, Paris, Plon.
LEVI-STRAUSS, Claude, 1962, *La pensée sauvage*, Paris, Plon.
LEVI-STRAUSS, Claude, 1962, *Le totémisme aujourd'hui*, Paris, Plon.
LEVI-STRAUSS, Claude, 1994, *L'homme nu*, Paris, Plon.
LEVI-STRAUSS, Claude, 1952, *Race et histoire*, Paris, Denoël.
LEVI-STRAUSS, Claude, 1955, *Tristes tropiques*, Paris, Plon.
LEVY-BRUHL, Lucien, 1998, *Carnets,* Paris, PUF.
LEVY-BRUHL, Lucien, 1996, *L'âme primitive*, Paris, PUF.
LEVY-BRUHL, Lucien, 1963, *Le surnaturel et la nature dans la mentalité primitive*, Paris, PUF.
LEVY-BRUHL, Lucien, 1963, *Mythologie primitive,* Paris, PUF.
MARY, André, 1990, *Le défi du syncrétisme : le travail symbolique de la religion d'Ebogo* (Gabon), Paris, E.H.E.S.S.
MAUPOIL, Bernard, 1988, *La géomancie à l'ancienne Côte des esclaves*, Paris, Institut d'Ethnologie.
MONTEILLET, Nicolas, 2005, *Le pluralisme thérapeutique au Cameroun : crise hospitalière et nouvelles pratiques populaires*, Paris, Karthala.
NATHAN, Tobie, 2004, « Manifeste pour une psychopathologie scientifique », in NATHAN et SENGERS, *Médecins et sorciers*, Paris, Synthelabo.
NATHAN, Tobie et Isabelle STENGERS, 2004, *Médecins et sorciers*, Paris, Synthelabo.
NEEDHAM, Joseph, 1976, *La science chinoise et l'Occident*, trad. E. Simion, Paris, Seuil.
NEWTON, Isaac, 1966, *Principes mathématiques de la philosophie naturelle*, trad. La Marquise de Chastelet, tome 1er, Paris, Librairie scientifique et technique Albert Blanchard.
NIANG, Souleymane, 1971, « Négritude et mathématiques », in *Présence africaine*, Paris, n° 78.
OBENGA, Théophile, 1998, « Les derniers remparts de l'africanisme », in *Présence africaine*, Paris, n° 157, pp 47-65.

PAGELS, Heinz, 1987, *L'univers quantique*, Paris, Nouveaux Horizons.

PALOU, Jean, 1972, *De la sorcellerie, des sorciers et de leurs juges*, Indre, Presses des Mollets-Sazeray.

PENEL, Jean-Dominique, 1994, « Réflexions épistémologiques sur les noms d'animaux chez les "Hausa" », in Paulin HOUNTONDJI (dir.), *Les savoirs endogènes : pistes pour une recherche*, Dakar, Codesria, pp. 159-178.

PIGNARRE, Philippe et Isabelle STENGERS, 2005, *La sorcellerie capitaliste : pratiques de désenvoûtement*, Paris, La découverte.

POPPER, Karl, 1979, *La société ouverte et ses ennemis, tome 1 : L'ascendant de Platon*, trad. J. BERNARD et Ph. MONOD, Paris, Seuil.

POPPER, Karl, 1984, *L'univers irrésolu : plaidoyer pour un indéterminisme*, trad. R. Bouveresse, Paris, Hermann.

PRIGOGINE, Ilya et Isabelle STENGERS, 1979, *La nouvelle alliance. La métamorphose de la science*, Paris, Gallimard.

RORTY, Richard, 1993, *Conséquences du pragmatisme*, trad. Jean-Pierre Cometti, Paris, Seuil.

RORTY, Richard, 1990, *Science et solidarité. La vérité sans le pouvoir*, trad. Jean-Pierre Cometti, Paris, Ed. de L'Eclat.

RORTY, Richard, 2007, « Hauteur universaliste, profondeur romantique, ruse pragmatique », in HOUNTONDJI (dir.), *La rationalité, une ou plurielle*, Dakar, Codesria, pp. 11-24.

ROSNY, Eric de, 1981, *Les yeux de ma chèvre : sur les pas des maîtres de la nuit en pays douala (Cameroun)*, Paris, Plon.

ROSNY, Eric de, 1996, *La nuit, les yeux ouverts (récit)*, Paris, Seuil.

ROSNY, Eric de, 1994, *L'Afrique des guérisons*, Paris, Khartala.

SAWADOGO, Léon, 2005, « Diagnostic et soins chez un tradipraticien mossi dans le royaume du Kirtenga (Burkina Faso) », in Bertrand MEHEUST, (dir.), *Le mythe : pratiques, récits, théories*, Vol. 3, Paris, Economica & Anthropos, pp. 103-107

SENGHOR, Léopold Sédar, 1964, *Liberté 1 : négritude et humanisme*, Paris, Seuil.

SOKAL, Alan et BRICMONT, Jean, 1997, *Impostures intellectuelles*, Paris, Odile Jacob.

STENGERS, Isabelle, 2004, « Le médecin et le charlatan », in Tobie Nathan et Isabelle Stengers, *Médecins et sorciers*, Paris, Synthélabo, Coll. Les empêcheurs de penser en rond.

SURGY, Albert de, 1981, *La géomancie et le culte d'Afa chez les Evhe du Littoral*, Paris, Publications Orientalistes.

SURGY, Albert de, 1995, *La voie des fétiches : essai sur le fondement théorique et la perspective mystique des pratiques des féticheurs*, Paris, L'Harmattan.

TRAUTMANN, René, 1940, *La divination à la Côte des esclaves et à Madagascar, le vodoû Fa- le sikidy*, Paris, Librairie Larose.

TCHITCHI, Toussaint, 1994, « Numérations traditionnelles et arithmétique moderne », in Paulin HOUNTONDJI (dir.), *Les savoirs endogènes : pistes pour une recherche*, Dakar, Codesria, pp. 109-138.

VERGER, Pierre Fatumbi, 1997, *Ewé : le verbe et le pouvoir des plantes chez les Yoruba*, Paris, Maisonneuve & Larose.

VERGER, Pierre, 1982, *Orisha : les dieux yorouba en Afrique et au Nouveau Monde*, Paris, Métailié.

VERNANT, Jean, 1968, *La divination*, Paris, PUF.

ZAHAN, Dominique, 1980, *Religion, spiritualité et pensée africaines*, 2ème éd. Paris.

www.ingramcontent.com/pod-product-compliance
Lightning Source LLC
Chambersburg PA
CBHW050531300426
44113CB00012B/2047